教师专业伦理精神与道德修养

作　者　李晓波

天津教育出版社

图书在版编目（CIP）数据

教师专业伦理精神与道德修养 / 李晓波著. —天津：
天津教育出版社，2013.5

ISBN 978 - 7 - 5309 - 7234 - 2

Ⅰ.①教… Ⅱ.①李… Ⅲ.①师德—研究 Ⅳ.
①G451.6

中国版本图书馆 CIP 数据核字（2013）第 083711 号

教师专业伦理精神与道德修养

出 版 人	胡振泰
作　　者	李晓波
责任编辑	张　洁
出版发行	天津教育出版社
	天津市和平区西康路 35 号
	邮政编码 300051
经　　销	全国新华书店
印　　刷	河北伟琪印刷有限公司
版　　次	2013 年 7 月第 1 版
印　　次	2016 年 4 月第 3 次印刷
规　　格	16 开（787×1092 毫米）
字　　数	339 千字
印　　张	11.75
定　　价	28.00 元

目 录

绪　论

百年大计,教育为本;教育大计,教师为本。强国必先强教,强教必先强师。教师是整个教育事业始终充满活力和生机的源泉所在。教育事业发展的关键在于教师。教师发展对教育质量的影响无疑是直接的并且是深远的。建设高素质专业化教师队伍,关系到亿万青少年的健康成长,关系教育改革发展的全局,关系国家的前途和民族的未来。我国改革开放以来,特别是进入新世纪以来,全世界教育改革风起云涌,其核心是提高教育质量,其重点是教师专业发展。21世纪国际教育委员会认为,"教学质量和教师素质的重要性无论怎样强调都不过分","提高教师的素质和能力,应该是所有国家优先考虑的问题"。《国家中长期教育改革与发展规划纲要(2010—2020年)》明确提出,要"严格教师资质,提升教师素质,努力造就一支师德高尚、业务精湛、结构合理、充满活力的高素质专业化教师队伍"。教育蕴涵着深刻的道德意义,教师专业伦理精神与道德修养,无疑是"高素质专业化教师队伍"的逻辑起点。

一、伦理精神与道德修养的关系

(一)伦理和道德的含义

伦理和道德是伦理学的两个基本范畴。伦理学是关于道德的一门科学,以道德现象为研究对象,包括道德意识、道德规范和道德活动等现象。

1. 关于伦理

伦理(ethic)一词源于古希腊文ethos,原义是风俗、习俗、性格等,是处理人与人、人与社会和人与自然之间相互关系时应遵循的道理,以及符合某种道德标准的行为准则。

"伦"、"理"这两个字在我国古代很早就已经出现了。最初,指音乐的节奏或旋律的适当安排。《礼记·乐记》中说:"八音克谐,无相夺伦。"后来,"伦"字开始具有人际关系的意味。《孟子》中说:"察于人伦","学则三代共之,皆所以明人伦也"。东汉的郑玄在注《礼记》时解释说:"伦,亲疏之比也。"赵歧在解释孟子所谓的"伦"的含义时则说:"伦,序……识人事之序。"还有一种解释认为,"伦者,轮也"。车子要靠轮子运转才能前进,因此将"轮"喻为人群的协调、交往关系。另一种解释认为,"伦者,纶也"。纶线联贯方为布帛,引申为人际交往或关系。但无论何种解释,古人之"伦"主要是指人际关系。由于中国文化特别强调血缘伦理关系,人伦所表达的人际关系在许多时候讲的又是人的名分和辈分等等。"理"是中国古代哲学的核心概念之一。《吕氏春秋》中说:"理也者,是非之宗也"。"理"在这里意义上当然是指伦理,指道德的当然之则。

"伦"、"理"两字合用,也是在《礼记·乐记》中:"乐者,通伦理者也。"这里的"伦理"指的是人伦之理。因此,就我国传统文化而言,伦理也是指人际关系及其调整的客观规则。

2. 关于道德

道德(Morality)一词起源于拉丁语的"Mores",意为风尚、习惯、性格等,后来又指社会生活的道德风俗和人们的道德个性。

在我国的古籍中,"道"和"德"最初是两个单独的概念。"道"的含义是指道路。如《诗经·小雅·大东》中的"周道如砥,其直如矢"。以后,"道"又被引申为原则、规范、规律、道理和学说等多种意义。如孔子在《论语·述而》中说的"志于道,据于德,依于仁,游于艺"。又如《论语·里仁》中提到的"朝闻道,夕死可矣"。这里的所谓"道"是做人治国的根本原则。而老子《道德经》中的"道生一,一生二,二生三,三生万物",这里的"道"是指宇宙的本体。

"德"在《卜辞》中与"得"相通,表示对"道"践履后的所得。东汉经学家、训诂学家刘熙对"德"的解释是:"德也,得事宜也。"其意思是把人与人之间的关系处理得适当、合宜,使自己和他人都有所得。东汉时的许慎在《说文解字》对"德"也这样解释:"德,外得于人,内得于己也。"其意思也是说,"德"一方面"以善德施之他人,使众人各得其益",即"外得于人";另一方面"以善念存储心中,使身心互其益",即"内得于己"。与"道"相比,"德"的含义偏重于主观方面,指的是人在实行"道"的过程中的内心所得。

我国现有古籍表明,"道"与"德"最早连用是出现在《荀子》中。荀子说:"故学至乎礼而止矣,夫是之谓道德之极。"这是说,只要人们学到了"礼",按"礼"的要求去为人处世,也就到了最高的道德境界。在此,荀子不仅将"道"与"德"合并为一个概念,而且赋予它较为明确的意义,即指人们在社会生活中所形成的道德品质、道德境界和调整人与人之间关系的道德原则和规范。

(二)伦理和道德的联系与区别

由于伦理学的"概念无公度性"(conceptional incommensurability)和概念"历史起源的宽泛多样性"(a wide variety of historical origins),加之伦理学本身又被称为道德学、道德哲学,使得伦理和道德这两个概念长期处于界限不清和相互替换的状态。分析伦理和道德这两个概念的联系与区别,对于教师专业伦理精神与道德修养的研究具有理论和实践两方面的意义。

1. 两者的联系

在国内外有关论述伦理与道德的语境中,两个词一直是异词同义,经常通用或并列使用。

我国《辞海》(1989年版)中,关于"伦理"词条的注释有两个义项:第一个义项是"指事物的条理"。第二个义项是"指处理人们相互关系所应遵循的道理和准则"。

关于"道德",《辞海》(1989年版)的注释也有两个义项:第一个义项是"在中国哲学史上,指'道'与'德'的关系。孔子主张'志于道,据于德。'(《论语·述而》)这里的'道'指理想的人格或社会图景,'德'指立身根据和行为准则。因儒家以仁义为道德的重要内容,故也以仁义道德并称。《老子》中的'道'指事物运动变化所必须遵循的普遍规律或万物的本体。'德'和'得'意义相近,指具体事物从'道'所得的特殊规律或特殊性质;对于'道'的认识有得于己,亦称为'德'。《老子》五十一章:'道生之,德畜之……道之尊,德之贵,夫莫之命而常自然。'认为'道'和'德'虽尊贵,却不是什么主宰('命'),而是一切任其自然的。韩非认为'德者道之功',把德释为道的功用。北宋张载提出'德,其体;道,其用,一于气而已'(《正蒙·神化》),认为'德'是气之体,'道'是气之用。第二个义项是指"依靠社会舆论和人的内心信念来评价和调节人们的行为,由一定社会的经济基础所决定,并为一定的社会经济基础服务,具有历史性,其内容和形式受一定的物质生活条件的制约。与利益密切相关,它总是反映和维护一定的利益"。

由上可知,《辞海》(1989年版)虽然对"伦理"和"道德"这两个词分别给出了不同的解释,尤其是对道德作了更为详细的解释。但就是在"道德"的第二个义项中,模糊了"伦理"和"道德"的关系,对"伦理"和"道德"这两个概念在具体使用中的区别没有作出清晰的说明。

在实践中,一些相关的著作和论文中,对"伦理"和"道德"这两个概念的使用也比较随意。例如,有学者认为,道德是调整人和人之间关系的一种特殊的行为规范的总和。从伦理学角度来看,调整人和人之间关系的一种特殊的行为规范的总和应该是"伦理",而不是"道德"。因为"伦理是处理人们相互关系所应遵循的道理和准则"。有时,也将"伦理"和"道德"连在一起,用"伦理道德"来指称道德现象。

由于"伦理"和"道德"这两个概念在语义上的模糊,也直接导致了对于伦理学和道德学或道德哲学的难以区别。例如,一般认为,伦理学是关于道德的科学。或者说,伦理学是以道德现象作为研究对象的一门科学。但有的观点认为,伦理学的研究对象不局限于道德,而是既包括道德,也包括伦理。这种观点显然是将伦理和道德视为同义词了。概念的模糊给学术研究造成了麻烦。于是,张岱年先生在论述中国伦理思想时只能采取这样一种稳妥的说法:"中国哲学中关于人类本性、道德原则、人生理想、人生价值的学说,都属于伦理学说(道德哲学)。"由此可见,他虽没有将伦理和道德混为一谈,但也承认了两者的难以区分。

国外对伦理和道德这两个概念在使用时的区别也并不明确。《新英汉词典》(A NEW ENGLISH-CHINESE DICTIONARY)中,对 Ethics 的解释为:①[用作单]伦理学;道德学;②[用作单]伦理学论文(或书籍);③伦理观,道德观;伦理标准;(某种职业的)规矩。对 Morality 的解释为:①道德;美德;德行;品行;②教训,寓意;说教;③道德教育的作品;④伦理学。一些伦理学辞典往往把"伦理"和"道德"这两个名词放在一起解释。如:《伦理学百科全书》(ENCYCLEPEDIA OF ETHICS)中,有"伦理和道德"(Ethics and Morality)这一词条,解释说:伦理和道德"这两个词经常可以交替使用,或者有相当不确定的区别,如在词组'个人道德'和'职业伦理'中。但是,也有人对此提出了有影响的争议,认为二者之间存在着明显的理论上的区别——'伦理'是个更广义的概念,包括许多在'道德'一词范围之外的很多含义"。《国际伦理学百科全书》(INTERNATIONAL ENCYCLEPEDIA OF ETHTCS)中,倒是专门把"伦理和道德的区别"(Ethics/morality distinction)作为一个辞条加以解释,认为道德哲学家将伦理定义为对道德判断和道德选择的研究,而道德指作出道德选择所遵循的法则。

2. 两者的区别

应该说,作为定义中的用词,"伦理"和"道德"是有区别的。在中国哲学里,两者虽然密切相关,但层次有别。道德强调个体,通常指一个人实现其人性时的历程和成果。其中虽会涉及人伦关系,但总是以道德主体本身为核心的。而伦理则强调社会关系和群体规范的意味较浓。

在我国,较早重视"伦理"和"道德"区别的是梁漱溟先生。他以"道德之真"与"礼俗"论述了"伦理"和"道德"的区别。改革开放以来,我国学术界对"伦理"和"道德"的区别问题也一直比较重视,大致形成了两种观点:一种观点认为伦理是人与人之间的相互关系及处理这些关系的客观法则。"伦"为关系,"理"为道理和法则。伦理便是调节人与人、人与社会关系的法则,而道德则局限于个人,是个人处事和修养的法则。另一种观点认为伦理是人与人、人与社会关系的法则,道德是指对伦理采取的基本态度。这两种观点均把"伦理"和"道德"作了外与内的区别,但区分内外的标准却不同:前者以法则所指向的对象是社会还是个人为标准,后者则把法则与担当主体作为标准。

后者的观点和日本学者小仓志祥的观点是一致的。小仓志祥认为:"伦理的伦,是指同伙、伙伴,由此产生出人伦这个词。理是指条理、理由,说得复杂些,是指法则、道理。因此,物理是指事物的法则,与此相反,伦理就成了人际关系的法则。儒教提出了所谓的五伦:父子、君臣、夫妇、长幼、朋友,作为人际关系的代表。物理,是自然界中的事物经常实现着的法则。与其说它是'存在'的法则,莫如说它是'应当'的法则。所以,儒教提倡所谓的五常:亲、义、别、序、信,以此作为上述五伦的德目,即为了实现五伦所应具有的态度。""这样看来,伦理和道德的关系也清楚了。在通常情况下,这两个词的使用,是没有区别的。但是,如果把重点放在道德这个词的'德'上,那么,道德就成了为实现道的人的基本态度。正如儒家所说,德是得,是内得于身,德是道的体验。据此,大概可以把道德做如下的定义吧:为实现作为道德即法则的伦理而采取的基本态度。"①

然而,这样的区分并不利于我们开展教师专业伦理精神与道德修养研究。在总结前人研究成果的基础上,我们赞同这样的观点:

当代"伦理"概念蕴涵着西方文化的理性、科学、公共意志等属性,"道德"概念蕴涵着更多的东方文化的情性、人文、个人修养等色彩。"西学东渐"以来,中西"伦理"与"道德"概念经过碰撞、竞争和融合的过程,目前二者划界与范畴日益清晰,即"伦理"是伦理学中的一级概念,而"道德"是"伦理"概念下的二级概念。二者不能相互替代,它们有着各自的概念范畴和使用区域。②

伦理一般被看做人与人之间合理的经过人为治理的关系,道德被看做伦理秩序应有的调节规范和人之德操、风尚。"社会的伦理秩序和道德规范的要求应当是一致的,但是无论在历史上还是在现实中,都会存在着现存伦理关系秩序和应有的规范要求彼此错位的现象,有些合理的、适宜的规范往往难以在现实生活中实行,而有些已失去合理性的规范要求也还在外力强制之下发生作用,有些本不正当的、非规范的东西却常以隐藏的潜规则在起作用,成为正常社会中的'隐蔽的秩序'。这就是说,生活中有秩序并不能证明它的伦理秩序本身就是合理的、正当的。"③

德国哲学家谢林指出,道德只是针对个人的规范要求,只要求个人达到人格的完美,而伦理却是针对社会规范的要求,并且要求全体社会遵行规范,从而以保障每一个人之人格。

① [日]小仓志祥.伦理学概论[M].中国社会科学出版社,1990,6-7.
② 尧新瑜."伦理"与"道德"概念的三重比较义[J].伦理学研究,2006(7):21-25.
③ 宋希仁.伦理与道德的异同[J].河南师范大学学报(哲学社会科学版),2007(5):45-47.

黑格尔也认为,道德涉及个人的主观意志,伦理体现家庭、社会、国家中的客观意志。也就是说,道德主要是针对个人规范之要求,偏重解释行为本身的好、坏、善、恶,指个人精神层面与个人行为的规范与法则,属于人作为行为的主体时提升人性的历程与结果,着重的是提升人性的特殊性。而伦理则是涉及社会群体作为共同主体时,人群生活关系中各种行为的道德法则、规范行为的原则。

　　总之,伦理是处理人与人、人与社会相互关系时应遵循的道理和准则,而伦理学则是对道德现象的哲学思考。伦理从人类活动的历史天空俯视道德现象,探讨道德的本质、起源和发展,道德水平同物质生活水平之间的关系,道德的最高原则和道德评价的标准,道德规范体系,道德的教育和修养,人生的意义、人的价值和生活态度等问题。在研究过程中,伦理学形成了一系列指导道德行为的观念,不仅包含着对人与人、人与社会和人与自然之间关系处理时的行为规范,而且也深刻地蕴涵着依照一定原则来规范行为的深刻道理,即做人的道理,包括人的情感、意志、人生观和价值观等方面,凝练为一种伦理精神,对人类的道德修养持续地进行感召。

(三)加强道德修养必须弘扬伦理精神

　　人类之所以能够和其他动物分道扬镳,发展到今天令人感慨万千的地步,主要的原因在于人类凭着伦理的精神召唤和道德的实际修养,形成了由一定经济基础和上层建筑构成的整体——社会。人类社会的发展历程表明,什么时候伦理精神昂扬,这一时期人们的道德修养就高尚;什么时候伦理精神暗淡,这一时期人们的道德修养就低下;什么时候伦理精神沦丧,这一时期人们的道德修养就乖戾。为此,加强道德修养必须弘扬伦理精神。

1. 推动社会进步需要重视道德修养

　　每个人都生活在一定的社会中,每个人的活动都依赖于社会。因此,社会性是人类的特点。离开了社会,个人不仅无法从事政治、经济、科学、文化、艺术、体育等各种活动,而且也无法持续顺利地获得生活资料。在社会生活中,由于个人活动和生活的需要,人们之间形成了一定的社会关系。每个人的行为,都要对他人及整个社会产生这样那样的影响。有的行为能够促进社会的文明进步和繁荣发展,给他人带来幸福快乐和健康安宁;有的行为却会引起社会的文明衰落和动荡倒退,给别人带来悲哀不幸和痛苦灾难。

　　为了恰当而自觉地调整人与人之间的关系,使每个人对自己的行为加以必要的约束,引导人们的行为向着积极的方面发展,于是就产生了对道德的需要。道德不是生而有之的,而是由一定社会的经济发展水平所决定,并为一定社会的经济发展服务的。人们的道德观念是受到后天一定的生产关系和社会舆论的影响而逐渐形成的。无论是中国还是西方,道德一词都包含了社会道德原则和个人道德品质两方面的内容,属于一种社会意识形态,是人们共同生活及其行为的准则和规范。不同的时代,不同社会的经济发展水平具有不同的道德观念。

2. 重视道德修养需要认识道德的功能

　　道德具有以下五个方面的功能:

　　首先是认识功能。道德是引导人们向善的指南针。道德教导人们明确自己的担当,即对家庭、对他人、对社会、对国家应负的责任和应尽的义务;教导人们正确地认识社会道德生活的规律和原则,从而正确地选择自己的行为和生活道路。

其次是调节功能。道德是人们之间关系的调节器。每个人生活在一定的社会中，总会和他人发生这样那样的接触，会不可避免地发生各种各样的矛盾，这就需要通过内心信念、风俗习惯、社会舆论等特有形式，根据一定的善恶标准去调节自己的行为，指导和纠正他人的行为，使人与人之间、个人与社会之间关系达到和谐。

第三是教育功能。道德是使人健康向上的引路牌。道德引导人们自觉树立良好的意识，培育良好的品质和注意良好的行为，形成正确的义务、荣誉、正义和幸福等观念，使人逐步成为心地纯洁、理想高尚的人。

第四是评价功能。道德是社会现象善恶的裁判员。道德评价是一种巨大的社会力量和人们内在的意志力量。评价是为了改进。通过道德评价，人们对社会现象中的"善"与"恶"加以区分，并通过个人意志和社会制度，改善社会现象。

第五是平衡功能。道德是人与自然关系的平衡器。环境道德是当代社会公德之一，它能教育人们应当以造福于后代而不贻祸于子孙的高度责任感，端正对自然的态度，调节自身的行为，从人类社会的全局利益和长远利益出发，开发自然资源，发展经济生产，维持生态平衡，积极治理和防止对自然环境的人为性的破坏，从而达到平衡人与自然之间正常关系的目的。

3. 发挥道德功能需要弘扬伦理精神

当前，我国继续处在经济社会发展的重要战略机遇期、社会转型期、改革攻坚期和矛盾凸显期。社会思潮犹如湖底的水流，大众的思想观念和利益诉求日益多样化、多元化，一定程度上存在"价值迷茫"现象。虽然社会上不时暴露出一些道德失范、诚信缺失的问题，但主流依然是对真善美的强烈渴望和对核心价值、共同理想的热切呼唤。

中国共产党第十七届六中全会指出，"社会主义核心价值体系是兴国之魂，是社会主义先进文化的精髓，决定着中国特色社会主义发展方向。必须把社会主义核心价值体系融入国民教育、精神文明建设和党的建设全过程，贯穿改革开放和社会主义现代化建设各领域，体现到精神文化产品创作生产传播各方面，坚持用社会主义核心价值体系引领社会思潮，在全党全社会形成统一指导思想、共同理想信念、强大精神力量、基本道德规范。"这一决议回应了时代呼唤，引起了社会各界的强烈共鸣。为此，我们需要通过弘扬伦理精神，进一步加强道德修养。

伦理精神涉及人与自身、人与他人、人与社会的协调关系，涉及一定社会整体发展的内在秩序体系，体现了在一定社会中的人们如何把握人生，如何调节人生从而促进社会发展的基本秩序；体现了一定社会中的伦理规范、伦理行为的价值取向及其伦理品性的生长过程。

伦理精神作为一种时代精神和民族精神，包括独立的人格意识、自制自律的规范意识、社会公德意识。

首先，伦理精神要求人具有独立的人格意识，正确处理人与自身的关系。独立的人格意识是欧洲文艺复兴和资产阶级革命后逐渐形成的一种价值观念，强调关心人、尊重人、以人为本，要求人独立于权势，独立于功名，独立于世俗和时俗，独立于物欲。独立人格意识的形成需要尊重人的生命价值，尊重人的尊严，尊重每个人的自我价值，满足人的全面发展的需要。

其次，伦理精神要求人们具有自制自律的规范意识，正确处理人与人之间的关系。自制自律的规范意识是指人们在现实的实践生活中如何自我约束、自我限制行为的基本观念,它是人们行动的标尺。当今社会,法律规范是最高的行为规范,但法律规范是强制性的规范,而自制自律的行为规范是未涉及法律规范的人们自觉自愿的行为意识,这种规范意识对于道德素质的提高有着重要的现实意义。

第三,伦理精神要求人们具有社会公德意识,正确处理人与社会的关系。社会公德是一定社会中全体成员所公认并共同遵守的道德,是一定社会的全体居民为维护社会公共生活的正常进行,共同遵守的最基本、最简单的生活准则和行为规范。公德意识是社会公德的抽象,由公德规范意识与公德理想意识两个因素构成。公德规范意识是指导与评价社会成员行为的善恶准则,其中包括自发形成的判断善恶的习俗,约定俗成的惯例等公德原则、规范与体系。公德理想意识则是指人们在社会公共生活中对一定社会的公德原则与规范向往的境界。基于这两个因素的作用,公德意识一方面成为一种制约和影响人们思想行为的客观外部力量,另一方面也是社会成员进行行为选择的内在机制和动因。

伦理精神的上述三方面内容是相互联系,互为因果的。独立的人格意识是伦理精神形成的基本前提,自制自律的规范意识是伦理精神形成的重要保障,社会公德意识是伦理精神的核心内容。

伦理精神经历着不同的时代演变。从人性进化的角度讲,特别是在精神及其伦理层面上,基督教在古希腊的理性精神之外,提供了统一、持久的超验信仰,对天堂的期待安抚着人间的苦难,信徒的良知反抗着世俗权力的蛮横,并通过圣徒的殉道和忏悔为人们提供道德典范。[①] 这种信仰和典范,稳定了西方人的精神世界,也作为在道德上凝聚社会的纽带连接起世世代代的伦理传承。西方社会发展到资本主义时期,资产阶级的利己主义、追求功利的"利他"论、知德合一的理性论、"自由、平等、博爱"思想以及人本主义精神,构成了社会生活中的伦理关系的基本原则。

伦理精神作为社会意识是对以物质生活为基本内容的社会存在的反映,在不同的历史时期和不同的国家,会形成相应的伦理精神。伦理精神不同的内涵展示对国家或民族的发展具有重大影响。我国一直怀有高尚道德的理想主义和浪漫主义的情结,深信"人之初性本善"的古训,然而由于我国长期处于封建社会之中,封建主义的宗法观念、等级观念、特权思想、家长制作风以及人身依附、关系网等现象在我们日常生活中随时可见、普遍存在,严重阻碍了社会主义现代化建设的进程。这无疑是我们在时时仰望星空的同时,往往疏于监控人性之恶,不能也不愿用有效的机制把"恶"关进笼子。为此,我们应该以社会主义核心价值观作为当代伦理精神的核心,进一步提升每个人的独立人格意识、自制自律规范意识和社会公德意识,采取切实措施,形成有效机制,建立道德规范。

二、教师专业发展中的伦理精神呼唤

教师作为人类文明的重要传递者和创造者,随着人类历史的进步和发展,其社会功能、素质要求、职业特点均不断发生变化和发展。教师以自己的职业目标完成着关于人类发展的使命。

---

① 王海明.伦理学原理[M].北京:北京大学出版社,2001,117－119.

(一)教师专业发展的含义

"专业"一词最早是从拉丁语演化而来的,原意是公开地表达自己的观点或信仰。与之相对的是"行业"(trade),包含着中世纪手工行会所保留的对其行业的专门知识和技能只能传授给本门弟子的神秘色彩。后来,"专业"一词的含义逐渐指具备学术的、自由的、文明的特征的社会职业。我国《现代汉语词典》中关于"专业"的解释有三项:(1)高等学校的一个系里或中等专业学校里,根据科学分工或生产部门的分工把学业分成的门类;(2)产业部门中根据产品生产的不同过程而分成的各业务部门;(3)专门从事某种工作或职业的。

专业是社会分化、职业分工的结果,是人类认识、改造自然和社会的能力和水平达到一定程度的表现。专业通常包括专门的学术能力、服务奉献的精神、高度的自主权、职业伦理道德的规范、受过长期的教育。凯尔·桑德斯认为,专业是指一群人在从事一种需要专门技术之职业,这种职业需要特殊的智力来培养和完成,其目的在于提供专门性的社会服务。根据这个定义,凯尔·桑德斯指出传统上最古老而典型的三大专业是牧师、医生和律师。

"Eraunt(1994)认为专业的培养应该包括下列之一或数项:(1)在学或实习期间,学生花费大量时间(高达至五年)从专家中学得知识和技能。(2)在高等教育系统外进入专业学院学习。(3)具有考试资格,通常由经认可过的协会所举办。(4)在学院、多元技术学院或大学学习一段时间,获有学历证明。(5)用日志或卷宗收集资料,已明其实际表现能力。"[①]

日本学者石村善助认为,专业是指"通过特殊的教育或训练掌握了已经证实的认识(科学的或高深的知识),具有一定的基础理论的特殊技能,从而按照来自特定的大多数公民自发表达出的具体要求,从事具体的服务、工作,借以为全社会利益效力的职业"。

专业发展是指一个普通的职业群体在一定时期内,逐渐符合专业标准,成为专门职业并获得相应的专业地位的过程。美国教育协会所认定的专业化标准应包含:(1)属于高度的心智活动;(2)具有特殊的知识技能;(3)受过长期的专业教育;(4)要不断在职进修;(5)属于永久性职业;(6)以服务社会为目的;(7)有健全的专业组织;(8)订定可行的专业伦理。[②]

教师专业发展是指"教师在整个专业生活中,通过终身专业训练、习得教育技能、实施专业自主、体现专业道德、逐步提高从教素质,成为教育专业工作者的专业成长过程,即从一个'普通人'变成'教育者'的专业发展的过程"。[③]

教师专业发展包含四层含义:(1)教师专业既包括学科专业性,也包括教育专业性,国家对教师任职既有规定的学历标准,也有必要的教育知识、教育能力和专业伦理的要求;(2)国家有教师教育的专门机构、专门教育内容和措施;(3)国家有对教师资格和教师教育机构的认定制度和管理;(4)教师专业发展是一个持续不断的过程,教育专业化也是一个发展的概念,既是一种状态,也是一个不断深化的过程。

(二)教师专业发展历程概述

教师职业可以说是人类社会古老而永恒的职业之一,是伴随着人类社会的产生而发展起来的。起初是"养老与育幼相结合、师长合一"的古老习俗,后来是"官师合一"、"僧师合

---

① 吴清山.师范教育的挑战与展望[C].台北:师大书院,1997,3-25.
② 何福田,罗瑞玉.教育专业[C].台北:师大书院,1981,1-30.
③ 刘天娥.走向教师专业化[J].中国民族教育,2006(6):9-11.

一"的漫长历程。进入近代社会以后，教师才逐渐成为一种专门的职业，并逐步形成专业化的特征。

1. 教师职业的产生

在人类历史的早期，就存在着教学活动。如《尸子》中记载："伏羲之世，天下多兽，故教民以猎。"《周易·系辞》中记载："神农氏制耒耕，教民农作。"教师职业是伴随学校的产生而出现的。在原始社会早期，由于没有专门的教育机构，也就没有专职教师。原始部落的首领或有经验的人承担了教师的职责。

进入中古时期，随着生产力的发展，初等学校教育出现了。如《孟子·滕文公上》中记载："设为庠、序、学、校以教之。庠者，养也；校者，教也；序者，射也。夏曰校，殷曰序；学则三代共之，皆所以明人伦也。"《礼记·王制》中记载："夏后氏养国老于东序；养庶老于西序。殷人养国老于右学；养庶老于左学。"但由于只培养少数统治阶级子弟，对教师的要求并不高，学校规模也不大，教师一般由官吏兼任。这使得教师往往被看做是某种神圣的或社会主流观念的传播者，是统治者声音的发布者。教师之所以被称为教师，是因为他具有知识或观念。教师有如牧师，是圣训的代言人。

在古代官学、私学等教育专门机构形成以后相当长的一段历史时期，教师并不是专职的，教师职业也没有成为一种独立的社会职业。因为教师对教学内容的把握无须借助其他外在的力量，由于教学内容过于简单也使教学方法显得无足轻重，现实生活中的模仿与实践，就基本能够满足经验和知识的传授。

这一时期，虽然教师从业有了一个资格的问题，如一个人要成为一名教师，至少应该认识文字并能够使用文字。但这个要求无论是从现在还是在当时看，都是很低的，基本上每个受过一段时间教育的人都可以做到。由于学校主办者多样化，办学条件不同，教师的来源也不同，有的受教会控制的学校由教会雇用平民担任教师工作，有的学校由地方政府聘请教师，一些无力借它途谋生的人也往往投奔这一职业，靠教学维持生活，但很少有人以教师为专职。在当时，人们对教育的需求并不强烈，受教育者对教师的态度十分宽容，甚至听之任之。教师教什么、何时教、怎么教都由自己说了算，受教育者对教育质量并不在意。因此，在早期的欧洲教育机构中，退伍军人、家庭主妇甚至是初通文墨的社会闲杂人员，都可以担任教师。从整个社会来讲，教育还处于十分散漫的状态。教育机构和教师的工作都没有什么统一的标准。教师中也很少有人把教学作为自己的专门职业和终身职业，社会也就更谈不上对这个行业的从业人员进行专门培训了。因此，当时教师职业的专业化程度十分有限。

2. 教师专业发展的滥觞

17世纪英国发生的产业革命，使机械化大工业生产取代了手工作坊，生产力迅速发展。一些工业中心逐步发展，形成了城市。由于大工业生产需要工人掌握一定的生产技能，新兴的市民阶层也迫切需要掌握一定的科学文化知识。于是西方资本主义国家先后提出普及教育，城市中初等学校发展迅速，急需大量教师，而且要求他们具备一定的知识、教育教学的技能和管理的才干，因为当时的教育家夸美纽斯提出了班级授课制，并具体规划了包括设置普及、义务的初等学校在内的新学制。由于把众多的儿童集中起来实施班级授课并非易事，因此就要求对教师进行培训。而且，逐步繁荣和发展起来的教育思想，又为教师教育的产生提供了可能。于是，专门培养教师的教育机构——教师教育就应运而生了。

1684 年法国"基督教兄弟会"创始人拉萨尔(La Salle)在兰斯开办了一个名为"基督教学校修士学院"的教师训练机构,以训练小学教师。尽管这种师资培训是短期训练性质的,但它是世界教师教育的开端。1695 年,德国的弗兰克(A. H. Francke)在哈雷创设了教员养成所。这是教师教育的雏形,水平很低,属于初等教育的高年级部分或初等教育后教育。它只是一种有目的的短期培训,任务就是训练能登台上课的小学教师。此后,德、奥等国开始出现短期师资训练机构,并在欧洲形成一定的气候。1738 年,弗兰克的学生赫克为普鲁士教师设立了第一个正式的师范学校,以训练神学和实科学科中有志做教师的学生。1747 年赫克又在柏林创办了一个教师教育机构,附设在所办的实科学校中。

从 17 世纪下半叶到 19 世纪初叶,欧美等国先后开办了师资训练班和师范学校,培训初等学校师资,而且有不少师资培训机构是由宗教团体为争取教民而设的,由于当时各国尚未普遍推行义务教育,对教师质量上的要求和数量上的需求尚不严格、紧迫,因此,各国教师教育发展的速度仍是缓慢的。

18 世纪中下叶,随着普及初等义务教育为资本主义各国所普遍接受并以政府的名义要求实施,再加上教育理论有了长足的进步,涌现出卢梭、裴斯泰洛齐、赫尔巴特、斯宾塞、第斯多惠、乌申斯基等著名的教育理论家和实践家,现代教学方法渐成体系,教师教育理论已见轮廓。在这个基础上,欧美各国都普遍设置了师范学校,形成了以中等师范学校为主体的师范教育体系。

教师教育的产生和师范学校的萌发在人类教育史上仍然是里程碑式的事件。它是教师专业化开始的标志,意味着教学被当做一个专业得到了社会的认同,教学作为一门科学被引入到学校教育之中。教学作为一个专业从普通职业中分化出来,形成了自己专业化的特征和要求。

3. 教师专业发展的中兴

1794 年,法国临时国会通过法令,在巴黎创设公立师范学校。1795 年正式建立,招收高中毕业生入学。这就是现在著名的巴黎高等师范学校的前身。巴黎师范学校是世界上第一所正式的高等师范学校,开世界高等教师教育之先河。俄国也于 1779 年在莫斯科大学附设师范学堂,1782 年在彼得堡建立了第一所独立的师范学堂,1804 年发展为第一所独立的师范学院,1816 年更名为中央师范学院。英国在 19 世纪初因公共教育发展引起师资短缺,教师培养成为严重问题,于是产生了"导生制(monitorial system)"、"见习生制(pupil-teacher system)"等多种短期培训办法。后来,也逐步建立起职前教师教育机构。美国的师资训练最初附设于旧式中学(Academy),没有专门的教师培养机构。1823 年,S. R. 霍尔在佛尔蒙特州创办了第一所私立中等师范班,招收小学毕业生,学制 3 年。霍尔在办学实践中注意总结经验,撰写了《学校管理讲义》,于 1829 年出版。书中强调教师不仅要传授知识,还要培养学生的公民道德和规范。这是美国第一部专门论述教师教育的著述。1839 年,J. C. 卡特在麻萨诸塞州创立了美国第一所公立师范学校,各州纷纷效仿,一时间,公立师范学校成为美国教师教育的主体。

19 世纪 30 年代至 40 年代,欧洲普遍完成了工业革命。自然科学研究在数学、物理、生物、医学、天文等学科领域取得了许多新的突破,并应用于工业生产中。工业化的迅猛发展,对普通劳动者掌握一定的文化科学基础知识和劳动技能的要求更为迫切。欧美国家政府把普及初等教育提上了议事日程。在法国1816年颁发的法令中规定:"各市镇均需负责其管辖之下儿童得以受初等教育",并于19世纪末全面普及初等教育。德国是最早执行义务教育的国家,推行强制性的初等义务教育,加快了普及教育的步伐。英国于1870年颁发了《初等教育法案》,强迫适龄儿童入学,此后义务教育得到不断延长。美国在1852年~1889年有25个州颁布了义务教育法令。初等教育的发展,义务教育的实施,为教师教育注入了生机与活力,强有力地推动了教师教育的发展。普及初等教育对教师的数量和质量提出了新的要求。一方面要求有充足数量的师资满足不断扩大的教育规模,另一方面要求教师不仅具备一定的文化基础知识,而且还要有相应的教育、教学技能与方法,必须成立训练教师的专门机构,培训大批高水平的师资成为当务之急。于是专门培养初等教育师资的师范学校就应运而生,并得到发展。可以说,教师教育是适应社会生产力发展的需要,在普及初等教育过程中产生、发展的。

到19世纪末,法国的师范学校已达174所,高等师范学校4所。德国在1840年仅普鲁士就有师范学校38所。美国在1900年师范学校已持续增加到170所,在校学生43000人,私立师范学校发展到118所,在校学生20000人。1868年,波士顿成立了美国第一个幼师训练班。

在这一时期,西方各国政府加强了教师教育立法,规范了教师教育的发展,促进教师教育朝着制度化、统一化、专业化的方向发展。德国最早颁布了有关教师教育的法令。1763年普鲁士发布了《全国学校规程》,其中明确规定教师必须先参加考试再予以录用。法国1816年就规定对未达标教师令其到"短期示范学校"观摩学习。1880年规定了教师教育的两种证书,即"师范学校教育能力证书"和"师范学校领导人员、初等教育督学能力证书"。美国各州相继成立州教育委员会,教育委员会的任务是致力于改善学校工作,提高教师的专业水平及经济与社会地位,实行教师许可证制度等。

4. 教师专业发展的升华

19世纪末至第二次世界大战结束前,是教师专业化的重要转折时期。这一时期的教师教育适应了生产、科学技术和教育发展的需要,在体制上有了新的突破,呈现出高水平、多元化、开放式的发展趋势。

19世纪末,人类历史上发生了以电气化为标志的第二次工业革命。电气化对劳动者素质提出了更高的要求。已经实施的普及初等义务教育,已不能满足生产力发展的需要。延长义务教育年限,发展中等教育,成为西方国家的普遍要求。同时,职业技术教育对推进工业发展作出了不可磨灭的贡献,受到了人们的欢迎。职业技术教育制度的确立,职业学校数的与日俱增,使得传统的教育理论和方法已明显不能适应经济和社会发展的需要。随着教育改革的深入,欧美兴起了一场教育革新运动。许多国家在普及初等教育的基础上,逐步将义务教育年限延伸到中学阶段,课程设置上突出了自然、物理、化学、数学等现代学科地位。中学数量及在校生人数大大增加。于是对中学教师的需求量大幅度增加。同时,由于初等教育水平的提高,要求初等学校教师也要有高等学校的学历,特别是在实行中小学教师按教育程度确定工资的制度以后,初等学校教师也逐步过渡到由高等师范学校来培养。原来以中等师范学校为主体、以培养单一初等学校教师为目标的教师教育就发生了变革。

第一次世界大战前后,最初师资培养存在着"双轨"体系。也就是只承认小学教师需要经过教育专业训练,而中学师资只要具备专业知识,无须经过教育专业训练即可。这表现为许多国家的中学教师资格规定大学毕业就可以任教,对教育专业训练并无明确的要求。但19世纪末以来,人们日益认识到,教学也是一项专业化的工作,仅有学科专业知识还很不够,还必须具有教育的专业训练。于是,中小学师资训练就逐步归于高师统一体中。中等师范学校或者被撤消、兼并,或者升格为高等师范学校,高师教育迅速发展起来。在这方面,美国是排头兵,1893年纽约州奥尔巴尼市率先把原来的师范学校升格为州立师范学院,招收中学毕业生,而后其他各州纷纷效法。到了20世纪初,师范学院在美国各州普遍建立,师范学院取代师范学校成为培养中小学教师的主要教育机构。从1911年到1920年,19所州立师范学校升格为师范学院,1921年到1930年间,又有69所师范学校升格,到1940年基本上实现了师范学校向师范学院的过渡。美国从1839年第一所师范学校建立,到师范学院的过渡,经历了约100年的时间。[①] 至第二次世界大战前后,一些欧美国家的中等师范学校已经完成其历史使命,而被独立的高等师范院校所代替。这是教师教育的独立建制阶段——师范学院时期。

这一时期,由于教育科学和心理科学获得了长足的发展,更由于杜威、马卡连柯、蒙台梭利等有识之士的大力倡导,教育学科与心理学科已经进入学术殿堂。特别是在他们提出了教学专业化的主张,要求做教师的必须掌握教育理论和教学方法之后,教育学的学术地位大大提高,得以插足于学术性大学。学术性大学也纷纷建立教育专业机构,培养教师。至此,学术性大学与师范院校之间的"矛盾"基本解决,教师教育与学术教育开始从分离走向整合。[②] 教师教育从原来群众性学校这一轨开始与学术性学校这一轨合并,由招收小学、初中毕业生改为招收高中毕业生,培养小学和初中教师,但高中教师仍由学术性大学来培养。在这个阶段,教师教育以独立设置为主体,定向培养师资,教师的职前培养受到了充分的重视,但对教师的在职培训缺乏足够的认识,亦无必要的途径和措施。

第二次世界大战以来,全球范围内兴起的以计算机的应用与开发为标志的第三次技术革命对教育领域产生了挑战性、紧迫性的影响。西方教师教育开始步入开放化发展阶段,教师主要由综合大学中的教育学院、研究生院培养。各国越来越认识到,培养跻身世界科学技术前沿的高层次专业人才及大批具有良好品德、文化知识和技术素养的劳动大军,已成为当务之急,教育和科学在国家发展中越来越受重视,"科教兴国"深入人心。因此,一些原来未曾实施普及义务教育的发展中国家,普遍实施了义务教育,而早已实施了义务教育的发达国家,则普遍延长义务教育年限。不仅对高中教师,而且对小学和初中教师,都要求有广博的文化科学知识和教育专业训练;不仅要求教师在学科专业方面是学者,而且还要求他们在教育专业方面是专家,成为学科领域和教育领域的"双专家"。教育科学的不断分化和发展也大大提高了教育科学的学术地位,师范性本身也更多地融入了科学性与学术性,师范性的学术层次和地位已不容否认。这一点也促进了教师专业化程度的提高。凯洛夫、赞科夫、苏霍姆林斯基、科南特、布鲁纳、皮亚杰、波伊尔、舒尔曼等一批教育家为教育科学的发展做出了各自的努力。教育科学已经从比较抽象的教育学原理,发展成为一个具有诸多分支学科和

① 王英杰.试论美国发展师范教育的历史经验[J].高等师范教育研究,1991(3):26.
② 袁锐锴.世界师范教育的过去和未来[J].高等师范教育研究,1997(1):10-13.

具体学科的教育学学科群,包括教育经济学、教育社会学、教育法学、教育评价学、教育管理学、教育心理学等等。要学习、掌握和运用这些学科的知识和规律,就需要有必要的学科背景和专门化的训练。①

为积极改进教师教育、提高教师专业化水平,美国把教师职前培养全部纳入高等教育阶段,多数州立大学都建立了教育学院,几乎所有的州立综合大学都建立了教育学或教学法专业,承担起中小学教师的职前培养任务,使教师教育成为综合大学的一个组成部分。20 世纪 60 年代以后,美国又对教师的学历和学位提出了新的要求。纽约州率先于 1962 年规定中小学教师在高等学校的修业年限由四年延长为五年,即前四年主要是普通教育与所教学科的教育,取得学士学位,然后再用一年的时间主要进行教育专业学习与训练。与此同时,在教育专业领域中,除教育学士(Bachelor of Education)、教育硕士(Master of Education)外,增添了教学硕士(Master of Arts in teaching)、教育博士(Doctor of Education)学位。研究生院也越来越多地承担起培养中小学师资的职责,使教师的学历结构和学位结构发生了很大的变化。师范生既可以接受到与其他专业的学生相同的文理基础知识和学科专业知识教育,使其学术水平不低于其他专业的学生,同时又能接受教育专业的训练,使教师教育把学术性和师范性很好地结合起来,专业化程度也相应地被提高到与文、理、工、商等专业并驾齐驱的地位。

据统计,1950 年,美国中小学教师只有 50% 的人具有学士学位,几乎没有具有硕士学位以上的教师;而到 1976 年,小学教师中具有学士学位的占到 99%,具有硕士学位的占到 33%,中学教师中具有硕士学位的占到 40% 以上。② 此外,美国还十分重视教师的在职进修。为防止教师知识老化,促进教师知识更新,1976 年,美国政府倡导在全国设置教师中心。有的教师中心由大学设置,有的由地区设置,也有的由大学和地区双方协办设置。教师中心设有讨论室、研究室、教材组、专业图书馆,供教师学习新教材,改进教学法和练习应用现代化教学手段。1986 年美国卡内基教育和经济论坛(Carnegie Forum on Education and the E-conomy)、霍姆斯小组(Holmes Group)相继发表了《为了 21 世纪的教师:装备起来的国家》(A Nation Prepared:Teachers for the 21th Century)、《明天的教师》(Tomorrow's Teachers)两个报告,同时提出以教师的专业发展作为教师教育改革的目标,努力提高教师的专业化水平,建议教师培养从本科阶段过渡到研究生教育阶段。美国学者认为,"在教育的历史上从来没有像今天这样认可教师的专业发展的重要性,当前任何一项针对改革、调整、学校变革的提议都将教师的专业发展视为一个努力促成所需变化的主要手段。"③如今,美国教师在职进修已经非常普遍化、制度化,并逐年加紧、逐步深入。"学者未必是良师,良师必须是学者"如今已成为美国教师教育的新概念。④

1960 年代中期,许多国家已由对教师"量"的急需逐渐转变为对教师"质"的要求,对教师素质的关注达到了前所未有的程度。为了大幅度提高教师的专业水平,世界许多国家兴起了教师专业化的运动。教师的高学历化、教师教育培养培训体系的多样化、开放化、综合

① 谢维和.论教育科学的普及[J].教育研究 1999(4):14 – 17.
② 王英杰.试论美国发展师范教育的历史经验[J].高等师范教育研究 1991(3):26.
③ Teacher Professional Development in 1999 – 2000. U. S. Department of Education Institute of Education Sciences NCES.
④ 腾大春.外国教育史和外国教育[M].石家庄:河北大学出版社,1998,432 ~ 433.

大学化、一体化已成为当时世界教师专业化的发展趋势。教师教育的过程不同于一般教育的过程。它不仅受个体发展规律的制约，要求教育者要遵循这一规律，而且要使受教育者也懂得和掌握这一规律，学会如何遵循它，以做好教育教学工作。一个合格的教师不仅要具有广博的文化科学知识和精深的专业理论基础，体现出较高的学术水平，而且还必须要求他们掌握教育科学，懂得教育规律，具备较高的教育教学能力，从而体现出较强的师范性。学术性与师范性的辩证统一正是教师职业专业化的要求和表现。

1966 年联合国教科文组织（UNESO）在法国巴黎召开的"教师地位之政府间特别会议"，通过了《关于教师地位的建议》(Recommendation Concerning the Status of Teachers)，强调了教学的专业性质，认为"教学应被视为专业(Teaching should be regarded as a profession)"。"这种职业要求教师经过严格的、持续的学习，获得并保持专业的知识和特别的技术。"时隔 30 年，1996 年联合国教科文组织在日内瓦召开的以"加强在变化着的世界中的教师的作用之教育(Education Concerning Strengthening the Role of Teachers in A Changing World)"为主题的第 45 届国际教育大会，通过了九项建议，其中第七项建议就专门强调教师专业化问题，认为这是一种改善教师地位和工作条件的重要策略。① 尽管当前国际社会对教师专业是否是一个完全专业还有不同的意见，但大家又普遍认为教师这个行业正处于从半专业(Semi-profession)、准专业(Quasi-profession)向完全专业(Full-profession)道路不断前进的过程当中。

我国的香港和台湾地区也分别从 1980 年代后期开始加大教师专业化教育制度的改革，教师专业发展的观念成为社会的共识。进入 21 世纪以来，各国有关教师专业化的论述和实践已极为普遍。

三百多年来，伴随着教育普及化、教育理论与实践的丰富与发展，教师职业逐渐成为一种专门的、科学的职业，并逐步形成专业化的特征。可以说，教师专业化是一种动态的发展过程，其发展变化的历程可分为"非专门化—专门化—专业化"三个发展阶段。

（三）教师专业发展需要伦理精神激励

当今世界，科学技术日新月异，国际竞争日趋激烈。无论是科技进步还是国际竞争，核心在于人才的培养和吸引。从职业的性质来看，教师是一种特殊职业，它的工作目的不是生产商品，而是要有意识地培养人、发展人。正因为如此，教师一直被喻为"蜡烛"、"园丁"、"人类灵魂的工程师"。"对学生的成就来说，教师质量这个变量远比其他变量重要得多"。②教师专业化既是一种理想目标，更是一个努力过程；既是一种职业资格的认定，更是一个终身学习、不断更新的专业要求。从个体来看，教师专业化贯穿于整个教师生涯中，是个体专业不断发展的动态过程。进入 21 世纪以来，加快教师专业化进程、提高教师专业水平也已成为我国教师教育的发展方向和主要任务。

1. 教师专业发展需要现代的教育伦理

教师专业发展是一个过程，这个过程应该具有道德上的先进性、正当性。这意味着，教师专业化的理念、制度、方法，都要合乎先进的道德规范，都应内在地体现着先进的伦理精神

---

① 赵中建. 国际师范教育发展的里程碑——第 45 届国际教育大会简介[J]. 高等师范教育研究,1997(2) :45 - 46.

② Ministry of Education, Training and Youth Affairs (2000), Teacher for the 21st Century: making the difference. Australian Commonwealth government, p. 7.

和道德理想。换言之,教师专业化是否符合教育改革和发展的要求,其中就内在地包含着教育伦理的评判。比如,教师专业化的制度是否是公正的、是合乎人性的。不符合现代伦理基本精神的教师专业化制度,就不是好的教师专业化制度。因此,树立一种先进的教育伦理思想和规范,建立起有利于这种伦理思想落实和实践的教师专业化制度和运作系统,是教师专业化的一个重要前提。

2. 教师专业发展需要完善的教育伦理

科学、制度、伦理是教师专业化过程三种基本规范力量,它们是相互联系的。伦理精神的健全有利于教师专业发展的科学化和制度化。教师专业发展的目的是改革教育、发展教育、优化教育,从而提高教育自身的价值,实现教育的社会功能。这就要求教师的职前培养、职后培训都应符合教育伦理精神。因为教育伦理是保障教师良好社会形象和声誉的重要力量,是维护教师尊严的重要法宝。没有伦理精神激励的教师专业化,往往会背离初衷、走入歧途。同时,教育伦理精神对教师专业化制度建设具有积极意义。首先,教师专业发展制度需要有明确的伦理根据。教师专业化制度是一种教育制度,是教育关系的安排和协调,这种安排是否合理,关键在于它以什么伦理为根据。没有完善的教育伦理,在教育法制建设中就难以有严肃的、科学的伦理基础。其次,教师专业发展制度的运行过程,需要教育伦理力量的支持。我们常常看到这样的现象:相应的规章制度很多,但难以实施和落实。这当然是多方面因素造成的,但其中就有伦理精神暗淡的因素。制度是被动的,需要人来执行。人群的道德水准、个人的道德良心、社会的道德舆论,是制度执行重要的推动力量和监督力量。只有发挥道德良心和道德舆论的作用,制度才能更好地发挥作用。

3. 教师专业发展需要先进的教育伦理

重视伦理规范是我国的历史传统。当前,我国已进入改革发展的关键时期,经济社会发展呈现出许多新的阶段性特征。特别是随着利益格局的不断调整,社会生活日趋多样化,社会意识更加多元、多变,这既为社会发展进步注入了活力,也带来了社会思潮的纷繁变幻。为此,《国家中长期教育改革与发展规划纲要(2010—2020年)》提出,要加强教师职业理想和专业伦理建设,增强广大教师教书育人的责任感和使命感。在教师专业化过程中,如何建立先进的教育伦理体系,是需要认真加以研究的重要问题。首先,需要顺应传统伦理向现代伦理转型的潮流,理智地、自觉地推进教育伦理转型。其次,需要从建设社会主义核心价值体系的高度认识教育伦理体系建设的地位和作用。第三,需要从现实的教育实践中存在的道德失范状况,重塑教师形象,净化教育事业。由此可见,加强教育伦理建设具有重要的现实意义。

三、教师专业发展中的道德修养建设

从广义的角度来看,"教师专业发展"与"教师专业化"这两个概念是相通的,均指加强教师专业性的过程。但从狭义的角度而言,两者之间还有一定的区别:"教师专业发展"更多是从教育学维度加以界定的,主要指教师个体的、内在的专业化提升;"教师专业化"更多是从社会学角度来考虑的,主要强调教师群体的、外在的专业性增强。这两个不同的论述角度是随着教师专业发展研究进程而不断明晰的。1960年代到1970年代,为了提升教师专业发展程度,人们采用的是群体专业发展策略,关注教师作为专业性职业的地位及其提高的问题。1980年代以来,教师专业发展的重心由群体转向个体,强调教师个体的专业化,关注教师的专业发展。

(一)教师专业发展是提高教育质量的需要

教师专业发展是我国教育改革和发展的现实需要。由于扎实推行了计划生育工作,"全国少生4亿多人口,创出了人口抚养比较低、劳动年龄人口充裕、储蓄率较高的'人口红利期'",[①]我国小学学龄人口逐步呈明显下降趋势,初中学龄人口也开始下降,中小学教师的供求关系发生了重大变化,已由对教师"量"的急需逐渐转变为对教师"质"的要求,通过促进教师专业发展来提高教师素质,已成为我国教师教育改革的主要目标。

为全面推进素质教育、提高教育质量,2001年,教育部颁布了《基础教育课程改革纲要(试行)》。改革的重心集中在以学生为本、强调基础性、强调对青少年学生的人文和道德的教育、强调综合性、强调个性化和多样化、重视信息技术功能的发挥等六个方面。新的课程体系在课程的功能、结构、内容、实施、评价和管理等方面都较原来的课程有所创新和突破,对教师的要求发生了根本性的变化,迫切需要教师树立科学的教育理念,适应综合性教学、研究性教学、实践性教学的新要求,提高将知识转化为智慧、将理论转化为方法的能力;明确自己是一名学习的引导者、合作者、促进者和真诚的对话者,不断地进行教学实践并在实践中不断反思,从而提升自己的专业知识、专业意识、专业能力和专业精神。

教师专业发展首先要在理念层面解决两个问题,一是教师是不是专业人员。如前所述,国际上关于职业专业化大致有六大标准:(1)有专门知识;(2)有较长时期的职业训练;(3)有专门的专业伦理;(4)有权根据自己专业进行自主判断和决策,而不是奉命行事;(5)有组织;(6)要终身学习。根据以上标准,我们完全可以认定教师是一种专业性职业。二是教师职业可不可以替代。在现实生活中,许多人依然认为教师职业至多只能算是一门"准专业"或"半专业","远未达到与医生、律师、工程师以及会计师相同的专业水平,不像这些专业性很强的职业一样具有不可替代性"。究其原因是比较复杂的,但其核心的因素首先在于教师专业发展水平不高。教师专业发展水平不高归根结底是教育科学的专业化水平不高,这在我国表现更为突出。教育学科作为科学在我国的发展已有一百多年的历史,但不可否认的是,当前我国教育科学的学科建设和专业化水平仍然不高。为此,作为一名教师,自己首先要树立专业意识,要以"研究型教师"和"人民教育家"作为自己的职业理想,加强教育科学的研究,不仅懂得教育科学的原理、原则,并且有应用它们解决实际问题的能力,以一种全新的科学理论和方法进行教育教学工作,不断提高教育科学的专业化水平,使教师职业体现越来越多的教育科学理论成分。只有教师本人树立强烈的专业意识,把自己视为教学过程中的促进者、合作者、研究者与改革者,才能在整个职业生涯中自觉进行专业训练,习得教育技能,研修专业道德,进行教师专业人格的塑造,提高从教素质;才能在全社会纠正"只要有知识就能当好教师"和"教师的学术水平、研究水平不高"等错误观念。其次是社会对教师角色定位仍然偏低,教师的工资收入同其他从业人员相比仍然偏少。这需要国家的教师管理保障制度实现相应的重大变革。

教师职业从随意、经验到专业,经历了一个漫长的发展过程。随着社会的文明进步和教

---

① 张维庆.统筹解决中国人口问题的思考[N].学习时报,2006;4-7.

育的不断发展,必然需要越来越多的高质量的教师。他们不仅是有知识、有学问的人,而且是有道德、有理想、有专业追求的人;不仅是高起点的人,而且是终身学习、不断自我更新的人;不仅是学科的专家,而且是教育的专家,像医生、律师一样,具有专业的不可替代性。

(二)教师专业标准是教师专业发展的保障

新中国成立以来,我国教师队伍建设取得明显成效,为社会主义现代化建设的人才培养提供了强有力的师资保障。但随着我国经济社会发展,教育改革的深入,教师队伍总体上还有些不适应。教师专业化水平有待提升,教师职业吸引力有待增强,教师资源配置有待改善,教师管理机制有待完善。2011年12月12日,教育部公布了《幼儿园教师专业标准(试行)》《小学教师专业标准(试行)》和《中学教师专业标准(试行)》的征求意见稿,在全国范围内公开征求意见。这是我国教师教育发展历程中具有里程碑意义的一件大事。教师专业标准(征求意见稿)的框架由基本理念、基本内容与实施建议三大部分构成。基本理念提出教师要以学生为本,师德为先,能力为重,终身学习。基本内容由维度、领域和基本要求组成,分别对幼儿园、小学、中学教师的专业理念与师德、专业知识和专业能力提出60余条具体要求。实施建议分别对教育行政部门、教师教育机构和幼儿园、中小学及教师提出了相关要求。教师专业标准主要有以下四个特点:一是突出师德要求,要求教师要履行专业伦理规范,增强教书育人的责任感和使命感,践行社会主义核心价值体系。二是强调学生主体地位,要求教师要尊重学生,关爱学生,充分发挥学生的主动性,为学生提供适宜的教育,促进每个学生主动、生动活泼地发展。三是强调实践能力,要求教师要把学科知识、教育理论与教育实践相结合,不断研究,改善教育教学工作,提升专业能力。四是体现时代特点,要求教师要主动适应经济社会和教育发展的要求,不断优化知识结构,不断提高文化修养,做终身学习的典范。

教师专业标准是教师队伍建设的基本准则,是教师专业化的重要保障,在教师队伍建设中具有基础性、先导性和全局性的作用。制定科学合理的教师专业标准,具有多方面的意义。

1. 教师专业标准是提高教师队伍整体素质的重要保障

教师是一种特殊职业,教育是一种专业工作。教师职业有自身的严格要求,并不是任何人都可以从事教师职业的。只有达到教师专业标准的人才能进入教师队伍的行列,才能从事教师职业。那么教师的要求是什么? 具备什么样素质的人才能从事教师职业? 这就必须通过教师的专业标准来规范和要求。长期以来,由于我国没有出台教师专业标准,导致教师队伍鱼目混珠,影响了教师队伍的整体素质。有了教师专业标准,在教师的招聘、任用过程中,就可以严把入口关,选拔符合专业标准的人员进入教师队伍行列。教师专业标准的制定,对于加强教师队伍的管理、提高教师队伍的整体素质、保障教育事业科学发展具有重要意义。

2. 教师专业标准是教师教育教学活动科学有效的重要指导

尽管教育教学理论早已提出了一系列基本原则、策略,但是从教师的角度或者对于每位教师来说,教育教学既是科学又是艺术,既有方法又无定法。教师在教育教学活动中应该具备怎样的观念、行为和态度,还需要具体的规范。教师专业标准对教师的观念、知识、行为等提出了明确的要求,教师按照这些要求,不仅能保证教育教学活动的科学性,也能保证教育教学活动的有效性。同时,对于教师教育教学活动的评价也有了具体的标准。这对提高教育教学质量、保障教育教学的规范性、更好地促进学生的发展意义重大。

3. 教师专业标准是教师专业发展的重要依据

教师是一个需要不断学习、不断提高、不断发展的职业。教师的专业发展是一个复杂的、缓慢的过程,需要教师个人、所在学校、教育管理部门等多方共同努力、共同支持。教师专业标准对于教师的品德、知识、能力等都做出了具体的规定,提出了明确的要求。这就使得教师个人、学校、教育行政部门等,都清楚地知道了教师的专业发展包括哪些内容,具体要求是什么,可以对照标准了解哪些方面达到了要求,哪些方面还需要加强,为教师的专业发展提供了明确的努力方向和努力目标。

4. 教师专业标准是教师教育的重要指南

教师的培养培训是影响教师队伍质量的重要因素。无论是职前培养还是职后培训,基本内容是什么?重点是哪些?怎样才算是好的教师教育?这都与教师专业标准密切相关。长期以来,由于缺乏教师专业标准,不同教师教育机构的教育内容差别较大,使得培养出来的教师在基本素质方面也是千差万别,部分机构的教师培养质量难以保证。从教师的职后培训来看,由于国家要求在职教师每五年要接受一定课时的培训,但对于培训什么并没有特别明确或具体的要求,各地的培训内容也是差异很大,一些地方的培训内容甚至与教师的工作没有什么关系,浪费了时间,浪费了经费,增加了教师的负担。有了教师专业标准,不仅可以规范教师教育机构的职前教育和职后培训内容,也有利于对教师教育机构的培养培训质量进行考核评价,另外还有利于各教师教育机构在保证基本内容的基础上,突出特色,这对于提高教师的职前培养和职后培训质量意义重大。教师教育的内容、重点,以及教师资格考试等,都应当依据教师专业标准。在专业标准的基础上各教师教育机构可以体现自己的特点。

(三)教师专业发展需要重视道德修养

建设高素质专业化教师队伍,关系亿万青少年的健康成长,关系教育改革发展的全局,关系国家的前途和民族的未来。突出师德要求和强调学生主体地位是教师专业标准(征求意见稿)的亮点。教师专业标准正式颁布后,教师将类似其他行业,定期进行资格考试,所有教师的教师资格今后都须接受每五年一次的定期注册考核,考核内容包括师德、业务考核以及教学工作量考核。其中,师德考核将作为首要内容,实行一票否决。为此,教师在自身的专业发展中,必须充分重视道德修养。

教师道德修养,既要提升道德的境界,又要守住道德的底线。提升境界的核心是尊重教师职业、精通教师职业、献身教师职业。守住教师道德底线的关键在于耻感、气节和良心。提升境界的基础是守住底线,守住底线的目的是为了提升境界。① 长期以来,我国广大教师自觉贯彻党的教育方针,学为人师、行为世范、默默耕耘、无私奉献,为我国教育事业发展和社会主义现代化建设做出了重要贡献,涌现出一大批优秀教师和先进模范人物,在他们身上集中体现了新时期人民教师的高尚师德,体现了教师职业的崇高和伟大,赢得了全社会的广泛赞誉和普遍尊重。但也应该看到,在市场经济和开放的条件下,师德建设还存在一些亟待

---

① 尹玉英.教师道德建设:提升境界与操守底线[J].嘉应学院学报·哲学社会科学,2011,(4):22-25.

解决的突出问题。有的教师责任心不强，教书育人意识淡薄，缺乏爱心；有的学风浮躁，治学不够严谨，急功近利；有的要求不严，言行不够规范，不能为人师表；个别教师甚至师德失范、学术不端，严重损害人民教师的职业声誉。这些问题的存在，虽不是主流，但必须高度重视，采取切实措施加以解决。

1. 关于《中小学教师职业道德规范》

2008 年 9 月 1 日，为贯彻落实党的十七大精神，进一步加强教师队伍建设，全面提高中小学教师队伍的师德素质和专业水平，教育部和中国教科文卫体工会全国委员会在广泛征求意见的基础上，对 1997 年国家教委和全国教育工会联合印发的《中小学教师职业道德规范》进行了修订并正式颁布。

修订后的《中小学教师职业道德规范》的主要内容是：

"一、爱国守法。热爱祖国，热爱人民，拥护中国共产党领导，拥护社会主义。全面贯彻国家教育方针，自觉遵守教育法律法规，依法履行教师职责权利。不得有违背党和国家方针政策的言行。

二、爱岗敬业。忠诚于人民教育事业，志存高远，勤恳敬业，甘为人梯，乐于奉献。对工作高度负责，认真备课上课，认真批改作业，认真辅导学生。不得敷衍塞责。

三、关爱学生。关心爱护全体学生，尊重学生人格，平等公正对待学生。对学生严慈相济，做学生良师益友。保护学生安全，关心学生健康，维护学生权益。不讽刺、挖苦、歧视学生，不体罚或变相体罚学生。

四、教书育人。遵循教育规律，实施素质教育。循循善诱，诲人不倦，因材施教。培养学生良好品行，激发学生创新精神，促进学生全面发展。不以分数作为评价学生的唯一标准。

五、为人师表。坚守高尚情操，知荣明耻，严于律己，以身作则。衣着得体，语言规范，举止文明。关心集体，团结协作，尊重同事，尊重家长。作风正派，廉洁奉公。自觉抵制有偿家教，不利用职务之便谋取私利。

六、终身学习。崇尚科学精神，树立终身学习理念，拓宽知识视野，更新知识结构。潜心钻研业务，勇于探索创新，不断提高专业素养和教育教学水平。"

2. 关于《高等学校教师职业道德规范》

为贯彻落实党的十七届六中全会精神，全面提高高校师德水平，教育部、中国教科文卫体工会全国委员会研究制定了《高等学校教师职业道德规范》（以下简称《规范》），于 2011 年 12 月 23 日正式颁布。制定并实施《规范》，对于加强和改进高校师德建设，引导广大教师自觉践行社会主义核心价值体系，加强自身修养，弘扬高尚师德，提高高等教育质量具有重要的现实意义；对于深入开展社会主义荣辱观教育，全面加强学校德育体系建设，提高全民族文明素质也具有广泛的社会意义。

《规范》的主要内容是：

"一、爱国守法。热爱祖国，热爱人民，拥护中国共产党领导，拥护中国特色社会主义制度。遵守宪法和法律法规，贯彻党和国家教育方针，依法履行教师职责，维护社会稳定和校园和谐。不得有损害国家利益和不利于学生健康成长的言行。

二、敬业爱生。忠诚人民教育事业，树立崇高职业理想，以人才培养、科学研究、社会服务和文化传承创新为己任。恪尽职守，甘于奉献。终身学习，刻苦钻研。真心关爱学生，严格要求学生,公正对待学生,做学生良师益友。不得损害学生和学校的合法权益。

三、教书育人。坚持育人为本,立德树人。遵循教育规律,实施素质教育。注重学思结合,知行合一,因材施教,不断提高教育质量。严慈相济,教学相长,诲人不倦。尊重学生个性,促进学生全面发展。不拒绝学生的合理要求。不得从事影响教育教学工作的兼职。

四、严谨治学。弘扬科学精神,勇于探索,追求真理,修正错误,精益求精。实事求是,发扬民主,团结合作,协同创新。秉持学术良知,恪守学术规范。尊重他人劳动和学术成果,维护学术自由和学术尊严。诚实守信,力戒浮躁。坚决抵制学术失范和学术不端行为。

五、服务社会。勇担社会责任,为国家富强、民族振兴和人类进步服务。传播优秀文化,普及科学知识。热心公益,服务大众。主动参与社会实践,自觉承担社会义务,积极提供专业服务。坚决反对滥用学术资源和学术影响。

六、为人师表。学为人师,行为世范。淡泊名利,志存高远。树立优良学风教风,以高尚师德、人格魅力和学识风范教育感染学生。模范遵守社会公德,维护社会正义,引领社会风尚。言行雅正,举止文明。自尊自律,清廉从教,以身作则。自觉抵制有损教师职业声誉的行为。"

3. 《规范》对弘扬高尚师德具有重要意义

经济社会的发展,教育事业的改革要求我们积极推进观念创新和制度创新,不断探索适应新时期师德建设的新内容、方式、手段等,特别要在增强时代感、加强针对性和实效性上下工夫,使师德建设更加贴近实际、贴近教师,把师德规范的主要内容具体化、规范化,使之成为全体教师普遍认同的行为准则。两个《规范》对激励和引导广大教师模范履行职业道德规范,以对学生的挚爱、对教育事业的责任,教书育人,为人师表,具有十分重要的意义。

两个《规范》的修订和制定体现了以下原则:

一是坚持"以人为本"。两个《规范》充分体现"教育以育人为本,以学生为主体"、"办学以人才为本,以教师为主体"的理念,强调尊重教师,强调教师责任与权利的统一,充分调动广大教师的主动性、积极性和创造性。

二是坚持继承与创新相结合。修订的《中小学教师职业道德规范》总结了原《规范》执行以来的基本经验,汲取了原《规范》中反映教师职业道德本质的基本要求,又充分考虑经济、社会和教育发展对师德提出的新要求,将优秀师德传统与时代要求有机结合。

三是坚持广泛性与先进性相结合。两个《规范》从教师队伍现状和实际出发,面向全体教师,对教师职业道德提出了基本要求,使之成为每位教师自觉遵守的行为准则。同时,又提出了体现时代精神的新的倡导性要求。

四是倡导性要求与禁行性规定相结合。两个《规范》从教师职业道德的阶段性特征出发,针对当前师德建设中的共性问题和突出问题,在广泛征求意见的基础上,作出了若干禁行性规定。《规范》提出的要求尽量体现针对性和可操作性。

五是他律与自律相结合。教师职业道德建设重"他律"、贵"自律"。两个《规范》在注重"他律"的同时,强调"自律",倡导广大教师自觉践行师德规范,把规范要求内化为自觉行为。从"他律"走向"自律"是师德建设的最终目的。

以修订的《中小学教师职业道德规范》为例,六条基本内容体现了教师职业特点对师德的本质要求和时代特征,"爱"和"责任"是贯穿其中的核心和灵魂。

第一条是"爱国守法",是教师职业的基本要求。热爱祖国是每个公民,也是每个教师的神圣职责和义务。要实现建设社会主义法制国家的目标,需要每个社会成员知法守法,用法律来规范自己的行为,不做法律禁止的事情。

第二条是"爱岗敬业",是教师职业的本质要求。没有责任就办不好教育,没有感情就做不好教育工作。教师要始终牢记自己的神圣职责,志存高远,把个人的成长进步同社会主义伟大事业、同祖国的繁荣富强紧密联系在一起,并在深刻的社会变革和丰富的教育实践中履行自己的光荣职责。

第三条是"关爱学生",是师德的灵魂。没有爱就没有教育。教师必须关心爱护全体学生,尊重学生人格,平等公正对待学生。对学生严慈相济,做学生的良师益友。保护学生安全,关心学生健康,维护学生权益。

第四条是"教书育人",是教师的天职。教师必须遵循教育规律,实施素质教育;循循善诱,诲人不倦,因材施教;培养学生良好品行,激发学生创新精神,促进学生全面发展。

第五条是"为人师表",是教师职业的内在要求。"为人师表"对教师工作具有特殊重要的意义。教师要坚守高尚情操,知荣明耻,严于律己,以身作则,在各个方面率先垂范,做学生的榜样,以自己的人格魅力和学识魅力教育影响学生。要关心集体,团结协作,尊重同事,尊重家长。作风正派,廉洁奉公。

第六条是"终身学习",是教师专业发展不竭的动力。终身学习是时代发展的要求,也是教师职业特点所决定的。教师必须树立终身学习理念,拓宽知识视野,更新知识结构,潜心钻研业务,勇于探索创新,不断提高专业素养和教育教学水平。

两个《规范》的许多内容是《教师法》等法律法规相关条文的具体化。但规范不是强制性的法律,而是教师行业性的纪律,是倡导性的要求,同时具有广泛性、针对性和现实性。如修订的《中小学教师职业道德规范》中写入了"保护学生安全",这是由中小学教师职业特点所决定的。中小学教师面对的是自我保护能力弱的儿童和少年。对于未成年人群体,教师应当负有保护的必要责任。《教师法》在教师义务有关条款中规定:关心爱护全体学生,制止有害于学生的行为或者其他侵犯学生合法权益的行为。"保护学生安全"是教师职责和义务的应有之义。对此,世界各国也有类似规定。但"保护学生安全"也并不意味着教师承担无限责任,需要根据具体情境和实际情况,依法作出具体界定。

两个《规范》中的禁行性规定,是针对当前教师职业行为中存在的共性问题和突出问题,也是社会反映比较集中的问题而提出的,如修订的《中小学教师职业道德规范》中写入了"不以分数作为评价学生的唯一标准"、"自觉抵制有偿家教"等,但禁行性规定也并非包括了教师职业行为中存在的所有问题。一个阶段提出一些阶段性的、可操作的、具体化的要求,能够使学校和教师在教育教学过程中,明确要求,有规可依,有章可循,规范教师职业行为,不断提高师德水平。

加强师德建设的根本目的是造就一支高素质教师队伍。在进一步加强和改进师德建设工作的同时,需要从完善教师资格准入制度、创新教师补充机制、深化教育人事制度改革、推进教师培养模式创新、加大对中小学教师培训的支持力度,努力改善教师的工作、学习、生活条件,调动广大教师的积极性、主动性、创造性,表彰宣传优秀教师先进事迹,鼓励和吸引优秀人才进入教师队伍等方面,采取有力措施,全面加强教师队伍建设。所有大中小学教师都要加强自身道德修养,严于律己,从自己做起,从现在做起,自觉履行教师的权利和义务,把良好的师德风尚内化为自觉行为。

四、本书研究思路及重点

绪论:教育蕴涵着深刻的道德意义。教师专业伦理精神与道德修养,是建设"高素质专业化教师队伍"的起点。伦理精神与道德修养既密切相关,也有所区别。和"道德"相比,"伦理"体现了更高层次的观念和准则。在当前世界各国,"教师专业化"已成为了普遍的发展趋势。教师专业发展是提高教育质量的需要,教师专业标准是教师专业发展的保障,教师专业发展需要重视道德修养。教师专业发展与教师的专业伦理和道德修养建设是相互关联的。在教师专业化进程中,迫切需要伦理精神的激励,需要我们引进完善的现代教育伦理。

第一章 教师专业的伦理精神:教师专业的伦理精神建筑在普遍的人性基础和社会根基之上,教育伦理人性化要坚持鲜明的生命立场,也要善用"惩罚",教育伦理要以促进教育公平与社会和谐的宗旨。教育伦理需要教师、学生、家长、学校、教育管理部门乃至社会各阶层重建对教育的敬畏,共同维护教育的尊严,践行教育公平,尊重受教育者作为个体人的生命存在,以培养受教育者健全的人格。在课程实施中要关注知识伦理,克服课程设置目标单一、课程内容选择片面、课堂教学被动机械、课程评价不科学等伦理失范行为,以先进的教育学、心理学理论为指导,通过校本课程开发等方式,发挥教师和学生的积极性,建立知识间的平等、民主关系。

第二章 教师专业的伦理规范:制定教师专业伦理规范,既是推进教师专业化的需要,也是维护教师职业声望的要求,也有利于彰显教师职业的道德性。在制定教师专业伦理规范中,需要遵循以下原则:由专业人员制定专业行规、伦理规范须具有针对性和实效性、底线伦理要求与最高伦理准则相统一等。在教师专业伦理规范的实施中,首先要从制度建设入手,完善教师专业伦理规范以及与之相关的各项制度设计;其次要体现时代精神,不断自我更新和完善,符合时代发展的需要;最后还要注意伦理规范的局限性,对其形成合理的态度和认识,在发挥其价值的同时注意避免其局限性。

第三章 教师专业的伦理诉求:教师专业的伦理诉求包括教学伦理诉求、管理伦理诉求以及教育伦理诉求,这都需要从伦理学的视角来审视教师专业,探究教师在实践过程中的各种现象和关系。教学伦理诉求包括教学内容伦理、教育方法伦理和教学评价伦理,管理伦理诉求包括管理中的服务伦理、自我管理伦理和人性伦理,教育伦理诉求包括教育之于人的伦理、教育之于社会的伦理和教育的自我建构伦理。这三个方面的伦理诉求明确了教师专业在实践过程中应该遵循的道德要求。

第四章 教师专业道德修养的伦理基础:对于教师专业伦理规范本身的正当性,有"效果论"和"道义论"两种不同的、既有合理之处也有片面性的观点。要验证道德规范的正当性,需要借助人性尺度与社会尺度,即是否有助于调节人与人、人与社会之间的利益冲突,有助于推动社会的发展进步和人的自由发展。教师需要在专业化发展进程中陶冶、巩固与升华其道德情感伦理,不断完善自身思想境界和道德修养,教师在专业实践中要把握人道、民主、公平、公益等伦理原则。

第五章 教师专业的道德信念:我国有着乐教、爱生、好学等传统教师伦理,这些优良传统需要继承和发展。现代社会对教师专业提出了更高的道德要求,需要教师具有道德良心、道德义务和道德公正。教师专业人格的道德修养过程包括提高道德认识、陶冶道德情感、磨炼道德意志、坚定道德信念和养成道德行为习惯等。教师道德修养体现了教师的人格力量和魅力。塑造教师专业人格,不仅对于学生的成长、成才具有直接现实意义,而且有利于保护教师个性和发展专业特色,有利于发挥教师的主体性和专业自主权,促进教师专业自主发展。教师专业人格的道德魅力超越了功利,超越了单纯的教师角色,也超越了自身的自尊而达到了自信。

第六章　心理层面的教师专业道德修养:教师专业道德修养建筑在教师的专业知识、专业技能和专业精神之上。教师专业道德的心理构成包括教师的专业品德和教师的专业责任,前者包括爱和同情、自律、公正与公平三个方面,后者包括促进每个学生的学习利益、帮助学生获得道德能力、促进学生人格健康发展三个方面。教师专业道德修养的心理归宿是教师的职业幸福,是教师从自身的教育职业中所收获的满足和愉悦。教师职业幸福具有精神性、给予性与被给予性、集体性和无限性的特点,教师职业幸福需要在实践中不断培养。

第七章　法规层面的教师专业伦理修养:现代公民社会经历了从国家机器和私人领域不断剥离出来的过程,目前我国尚处在公民社会的建设中,教师职业需要具有公民意识。教师首先要成长为健全自律的现代公民,完成个体人的现代化。在此基础之上,教师才能大力加强公民意识的教育,树立公民正义、民主法制的理念,培育积极参与公共事务、且具有批判精神和道义担当的现代公民。教师专业伦理与公民法规是相互联系的。法规对于教师专业的伦理要求包括禁止体罚学生、侮辱或歧视学生、收受钱物、侵犯学生隐私等。教师是法规的捍卫者、公民的践行者和教化者、专业的教育者,随着技术的进步和社会的变革,师生交往也将更加平等、宽松和民主化。

第八章　教师专业伦理的自我修养:教师专业伦理的自我修养包括高尚的道德情操追求、严格的教育教学追求和无私奉献的人格追求三个方面。自古至今,社会都对教师专业伦理提出了很高的要求,教师需要通过终生勤奋学习、加强反复实践、不断自我完善,持续地追求高尚的道德情操;在教育教学中,教师要用言传身教影响学生、要爱护和尊重学生。教师在教育中的人格魅力体现为渊博的知识、灵动的智慧;具有堪为人师的高尚品德;具有诚挚博大的无私爱心;拥有一定的人文修养。教师需要在实践中不断培养自身的人格魅力。

第九章　教师专业伦理修养的现实反思:反思教育现实中的教师专业伦理和职业道德修养矛盾,主要从以下三个方面来展开。首先是教育现实和教育理想之间的矛盾,表现为学生成长与社会规范之间的道德矛盾、传统文化与时代呼唤之间的道德矛盾,这些都在挑战着专业化教师的职业道德认识和实践,教师需要在理想与现实的追求中维系自身道德。其次是制度性束缚和自主性教育的矛盾,使教师反思自己的制度环境,合理认识制度性问题的性质,形成基于制度基础的伦理规范。再次是教师作为专业工作者和普通人的困惑与矛盾,体现为教师作为专业工作者与普通人的角色冲突、教师培养精英与生成普通人的道德困惑、教师需要在专业工作者与普通人交织中做出自己的道德选择,这些都在考验教师的人性道德和专业伦理诉求。

第一章 教师专业的伦理精神

当今世界,科学技术日新月异,国际竞争日趋激烈。无论是科技进步还是国际竞争,核心在于人才的培养和吸引。从职业的性质来看,教师是一种特殊职业,它的工作目的不是生产商品,而是要有意识地探求知识、传授知识,有目的地培养人、发展人。正因为如此,教师一直被喻为"蜡烛"、"园丁"、"人类灵魂的工程师"。"对学生的成就来说,教师质量这个变量远比其他变量重要得多"。[①] 教师专业的伦理精神在提升教师素质、保障学生权益、维护知识尊严方面具有重要的内在价值。

第一节 教育伦理:敬畏、尊严

教育作为一种社会制度,其基础是教育伦理。教育伦理体现为教育活动的主体——教育者与受教育者的教育伦理观及价值观,具体表现为教育者基于人格与职业的尊严要求获得来自受教育者的挚诚尊重,受教育者则基于人格尊严及受教育权利而要求教育者具备优良的师德修养。教育制度改革的基础是教育伦理改善,即确立教育活动主体之间理性的心理及行为秩序。现实中,作为一种教育理念的"尊重教育"在伦理实践中有片面和偏执的倾向,对师德的内涵亦缺乏统一的界定及理性的建构。

一、教育伦理的人性基础和社会根基

教育伦理是教育运行在道义上和人性上处于一种理想的生存状态的条件和精神前提。在价值形式上,它体现为教育者及受教育者在教育活动中"应该"怎么做的价值和规范。它对教育主客体与教育活动有关的认识活动和实践活动,对教育活动中社会关系的调节,进而对整个社会风气的改善,都具有积极意义。

(一)教育伦理的人性基础

1. 人性的诠释

人性是指人之所以为人,人不同于动物的本质属性。对人性的探讨和看法形成人性观。古今中外众多学者仁者见仁,智者见智,形成了不同的人性观点。

中国传统文化中对人性的探讨以强调伦理道德为基础,以人性"善"、"恶"为主线展开。孟子主张"性善论",荀子提出"性恶论",告子提出"性无善无恶论",王充等人提出"性有善

---

① Ministry of Education, Training and Youth Affairs (2000), Teacher for the 21st Century: making the difference. Australian Commonwealth government, p. 7.

有恶论"，董仲舒提出性"三品说"等等。

　　春秋时期，儒、墨、法、道诸子百家争鸣时就集中思考了两个问题，一是社会问题，二是人生问题，而这两个问题的基础与核心就是人性问题。孟子说："尽其心者，知其性也，知其性，则知天矣。存其心，养其性，所以事天也。"①又说："人性之善也，犹水之就下也。人无有不善，水无有不下。"②孟子主张人性善，认为恻隐、羞恶、辞让、是非之心人皆有之。荀子认为人性是恶的，这种恶是由生理上和物质上的需要所引起的。荀子说："目好色、耳好声、口好味、心好利、骨体肤理好愉逸。"告子认为，人性不分善与不善，如同流水一样，他说："性犹湍水也，决诸东方则东流，决诸西方则西流。人性之无分善与不善也，犹水之无分于东西也。"③一时间，性善论、性恶论、无所谓善恶论、有善有恶论等学派林立，泾渭分明。

　　然而对如何实现理想人格，进而实现理想社会，从根本的人性出发到普遍的伦理精神的培育，诸子百家都认为要靠教育。孔子说："性相近也，习相远也。"认为人的原始天性是相似的，只是在后天不同的环境中受到不同的影响后才会产生区别，最终形成千差万别的个性。因此，人性是可以改变的。孟子认为小孩子爱父母、爱兄长等虽是天性使然，但更多的是教育的结果。依靠后天的教育，"人皆可以为尧舜"。荀子认为人之所以能改恶从善，是积学而成的，是后天努力的结果。孟子、荀子、告子等关于人性的不同理解影响了后来的思想家和教育家。董仲舒提出"性三品"说，他认为人性可以分为三品，上品是上智，其性"不可以名性"，是天生的至善至美；下品是下愚，是恶性，是"斗筲"之性，必须用刑罚对付之；中品是"中民之性"，可善可恶，是普通民众之性，若无教化引导，民性之善质将会被淹没，贪性就会无止境地发展，为此必须通过教化，诱导人的"仁义"善质，使其最终成善。④

　　西方学者对人性的看法，先后出现了"古代德性主义人性论"（以苏格拉底、柏拉图、亚里士多德为代表），"中世纪宗教主义人性论"，"自然主义人性论"（以霍布斯为代表），"理性主义人性论"（以康德、黑格尔为代表），"意志主义人性论"（以叔本华、尼采为代表），"非理性主义人性论"（后现代哲学观）等等。⑤

　　从人性内容的角度可以把人性概述为人的自然属性、社会属性和精神属性。从系统论的角度可以把人性分为三个层次：人的属性、人的特性和人的本质。其中人的属性是最广泛的，是基础性的层次；人的特性是中间层次；人的本质是最高层次。⑥

　　人性是丰富的，是多样的，是复杂，用超越"善恶论"来理解，就是强调人的自然性与社会性的统一，人的被动性与能动性的统一，人性的不变性与可变性的统一。因此，教育必须以人性为基础展开，以人性可以教化立论。

　　马克思主义认为，"人性"既包含人的自然属性，也包括人的社会属性，而自由自觉活动是人类的特性，因此，马克思认为，"人的本质并不是单个人所固有的抽象物，在其现实性上，

　　①　孟子·尽心上[A].四书集注[C].北京:中华书局,1957.

　　②　孟子·告子[A].四书集注[C].北京:中华书局,1957.

　　③　孟子·告子[A].四书集注[C].北京:中华书局,1957.

　　④　柳海民等,教育学视角下人性特征及其教育实践立场[C].中国教育学会教育基本理论专业委员会第十二届年会论文集(上册)[C].2009:48.

　　⑤　康伟.中西人性理论批判性反思及对教育的启示.中国教育学会教育基本理论专业委员会第十二届年会论文集(上册)[C].2009,44.

　　⑥　陈志尚.人学理论与历史·人学原理卷[M].北京出版社,2004,90.

它是一切社会关系的总和"。① 人的本质特征表现为人的社会性、历史性和创造性。人所具有的自然属性和社会属性共同构成了并非完美的人性。人仍有一定的兽性。恩格斯说:"人来源于动物界这一事实已经决定人永远不能完全摆脱兽性,所以问题永远只能在于摆脱得多些或少些,在于兽性或人性的程度上的差异。"②那么,如何使人性中的社会性(善性)多一些,兽性(恶性)少一些呢? 只有教育方能解决这一问题。强学灌输的教育可以使兽性得到遏抑,诱导启发的教育可以使善性得以生长。

2. 教育伦理的人性化

教育属于人的世界,教育的对象是人。因此,教育要以人性为基础,人性是教育理论体系构建的坚实基础。任何一种教育理论,任何一位教育者,不论怎样出发,不论自觉还是不自觉,都必须以人为对象,以某种人性假设为基础。正是对人性的不同看法和不同的人性假设,决定了不同的教育行动纲领和方法、步骤。

教育在人性基础上培育伦理精神,其实质是教育要在人的本性上去发现、生长、培育伦理精神,从原出处和根本上达成人的伦理性。人性问题是最深层次的伦理问题,也是最深层次的教育问题,伦理学理论和教育学理论皆以此为逻辑起点。

首先,教育伦理人性化要善用"惩罚"。在教育伦理与人性问题上不能回避"预设"问题。由于人性的复杂性、丰富性,我们虽然不能用单一假设,但要多积极定向,用积极的态度和方法去对待受教育伦理者。有人提出"先要向善,过程抑制","总体认可,个案对待"的两个原则。"先要向善,过程抑制",即教育伦理者从总体上先要预设人性向善,要认识到学生是可教的,可以培养的,可以雕塑的,经过教育伦理是可以发生变化的,可以成才的;在教育伦理过程中则会出现一些问题,如有些学生出现违犯纪律问题,出现恶作剧,这时就要用抑制和纠偏的方法来处理,即使这样,也要认真分析其产生的原因。"总体认可,个案对待",即从总体上要认可学生的向善性、可教性,有问题的或出问题的总是少数或个别。对有问题或出问题的学生就要根据问题的性质和后果采取具体问题具体分析的个案处理的方法,必要时可采取必要的"惩罚"。即使这样,也要尊重学生人格,保护学生的好奇心,切莫走极端。之所以提出以上两个原则,是因为人性本身内蕴着"可教"、"向善"的秉赋和潜能,教育伦理者要善于"发现"和"引导"出这些秉赋和潜能。教育伦理者要始终牢记,教育伦理理应是人性化的教育伦理,教育伦理是改善人的生活品质、完善人性、促进人性和谐发展、充实生活与人生的重要手段和根本途径。

当然,教育伦理人性化不是不要威严、不要纪律,不是溺爱化、顺从化、放羊化,甚至还要采取必要的惩罚。惩罚就是规训、就是约束,这正是通过必要的手段抑制恶性的滋生和发展,是一种行之有效的行为矫正措施,这和教育伦理人性化是不矛盾的。但惩罚要有限度,以不损伤教育伦理对象的身体和心灵为尺度,最好采取适量适度的"积极的惩罚"。"教师罚作诗使调皮鬼变小诗人"的案例耐人寻味:有个读小学六年级的 11 岁男孩小卿一次在上语文课时,和同桌偷偷在桌上玩着一只纸青蛙,结果没能"逃"过语文老师的眼睛。下课后,他和同桌跟着老师进了办公室,耷拉着脑袋准备迎接一场"暴风骤雨"。有着几十年教学经

---

① 马克思恩格斯选集(第1卷)[M].北京:人民出版社,1972,18.
② 马克思恩格斯选集(第3卷)[M].北京:人民出版社,1972.75.

验的语文老师却给了他们一个出人意料的"命令"——"你们在诗词讲解课上玩纸青蛙,那就以此为话题写一首诗来代替吧!"这个结果使小卿和他的同桌喜出望外。几天后,小卿交出了一首妙趣横生的打油诗。经过黄老师推荐,这首名为《纸蛙》的小诗还被刊登在校报上。从此,小卿对写诗产生了浓厚的兴趣,调皮鬼不仅变成了学校小有名气的小诗人,语文课再也不开小差了,语文成绩也有了很大的提高。① 这种惩罚既没有损坏学生的身体,也不会伤害学生的心灵,确实体现了这位老师的教育智慧。当然,对打架、作弊、偷东西的行为要采取更严厉的惩罚,但仍要贯彻重在规训、符合教育伦理的原则。

其次,教育伦理的人性化要坚持鲜明的生命立场。我们坚持教育或教育学有着基于人性基石的生命立场,是强调教育者一要有积极的"人性善思",即"心中要有人性的善";二要有鲜活的"生命之感",即"眼中要有鲜活的生命";三要有跳动的"个性之行",即"行中要体现跳动的个性"。

积极的"人性善思"即"心中要有人性的善"。教育者的心中要多积极定向,少消极定向,多假设人性是善的,人是可以接受教育的,经过教育人是可以有道德、有知识、有文化、可以成才的。这是教育的前提。不管遇上多调皮的孩子,也要善待,要预设只要耐心教育,讲究方法,人总是可以培养的,就像园丁对待花木,经过辛勤培育总会开花结果一样。只有积极的"人性善思",才会有正确的教育行动,才会有良好的教育效果。

教育学是生命引导与发展之学。在人性基石之上,教育有着自身既定的和鲜活的生命立场。不管是"教育的立场"还是"教育学的学科立场",都是以人为出发点,以人的个体生命为前提,以研究人、发展人、提升人的生命质量为宗旨,是关乎人的生命发展的研究与探索。所以,教育必须有立场,而教育的立场只能是站在人性的基石之上,以人的生命为原点。换言之,只能是站在人的生命立场上来进行研究和探索,否则别无选择。因为"(1)生命是教育发生的原点。(2)教育是直面生命的活动。(3)关注生命是时代对教育的呼唤。"②教育原本就是具有生命意识、关注与引导人之心的事业。关注生命、提升生命,应成为教育新的价值取向。

(二)教育伦理的社会根基

"天下顺治在民富,天下和静在民乐。"实现社会和谐,建设美好社会,始终是人类孜孜以求的一种社会理想。2002 年,中国共产党十六大报告第一次将"社会更加和谐"作为重要目标提出,之后召开的十六届三中全会、四中全会,分别从全面建设小康社会、开创中国特色社会主义事业新局面的全局出发,明确提出构建社会主义和谐社会的战略任务,并将其作为加强党的执政能力建设的重要内容。

和谐社会是社会的各种要素和关系相互融洽的状态,是一个有特定、丰富内涵的概念。广义的和谐社会是指社会同一切与自身相关的事情保持着一种协调的状态,狭义的和谐社会是指社会的各个群体能够实现良性的互动,整个社会能够表现出一种公正的状态,社会能够实现安全的运行和健康的发展。和谐社会第一个标志是社会各个阶段、各个群体之间应当保持一种互惠互利的关系,是社会成员普遍受益的社会。第二个标志是各个阶层各个群

---

① 有趣的"另类处罚"[N].教育文摘周报,2010 - 10 - 10.
② 冯建军.论教育学的生命立场[J].教育研究,2006(3):29 - 34.

体应当得到有所差别的,并且恰如其分的回报。社会根据每个成员贡献的大小进行利益分配,而不是一视同仁。第三个标志是社会各阶层各个群体之间的相互开放和平等进入,社会资源对社会成员实行无歧视原则,它向每个成员都开放,即社会允许每个成员平等地享有社会资源。构建和谐社会需要从各个方面采取切实有效的措施。即要发展经济,提高全体人民的生活水平,为构建和谐社会提供物质保障,同时也要为社会提供有力的道德资源的支撑。在内涵丰富的道德资源中,公正是其中最基本、最普遍的道德原则。正如拉斐尔在《道德哲学》中指出的:"公正是一种美德,但并不是所有美德都叫公正。它是最基本的社会美德。因此在某种意义上它也是最重要的美德。"①柏拉图则开宗明义地说:"公正即和谐。"罗尔斯在《正义论》中也说:"一个社会之所以井然有序,不仅因为它的宗旨是促进社会成员的利益,而且也因它受到普遍正义观的有效支配。"②因此,公正是社会和谐的重要基石。

教育伦理是社会道德在教育领域的延伸与体现。反过来,教育伦理也能影响到社会伦理的公正与规范。和谐社会必定是公平正义的社会。和谐社会的教育也必须是公平正义的。有了公平正义的教育,才能促进社会的公平正义;有了社会的公平正义,才能促进社会的和谐。这三者之间正是这样一种相互依存互为因果的关系。周洪宇先生对教育公平与社会和谐的关系作了如下概括:教育公平既是和谐社会的重要内容,又是和谐社会的重要基础,还是和谐社会的实现途径,是和谐社会不可缺少的基本因素。③ 这样概括是比较全面的。事实上,教育公平不仅是和谐社会的重要价值取向,是构建和谐社会的重要支撑,同时也是测量社会和谐度的重要标尺。教育公平之所以成为世界各国教育制度的道德基础,成为制定教育政策的基本出发点,是因为接受教育是现代社会公民的基本人权,特别是接受良好教育能够显著改善人的生存状态。正是从这个意义上讲,教育公平成为社会公平的基础,没有教育公平就不可能实现真正的社会公平。

当我们讨论公平与和谐问题的时候,不由得想起国外一些经典作家的经典论述。在罗尔斯的《正义论》问世25年后,马格利特写了一部最重要的社会正义著作《正派社会》。在马格利特眼里,不让社会制度羞辱社会中的任何一个人,这是正派社会的第一原则。他把"羞辱"定义为"任何一种行为或条件,它使一个人有恰当的理由觉得自己的自尊心受到了伤害"。羞辱之所以是一种伤害,不羞辱之所以成为正派社会的原则,是因为羞辱不把人当人。一个社会对羞辱的共识越强,它就越正派。实现理想社会的优先顺序是"先约束社会(不腐败),再正派社会,最后是正义社会"。正派社会并不保证给每个人自尊,它只是要求不要伤害人们的自尊——不让制度羞辱人,不让每个社会成员(无论贫富、尊卑)的自尊受到伤害。这也是构建和谐社会起码的目标追求。而教育,公平而正派的教育有助于这一基本价值的实现。

二、敬畏教育的神圣

(一)教育的神圣

教育对于人类社会而言是无比神圣的。一方面,教育与人类的生存密切相关。人的生

---

① [英]拉菲尔.道德哲学[M].邱仁宗译,沈阳:辽宁教育出版社,1998,86.
② [美]罗尔斯.正义论[M].谢延光译,上海:上海译文出版社,1991,7.
③ 周洪宇.教育公平:和谐社会的重要内容、基础和实现途径[J].人民教育,2005(7).

命要得以实现,既要完成对自然生命的保存,又要达成对精神需求的满足。也就是说,只有身心两方面的需求获得满足,人作为"人"的生存才能最终得以实现。教育则能够帮助人去达成这两方面的需求。通过教育,人获得兼具外在和内在价值的知识,知识的外在价值在于转化为一种力量或一种生产力,成为谋生的手段;其内在价值在于促进人的身心和谐发展,造就完满的自由人格。通过这样的方式,教育使人"成为人",成为满足人的生命需要的最基本形式。另一方面,教育作为一门科学,它具有自己独特的知识体系和运动逻辑。这是由教育事业所承担的"使人成为人"的特殊使命和职责决定了的。要"使人成为人",教育首先要面对的就是身心发展具有自身特点和规律的人;其次,教育"使人成为人"的过程必定是在一定的人类社会背景中发生和完成的,所以,教育还要面对具有自身发展特点和运行规律的人类社会;再次,随着教育理论研究和实践的发展,教育日趋成熟和完善,具有独立性,有自身的特点和规律。这样的教育,完全符合人类对神圣对象的界定标准,理所当然地具备了神圣性,应该被人类敬畏地对待。

(二)敬畏教育的提出

敬畏,是人类在面对神圣的事物和力量时产生的情感,是人类重要而又复杂的情感之一。敬畏可以说是一个新词,《古汉语常用词典》和《辞海》均未收录。《现代汉语规范词典》将其解释为"既敬重又害怕"。敬,是因为神圣的事物或力量,与人类生存息息相关,人类对其持肯定和感激的态度,并心向往之,希望去了解、去追求而有所作为;畏,则是因为神圣的事物或力量是"高于自我"、"自我之上"的,即其具有自身运行和发展的规律,不以人的意志为转移,它们可以被接近、了解,但不能被人类随意控制和操纵,人类如果企图逾越,就会走入困境,面临生存危机,因此人类又要有所不为。通过这样的"敬"、"畏",人类为自身的行为立下界限,有所为,亦有所不为。这样的敬畏,出自于人内在的生命需要,是人类特有的理性和智慧的表达,对于人类社会而言具有重要意义。

2010年,在一次高等教育国际论坛上,中国工程院院士、华中科技大学校长李培根教授发表演讲,呼吁全社会都要重建对教育的敬畏感。他认为,现在严酷的现实是社会对教育的敬畏感正在逐步削弱甚至丧失。这表现在方方面面:功利主义、拜金主义在学校盛行,滋生的毒瘤使得高等教育斯文扫地;某些教育工作者本身对教育缺乏敬畏感,一些教师也不再有当初作为教师的崇高感;行政权力和公权力对教育和学术的挤压,等等。[①]

为此他提出,首先我们需要面向人的教育,其具体内容是高等教育应面向人、面向世界、面向未来。其次,要让学生自由全面发展。不仅要把学生培养成为忠诚于人民的社会主义的接班人,而且在此基础上,要使他们成为能够自由发展,能够自由自觉活动的人,成为更有鲜明的个性、更具创新精神、更有创造力、更有活力的社会主义建设者。若教育培养的是缺乏个性和创新精神的人,即使这样的人忠于社会主义建设事业,也并非我们所希望的人才。对学生而言,"使学生成为其自己"意味着学生成为学习的主体,意味着学生潜力的释放、创造力的挖掘。"使学生成为自己"对教师而言意味着更高的要求。要求教师更加关注学生,教师怎么样让学生能够举一反三,把所学的知识运用于解决实际问题,如何帮学生从必然王国走向自由王国,都要求教学必须因人而异。同时,如何让学生自觉关注社会问题,让学生

---

① 汪仲启.重建对教育的敬畏[N].社会科学报,2010 - 12 - 02.

自觉地把所学的知识应用于分析实际问题,让学生自觉从社会实际问题中感悟哲理,加强对共同价值观的理解,这些都对教师有更高的要求。然而,使学生成为其自己,关键还不在于教师,而在于教育的管理部门。当前,管理部门普遍缺乏教育观念,习惯于一统的模式、思想的纯洁、知识的系统、教学方式的严谨,等等。社会缺乏崇尚个性的文化,社会的用人机制指向粗放。要改变这种状况,关键还是在于政府部门。

(三)敬畏教育的意义

教育的本体功能是培养人,对教育的敬畏,实质上也体现了人对自身生命的敬畏。不被敬畏的教育,自然不能敬畏地对待被培养的人——学生,更无法将凝聚人类理性和智慧的敬畏精神传递给学生。教育过程中敬畏的缺失,对学生的发展产生了重大的影响。

首先,对学生品德发展的影响。教育在学生品德发展中占据着重要的地位。而学校教育要培养和发展学生的品德,敬畏精神是不可缺少的。敬畏本身就是一种道德情感,是人类伦理道德的核心精神之一。缺乏敬畏的品德培养,注重形式上相关知识的传授,不注重向学生讲解知识背后所蕴涵的原理,会使学生知其然而不知其所以然,同时不注重学生品德方面思想和行为的一致性与否。这样的教育使学生在品德养成的过程中感到茫然,不能透过纷繁复杂的现象去发现品德发展中什么才是原则的和本质的,而这正是教育应该承担的引导职责。这导致了学生道德意识的淡漠或僵化,对学生的品德发展存在明显的负面影响。

其次,对学生学习能力发展的影响。能主动获取知识、批判地对待知识和创造新的知识,是学生学习能力的重要体现。人类的知识体现出人类对主客观世界的认识,由于受到人自身能力和社会历史发展所处阶段的局限,人的认识只能不断接近世界本来的面目。因此,教育向学生传递的知识只能说是人类对世界在某个程度上的认识和解释,这些知识还可以通过进一步探索和发现来补充或修正甚至被推翻。作为人类"下一代"的学生,自然是开展进一步探索的生力军,所以教育要培养具有批判能力和创新能力的学生。要培养学生这方面的能力,教育就应该竭力将知识和世界原本的联系和可能的区别呈现给学生,或者说是引导学生去认识和探索知识和世界的关系,但是,敬畏的缺失使教育不能承担起这个本应该承担的任务。教育的无神圣化使教育满足于功利目标的实现,放弃了对其他神圣对象比如世界本原的传递和表达,阻碍了学生对其他神圣对象的了解、向往和追求,使学生失去了主动性、批判性、创造性,对学生学习能力的发展造成了极其不利的影响。

再次,对学生心理健康的影响。充满敬畏的教育,能够尊重作为学生的生命存在及其发展的特点和规律,能够实现对学生的现实关怀和终极关切。现实的关怀使学生能在这个世界安身立命,终极关切则促进和引导学生对生命本身的思考,使学生更加明确生命和自身存在的价值和意义。现实的关怀和终极关切让学生能对自身和周围世界产生更为明晰的认识,也具备了妥善处理自身和其他存在的关系的能力,这对健康心理的获得和保持有重要影响。而不被敬畏的教育,只会停留在现实的关怀上,失去了对学生生命的终极关切;通过这样的教育,学生获取了现实生活中生存所需的技能,但是更高层面上的需求却被忽略。这使人陷入茫然,对生命的热情找不到一个现实的落脚点。这要么使人变得妄自尊大,觉得自己已经完成了对当前现实的超越,对他人、社会和世界充满不满和不屑,但是一旦面对挫折就失去理性,极易陷入狂躁愤怒或自艾自怜中;要么使人从一开始就自我谴责和自卑,觉得自己不能完成对自我价值的解读和追求,从而放弃了对生命价值和意义的思考,不能体会到自己作为独立独特的生命个体的内在需求,而使人很容易变得没有主见,随波逐流,生命意志消沉。在这两种状态下,学生的心理都不能维持在健康的水平上。

如果学生对教育有了敬畏感,他们对生命意义和生存价值的认识势必会不一样;如果教师对教育有了敬畏感,他会真正地以学生为本,甚至把教育的过程也视为自己灵魂超越的过程;如果社会对教育有一份敬畏感,就不至于让校长的身份以级别去衡量。公权力对教育若有敬畏感,则不会对教育的很多事务指手画脚,也不会对教育本身的规律视而不见,不会有那么多的指示。[①]

(四)重建对教育的敬畏

对教育的敬畏是分层次的,其基础是教师、学生和家长,其次是学校、教育管理部门和社会各阶层,最高层面是中央政府。

1. 社会对教育重拾敬畏

国家的教育理念和社会对教育的敬畏是相互联系在一起的。从对教育敬畏的层次来看,真正确立教育优先发展,加大对教育的投入比较困难;而社会对教育的敬畏则相对容易树立。然而现实情况却是社会对教育的敬畏感正在逐渐淡薄,要使社会重拾对教育的敬畏,首先健全以政府投入为主、多渠道筹集教育经费的体制,大幅度增加教育投入。教育投入是支撑国家长远发展的基础性、战略性投资,是教育事业的物质基础,是公共财政的重要职能。各级政府要优化财政支出结构,统筹各项收入,把教育作为财政支出重点领域予以优先保障。严格按照教育法律法规规定,年初预算和预算执行中的超收收入分配都要体现法定增长要求,保证教育财政拨款增长明显高于财政经常性收入增长,并使按在校学生人数平均的教育费用逐步增长,保证教师工资和学生人均公用经费逐步增长,确保国家财政性教育经费支出占国内生产总值比例达到4%。社会对教育的敬畏是重建教育敬畏感的关键。社会对教育的敬畏很大程度上取决于公权力对教育的敬畏。应尽快建立行政权力和公权力对教育的敬畏感。当前,要建立对教育的敬畏,还需要正常的舆论环境,因为在我国,媒体也在一定程度上代表着公权力。

2. 教师对教育心存敬畏

对教育心存敬畏,就要求教师具有探求最佳教学方法的欲望。为什么每所高校都有一批教师深受学生欢迎?我们认为除了高尚的思想和渊博的知识外,还在于他们掌握了适合青年心理需求的教学方法。对教育心存敬畏的教师,总是经常为学生的当下和未来着想,不断摸索让学生易于接受、乐于接受的好教法。如果说大学生是在真理学问小径上孜孜以求的攀登者,那么这些优秀教师就是经验丰富的称职向导。在他们的带领下,学生对各科知识由不知转化到知,由知之甚少转化到知之甚多,如此,学生天天有收获,月月有长进,毕业之后,很快就会成为社会的栋梁之材。对教育心存敬畏,还要求教师具有经常进行总结和反省的自觉意识。学高为师,身正为范。优秀教师的道德学问是学生的楷模,学生尊敬他们,佩服他们,打心眼里乐意接受他们的教诲和引导。当然,要成为这样的教师,是需经过长期修炼的。教师也吃五谷杂粮,也生活在各种诱惑之中,常人会犯的错误,教师也免不了会犯,但是教师应该明白,自己的一举一动,已不仅仅是个人行为,无论对错,时刻都在影响着学生,

---

① 汪仲启.重建对教育的敬畏[N].社会科学报,2010-12-02.

所以非慎之又慎不可。为了少犯错不犯大错,一定要增强反省意识,不断进行自我总结,尽可能将错误消灭在萌芽状态,使自己的言行全都符合高校教师的规范准则。只有这样,教师的教育、教学才能更有说服力量。叶圣陶先生常用《大学》中的两句话来警策自己:"有诸己而后求诸人,无诸己而后非诸人。"意思是说,只有自己具备这方面的优点,才能要求他人也具备;只有自己没有这方面的欠缺,才有资格批评他人,令其改正。叶老所引的这两句话应该成为每位教师的座右铭。①

三、捍卫教育的尊严

尊严就是对主体人格的尊重与维护。教育尊严是指教育拥有的不容侵犯的尊贵地位与独特身份。教育的尊严来自于三个方面:一是教育自身具有优良的素质;二是教育拥有为自己辩护的勇气;三是社会对教育的认可与尊重。要维护教育尊严,必须重视教师的专业发展,增强教师的教育理性。

(一)教育尊严释义

"尊严"有两层含义:一是"尊贵的地位和身份",二是"不容侵犯的地位和身份",二者是紧密相连的。只有地位和身份"尊贵",它才"不容侵犯";同样,只有"不容侵犯",才说明其地位和身份的"尊贵"。对于尊严,"不容侵犯"与"尊贵"如同衣服的正面与反面,表面上看存在区别,实际上是同一回事。尊严就是对主体人格的尊重与维护,对主体地位的肯定与承认,对主体独立性的敬畏与景仰。

教育尊严是指教育拥有的不容侵犯的尊贵地位与独特身份,它表现为教育按其内在规定性不受干扰地对学生产生积极的影响。这可从以下几个方面来理解:

1. 教育能按其"内在规定性"对学生的成长发挥作用

"内在规定性"是教育之为教育的内在依据,类似于"教育本质"、"教育规律"等。但受本质主义思维的影响,通常所说的"教育本质"、"教育规律"是指存在于教育过程之先和教育活动之外的不以人的意志为转移的规定性。本文之所以用"内在规定性",意指这种"规定性"存在于教育过程之中而不是其外,是教育自身所拥有而非外部力量所赋予。教育按其内在规定性对学生发挥作用,是指教育对学生产生的影响是符合教育学意向的。

2. 教育"不受干扰地"对学生发生作用

教育对学生产生作用是按照教育的内在规定性进行的,它不应该受到非教育因素以及外部环境的干扰,不应该被教育规律之外的力量左右。

3. 教育要对学生产生"积极的影响作用"

"积极的影响作用"保证了教育尊严的正当性,使它不至于蜕化为教育自负。需要特别说明的是,教育尊严的尊贵地位与独特身份应该是现实的、实然的,不能只是理想的、应然的。因为从理论上讲,没有人否认教育的尊贵地位和独特身份,但实际情况可能恰恰与理论倡导相反:理论上呼声最强烈的,往往是现实中最匮乏的。

(二)教育尊严的来源

教育的尊严来自以下三个方面:

---

① 叶圣陶.叶圣陶教育文集:第2卷[M].北京:人民教育出版社,1994,115.

1. 教育自身具有优良的素质

这是教育尊严的根本所在。拙劣的教育不配"教育"这一美称,因而无从谈"尊严"。优良的教育要求教育能按其内在规定性来组织和运作。如果将教育看做纯事实性存在,它就同自然存在物一样具有规律性等,这时,教育的尊严就表现为它能按自身的规律运作。然而,教育毕竟不是纯粹的自然存在,它是一种人为建构的活动,具有价值性。作为价值性存在,教育必须始终坚持自己的价值追求。"'人是目的'既是教育之灵根所在,又是教育之命脉所系。"①所以,教育的最大价值追求是人的发展,是人自由而全面的发展。如果教育能始终按其内在规定性运作,并以学生的发展为价值追求,那么它就必然具有良好的素质。教育自身的优良素质为教育尊严奠定了基础。

2. 教育拥有为自己辩护的勇气

教育能为自己进行理性辩护,是教育尊严的内在条件。教育作为一种培养人的社会活动,自然要受社会政治、经济、文化等因素的影响与制约。而在这个过程中,它很容易"自失",即消融于政治、经济、文化,以政治、经济、文化的标准为自己的标准,以政治、经济、文化的方式为自己的方式,以与政治、经济、文化保持一致为荣光。应该看到,教育不可能不受社会的影响与制约,但同时还应该看到"教育的相对独立性"②,否则,它就没有存在的必要。有勇气为自己辩护,就是指教育敢于对不恰当的指责说"不",它来源于教育的自我认同。帕尔默(Palmer,P. J.)曾说:"好的教学来源于教师的自身认同和自身完整。"③其实真正的教育也必须自我认同,当教育自己都不认可自己时,它对无端的指责就无还手之力,自然没有尊严。

3. 社会对教育的认可与尊重

这是教育尊严的外部保障条件。在教育与社会的双向关系中,社会拥有绝对的优势,它对教育的影响与制约作用要远大于教育对它的反作用。教育的社会性使其太容易消解于社会之中。这一方面是因为教育不自重,另一方面是因为社会力量太过强大。正因为如此,社会若想干预教育,是不费吹灰之力的。经常出现的情况是,社会依仗自己的优势地位粗暴地干预教育进而使教育斯文扫地、丧尽尊严。所以,教育若想有尊严,必须得到社会的认可与尊重。这一方面是指社会对教育的认可,承认教育的独特地位,另一方面是指社会对教育的扶持,支持教育走上独立化道路。

(三)捍卫教育的尊严

1. 增强教育自尊

自尊是指自我尊重,并意识到他人对自己的承认和重视,得到他人尊重。教育的尊严不是由地位、权力等外在因素强加的,更不单纯是教育实践活动中每个人的"面子问题",而是教育本身的内在品质问题。只有源于内心对教育的尊重与虔诚才是有尊严感的教育,这种教育才会受到别人的尊重。这要求教育实践活动中的每个人首先自己要对教育重视,使教育观念和行为具有受尊重的基础。

---

①　王啸. 教育人学[M]. 南京:江苏教育出版社,2003:243.

②　王道俊,郭文安. 主体教育论[M]. 北京:人民教育出版社,2005:92.

③　[美]帕克·帕尔默. 教学勇气[M]. 吴国珍等译. 上海:华东师范大学出版社,2005:13.

首先,对教师来说,教师恪守为师之道是其为人师表、以身作则的前提。包括教师对职业的理解与尊重,对自己的身份和责任的履行,克服自身的弱点,具备精湛的专业造诣、丰富的精神世界,完善师德,以人格赢得尊严。其次,对学生来说,要明确学习目的,端正学习态度,尊重教师的劳动,上课注意听讲,积极动脑思考,听从教师的教诲,履行各种校纪校规。第三,对教育管理者来说,要对自己所扮演的角色进行正确认知,合理定位,明确自己身肩的权责界限,摒弃个人主义、单位主义的狭隘利益,树立服务教育的观念,勇于承担起教育的责任和义务。在了解学校、教师、学生在教学活动的实际情况的基础上,切实从当地的教育实情出发合理地设计教育制度,制定出一套关于素质教育的操作性强的教学评估系统;在教育政策执行的过程中,根据具体情景作出灵活安排,充分发挥执行者的创造力,防止制度实施中的各种负面影响,确保制度的公正性、服务性,保证所制定的各种教育政策对学校、教师具有激励作用,努力为学校办学创造自由空间,为师生创设宽松、愉快、公平的教育环境。

2. 培养教育理性

教育理性是理智地思考和分析教育现象和教育问题的立场和能力。它是一种使教育更像教育的意识,是一种维护教育基本价值的使命,是一种客观地为教育说话的立场。教育工作者只有具备了教育理性,他在教育中才不会盲从,才不会使教育丧失应有的品性。试想,如果某位老师为了减少自己的麻烦而对违纪学生不加管教,如果一位大学教师害怕学生在评教中给自己打低分而在评阅学生试卷时都给以高分,教育的尊严是否还能维持?教育理性使教育工作者在纷繁的诱惑中坚持教育的原则,在众多的迷惑中坚持教育的方向,在面对别人对教育的不当的攻击时敢于还击。最近,有人发出了"不跪着教书"的呼喊,就是教育理性的突显。如果教师有理性,"当众放屁一次罚五元"①这样的规定就不会出现;如果教育管理者有理性,"为金融高管子女加分"②的政策就不会出台;如果教育管理者有理性,"教育的媚俗现象"就不会泛滥。

3. 提高教育的专业化

提升教育自身的素质是维护教育尊严的根本所在。只有教育自身素质过硬,它才能理直气壮,别人才会对其保持敬畏。提升教育自身的素质最主要的一点就是促进教育的专业化,它包括教师的专业化和教育管理者的专业化。前者正是本书讨论的重点,而教育管理者的专业化问题在我国也相当突出。国家教育行政学院的调查发现,全国各地县教育局长(正职)"有六成来自教育系统以外",这直接导致了这样一种现象:"教育局管了一些不该管的事,管了一些不好管的事,还有一些该管而没管好的事"。③"外行"教育局长懂得官场潜规则,在为教育争得地盘和资源的同时也难免会使教育异化。比如,对于教育实践活动中的学生或家长与教师间的纠纷,他们多从纯粹化解矛盾的视角解决问题,不论谁对谁错,首先责难于教师。此外,教师的专业化本身就需要以教育管理者的专业化为后盾,不然,外行的教育管理者还会耻笑专业化的教师过于愚昧和刻板。帕尔默说:"如果越来越多的教育领导者来自教师队伍——从而改变我们的学校和支持教师的方式——那么最终受益的必将是青少

① 孔琳.当众放屁一次罚5元[N].齐鲁晚报,2003 - 07 - 03.
② 王传真,吴俊.金融高管子女加分广受质疑[N].新华每日电讯,2008 - 04 - 22(1).
③ 邓兴军.我国基层教育六成外行领导内行[EB/OL].http://old. chinacourt. org/public/detail. php? id = 292404. 2008 - 03 - 19

年,这可是任何社会都要倍加珍惜的无价之宝。"①所以,要维护教育的尊严,就应该像温家宝同志所说,"要倡导教育家办学"。"我国教育事业要兴旺发达,一个重要条件就是让真正懂教育的人来办教育。因为他们尊重、敬畏教育的价值和规律,拥有系统的教育理论和丰富的实践经验,对教育充满热爱并深深扎根于教学第一线。"②

第二节 人的伦理:尊重、公正

教育的对象是人,不管他们是男人还是女人,是青少年还是成人,在年龄、性别、知识水平、道德社会化程度等生理和社会属性方面彼此之间有多大的差别,他们作为人的存在是没有差别的。他们都具有人的尊严,体现着人的肉体、生命、心灵、人格和精神等的庄严,每一个人既有实现自己的人格尊严、生命价值的道德权利,也有尊重他人的生命尊严、独立人格的道德义务。

一、学生作为人的存在价值和意义

(一)学生作为人的存在特征

1. 存在的绝对性

无论是作为个体的人还是作为总体的人,人首先存在,才能思考存在,也才能筹划如何存在。存在先于生活、先于生活的意义。存在具有绝对的价值,也是一切价值的基础、依据和目标,这是人存在的绝对性基本含义。在这个意义上,任何人、任何理由都不能剥夺人存在的权力。"生存权"是一种基本人权,是应该得到全世界人民尊重的基本人权,也是人道主义的最低原则。全人类应该共同反对旨在威胁和消灭自己及他人存在的一切自杀、暴力和战争行为,将其判定为最不人道的事情。正是由于这种存在的绝对性,所以每个人在正常的心态下,都有强烈的维护自己的存在或安全的动机或本能。这种自卫性的动机或本能也是人生最根本的动力。

2. 存在的意向性

人作为人的存在,不同于动物的存在。在目前人类意识所能达到的范围内,动物的存在是一种机体的活着,最多只活在自己的"感受性"里。而人的存在首先是作为一种"意向性的存在",其存在的方式是受意识指引的,而不是受感觉指引的。意向性是人作为人的存在从可能不断走向现实并开创未来的前提条件。失去了意向性,人不仅失去了历史,也失去了真正意义上的未来,失去了生命的连续性,活在一个个毫无意义的不可理喻的瞬间。人对人的理解,包括对其自身的理解,都是通过对意向性的理解来达成的。从这个意义上说,意向性是人类的本性,是不可剥夺的天赋人权。而意向性的基础是"意志自由"。只有意志自由的人才有真正的意向性,也才能成为一个真正意义上的人。从这个角度来说,"灌输"、"洗脑"是不人道的,是违背人性的,是"精神上的屠杀"。

---

① [美]英特拉托(Sam M. Intrator). 我的教学勇气[M]. 方彤等译. 上海:华东师范大学出版社,2008:6.

② 温家宝. 强国必强教 强国先强教[N]. 中国教育报,2010 – 09 – 01(01).

3. 存在的文化性

人是作为文化的存在而存在的。人之所以为人，被当做人一样来尊重，并不是因为他具有人的外表，而是因为他具有人的内心和外在行为表现。而这些东西都是文化的产物。不了解人所处的文化，就不了解人的存在本身。我们之所以被别人当做人一样来尊重，一定是因为我们身上的文化还可以被对方接受和理解。了解他人，就是理解他的文化。对人和人的生活进行文化的说明，有助于深入地理解人的思想和言行。

4. 存在的时间性

人作为人的存在是一种时间性的存在，而不是一种空间性的存在。与时间性比较起来，人存在的空间性只是一种附带的属性。人的时间性才是第一位的。人是存在于时间之中的，是不断呈现的和实现的。人的存在是历史性的，是不断向未来筹划的，而且在本质上是自我筹划的。任何外在的力量都不能造就人，只有人自己才能造就自己。我们必须反对在人的生成问题上的各种各样的决定论和宿命论的观点。作为时间性的存在，人的存在又是有限的存在。存在的有限性是人生意义的基础。认识不到存在的有限性，就不能很好地深思存在的意义。

5. 存在的语言性

人作为人的存在还是一种语言的或话语的存在。因为，无论意向、意识和文化都表现为一种语言的形式。离开了语言，我们既不能认识自己，也不能理解别人。我们关于自身和世界的哪怕最简单的感觉也是由语言参与其中完成的。语言不单是交流的工具，而是我们的家，是我们的栖息之地。"失语"就等于让我们踏上流浪的路程，改变我们的话语就改变了我们自己。在这个大众媒体发达的时代，"媒体帝国主义"所推行的正是语言的暴力。一些人凭借政治上的、经济上或智力上的优势，把自己的声音广为传播，而使大多数人的声音归于沉寂。让人说话，建立一个人人可以发言的社会制度，是民主社会的基石。

6. 存在的独特性

世界上没有两片相同的树叶，也没有两个相同的人。这不仅表现在人的身体特征上，更表现在人的精神特征和个体行为习惯上。精神特征的独特性主要是指认识背景的独特性和认识结果的独特性。个体行为习惯上的独特性主要是指人们在面临一种刺激时，所做出的反应的方式和强度的差异。人存在的独特性也给他的生活世界涂上了个性的色彩，每一个人的生活世界都是独特的，不同的事物和事件在各人的生活世界中被解释为不同的意义。人的独特性和其生活世界的独特性是不可丧失，也是不可让渡的。否则，人就被他人或社会力量异化了。

（二）存在性师生关系的特征

所谓存在性师生关系，是指师生之间的关系首要不是"教师"和"学生"之间的关系，而是"作为教师的人"与"作为学生的人"之间的关系。教师和学生在年龄、知识水平、社会化程度、生理和社会属性方面会有不同程度的差别，但他们作为人的存在是没有差别的，教师和学生首先都是作为"人"而存在。存在性师生关系的特征主要有以下几点：①

---

① 石中英. 教育哲学[M]. 北京：北京师范大学出版社，2007：59.

1. 关注人身心发展的完整性

传统的教学着眼于人的理性因素的发展，重视知识的占有、获得和认知能力的提高，其代价往往是忽视完整人的培养。存在性师生关系着眼于人的整体发展，它从整体上包含着认知、想象、情感、意志、人格、态度、才能、体验等方面发展，强调丰富学生的精神世界，培养学生健全的主体人格，是培养完整人的教育过程。主张教学是促进人的全面发展，使人的潜能尽可能得到开发。

存在性师生关系关注人的完整性，作为一种精神，引领师生关注生命意义的实现与超越。在教学中，通过知识的传授，促进"师生精神相遇，心灵沟通，视域融合"①，实现师生情感、意志和人格力量相互感染、熏陶、启迪和升华。通过教育和教学，使师生双方在知识、情感、道德、灵魂等各个层面都得到发展，最终促进学生的全面发展。

2. 关注师生人格的平等性

人与人之间在人格意义上是平等的。存在性师生关系强调师生共同建构知识的意义，教师与学生在真理、人格、法律面前是平等的。当然，师生关系的平等性是相对的，它只是对以往那种教师权威的解构与重建，并不是强调平等而降低了教师的主导作用，也不是放松了对学生的管理与监督。教师在知识、经验、年龄等方面的特点，决定了教师与学生交往过程中主导作用的重要性。

存在性师生关系的平等性在教育教学过程中具体表现在三个方面：一是教师关爱全体学生，教师不仅关注学习优秀的学生，更要关心和帮助学业不良的学生。二是知识分配的平等，教师不再认为只有学习成绩优秀的学生才能掌握有难度的学习内容，而总是把简单的问题分配给学习不佳的学生。三是师生交往中的平等，在这样的师生关系中，每一个学生都能跟教师自如地交往与沟通，表达自己的见解。

3. 关注交往过程的教育性

坚持教育以人为本，在当今来说具有特别重要的意义。教师在自己所从事的教育过程中应尽量体现和突出人性和人文关怀。师生间建立的是人与人之间相互尊重、理解、平等交往的关系，教学中突出知识的人性内容或人性意义，最重要的是通过教育唤醒学生，以达到自我发展、不断完善和提高的目标。

教育的目的是成"人"。教学作为一种教育实践，不仅仅要传递知识，更重要的是把知识内化在个体生命当中，建构多彩的个体生活世界，这样，才能对个体的生存和发展起到积极的作用。在教育活动中，教师和学生都是具有巨大发展潜能和创造性的重要因素，教学成为教师与学生之间的交往活动。在存在性师生关系中，师生双方首先是"人"的交往，是师生双方精神层面的交流与沟通，是体现教育平等的师生关系。

二、尊重学生的人格发展

人格是一个人品质、意志和作风的集中体现，是理想和追求的外部表现，是一个人内心世界的现实折射。学校要尊重学生的人格发展，使学生拥有健全的人格，我们往往会这样夸奖一个人："这个人乐观、自信、不怕失败。""乐观、自信、不怕失败"恰恰就是健全人格的核

---

① 靳玉乐. 理解教学[M]. 成都：四川教育出版社，2006：76.

心所在。

心理学家通过分析,一致认为健全的人格应该具备以下特征:能比较客观地认识自我和外部世界,具有开放的心态,对所承担的学习和其他活动有胜任感,能充分发挥潜能,对父母、朋友有显示爱的能力,有安全感,喜欢创造,有能力管理自己的生活,有自由感等等。人格发展是教育的目的之一。教育要培养学生成为一个发展的人,一个独立的人,一个具有独立意义的人;培养学生成为一个"学会学习、学会合作、学会生存、学会做人"的具有健全人格、社会责任感的劳动者。尊重学生的人格发展,是对于人在社会的人际交往或者社会活动中所表现出的人的自身品质和价值的一种引导和教育。

但是,一些不尊重学生人格的做法会严重地影响孩子的身心健康,阻碍其健全人格的形成和发展。有关资料表明:体罚会使学生心理上产生学习障碍。学生被体罚后,可引起大脑皮质的大面积抑制,在一段时间内,注意力、记忆力等其他能力会在不同程度上减弱,造成注意力分散,思维水平降低,引起学生活动水平下降。因为如果孩子的人格得不到尊重,得不到平等的对待,就容易产生惧怕和逆反心理,缺乏自主性和创新精神。曾经轰动全国的好学生徐力杀死亲生母亲的事件,正是不尊重青少年人格引发的悲剧。

很多著名的教育学者都把尊重受教育者的人格视为教育的一个很重要的因素,认为这是教育的必要前提。作家冰心曾经说过这样一段语重心长的话语:"要让孩子像野花一样自然生长,要尊重儿童的天性和选择。成年人的责任只是告诉孩子,这个世界是什么样的。"著名教育家苏霍姆林斯基曾经说过:"感到跟孩子交往是一种乐趣,相信每一位孩子都能改成为一个好人,善于跟他们交朋友……时刻都不忘记自己也曾经是一个孩子,那些没有爱心、不努力去理解孩子精神世界的只配当教书匠,不可能成为学生精神上的教育者、指导者。每一个孩子都是一个世界——一个完全特殊的、独一无二的世界。"

教育的目标不是要发展学生的某一种能力,而是要造就全面发展的人,所以我们的教育要在充分了解学生、充分尊重学生、充分理解学生的基础上,以教育者自身的人格魅力和高品质的美好精神去培养学生健全的自我,进而促使学生主动将良好的道德品质内化为自己人格的一部分,实现教育者进行人格教育的目的。心理学家认为:后天的环境、教育因素对学生人格发展将有非常重要的作用。换而言之,教育的一个前提就是要尊重学生的人格发展。

三、以学生为中心的公正伦理

(一)关于公正的概念

公正(justice,也译为正义)是一个历史悠久的概念。人类文明肇始,公正就作为一种道德上的衡量标准出现在人们的社会生活中,在古希腊,梭伦通过把"应得"的观念与正义联系起来,使正义成为一个有明确的社会与德性意义的概念。在此以后,柏拉图和亚里士多德对公正也作出了各自的解释,柏拉图认为,公正是总体的德性,它是每个人在国家里面各司其职,执行那种最适合于他的天性的职务,在做好自己的事情的同时不干涉他人的事情。亚里士多德则将公正分为普通的公正和特殊的公正。普通的公正即要求全体社会成员的行为必须合乎法律,公正意味着守法,违法便是不公正。特殊的公正又分为分配的公正和交往的公正,前者标志着一种社会财富权力及其他可在个人中间进行分配的东西的一种分配原则,后者则是标志着社会成员在非自愿性的交往中,对获得与损失以及满意度的评判标准。

在古代政治思想家那里,公正更多地表现为人在社会生活中所采取的个人行为上,它所衡量的是个人在理智上与道德上的美德。伴随着社会经济与社会形态的变化发展,对于社会公正的理解也在不断地演变。尤其是在近现代社会中,科技的进步与发展,社会生活的日益复杂化以及价值观念的多元化,使得社会公正问题越来越多地成为人们关注的焦点之一,而公正也"越来越多地被专门用做评价社会制度的一种道德标准,被看做社会制度的首要价值"。诺贝尔经济学奖获得者阿马蒂亚·森教授将当今主要有影响的社会公正理论归纳为三派,其一是以边沁、马歇尔和庇古等人为代表的功利主义,功利主义原则认为评价社会公正的标准是社会中个人福利总和以及所获效用的大小。其二是以诺齐克和哈耶克等人为代表的自由至上主义,他们认为财产权等各项权利具有绝对优先的地位,人们行使这些权利而享有的"权益",不能因后果而被否定。其三是罗尔斯的正义理论,认为自由权在发生冲突时应具有压倒一切的"优先地位",社会的和经济的不平等安排应合乎最少受惠者的最大利益。这些公正理论都是以规范的市场经济体制为前提,来讨论社会分配的公正与否以及如何减小或消除不公正问题。

另一方面,公正也是一个含义宽泛,极易引起歧义的概念。从语义上讲,它与公平、平等等概念含义交叉而又有所区分;从目前人们对于公正概念的基本内涵理解来看,它涵盖了程序正义、机会平等、结果公正等诸多层面的讨论。从学科角度上看,公正又可区分为个体在生物学、经济学与社会学等多个层面上的要求。在生物学上,公正指人们在获取衣食住行等基本生活方面应有的机会均等;经济学上,人作为经济活动的主体与归属,不仅要求学习、就业机会均等,而且要求劳动成果分配公正;人作为社会的人,又要求在特定的社会制度下,拥有公正的人格、自由、权利与地位;同时,公正还属价值范畴,其客观性内容与主观性认识也比较容易混淆在一起。特别需要指出的是,社会公正不仅仅是社会公共生活所必须遵循的一种原则,更是一种在实践中社会实体运行的过程,这一过程对于政治社会具有重要的意义。公正总是相对于历史的具体的社会情境而言的,绝对的形而上的公正是不存在的,公正承认社会存在不平等不合理的因素的条件下,基于某种特定的价值观念对现实社会进行调适,以使得人类生活和平而有序地进行下去,社会正常运转并能得到健康的发展。[①] 我们姑且采纳罗尔斯的正义观念,即将公正作为一种对社会分配的评判标准。它表征着在一定的社会基本制度下,对自然资源与社会资源、对社会成员基本权利和义务、对由集体合作所产生的利益与负担的分配进行合理的规定与操作,并由此形成的一种社会整体的满意程度。

(二)教育公正的内涵

作为公正的一个下位概念,教育公正的本质与公正理论是一致的,主要包括以下几个要素:基本的教育权利予以保证原则;教育机会平等原则以及教育资源占有中的社会调剂原则。在一个社会中,一个人首先应该享有一个公民应当具有的自由,才能谈论教育机会。基本的教育权实质上是个人人权的最本质体现。教育机会平等权则是对社会成员基本受教育需求的确保,以保证每个社会成员都能享有开发自身潜能,发展自己能力的机会。教育资源的社会调剂原则旨在保证社会的教育资源能够进行公正的分配,以限制人们占有教育资源

---

① 约翰·罗尔斯.正义论[M].何怀宏等译.北京:中国社会科学出版社,1988:23.

差距的过分悬殊，进而提升整体国民的质量。它主要是基于这样一种理想："在社会的所有部分，对每个具有相似动机和禀赋的人来说，都应有大致平等的教育和成就前景。那些具有同样能力和志向的人的期望，不应当受到他们的社会出身的影响。"①

教育公正是社会公正价值在教育领域的延伸和体现。在超越了身份制、等级制等将教育视为少数人特权的历史阶段之后，平等接受教育的权利作为基本人权，成为现代教育的基本价值之一。教育公正的核心是"教育机会均等"，由于传统的教育制度倾向于享有特权的社会阶层，因而，教育公正作为现代教育的基本理念，具有鲜明的价值指向，主要是改变处于不利地位的社会阶层的教育状况，意味着任何自然的、经济的、社会的、文化的低下状况，都应尽可能从教育制度本身得到补偿。

"教育公平实质上是人们对教育领域中人与人之间教育利益分配关系的评价，表现为一种在社会各阶层和社会成员之间按比例平等分配教育利益的理想和制度。"②教育公正作为一种社会意识形态，其实质是人们对教育领域中人与人之间利益分配关系的评价，它蕴涵着人权思想，体现出主体价值，表现为对全社会的教育权利和教育资源做出公平的分配。教育公正强调的是一个受教育群体相对于其他受教育群体在教育权利和教育资源方面所占有的平等份额，它是个体受教育者能够获得相应的平等份额的前提。

（三）教育公正观与原则

1. 教育公正观

正如公正的概念一样，教育公正也是一个历史的概念，它是伴随着社会的发展与变革而衍生出来的伦理问题。从宏观来看，教育公正不仅关涉教育本身发展的问题，对于整个国家的发展和进步同样具有极其重要的意义。也正因如此，几乎每个国家的思想者和研究者都就教育公正发表了各自的观点和看法。从历史的角度来看，主要有过这样几种教育公正观：

（1）保守主义教育公正观。其实质是教育起点公正观，它在第一次世界大战前占主导地位。强调在法律上保障每个人都有接受教育的权利，而不考虑因受教育者的天赋与所处环境的差异而带来的实质上的不公正。

（2）自由主义教育公正观。其实质是教育过程公正观，主要流行于上个世纪50年代的西欧、北欧。它强调在教育过程中要平等地对待每个儿童，使他们都有同等的机会享受到同等待遇的教育。③

（3）激进主义教育公正观。其实质是教育结果公正观，在20世纪六七十年代的西方占主流。它强调教育结果的公正，把机会均等看做教育主导原则，主张向每个学生提供其天赋得以充分发挥的机会，认为社会应保障每个学生都有取得学习成功的机会并且应当向在社会中处于不利地位的儿童提供补偿教育。

（4）后现代主义教育公正观。这是一种受后现代主义哲学思潮影响的主体性教育公正观，它强调以人为中心，每个人都有受教育的权利，认为教育应当尊重个体差异性、满足人的多层次的需要，充分发挥人的潜能，使每个个体都可以向最适合自己的方向发展。

① 阿马蒂亚·森. 以自由看待发展[M]. 任赜等译. 北京：中国人民大学出版社，2002：74.
② 朱超华. 教育公平的本质及其社会价值分析[J]. 中国高教研究，2003（7）：26－28.
③ 何怀宏. 公平的正义——解读罗尔斯正义论[M]. 济南：山东人民出版社，2002.

2. 教育公正的原则

通过我们对公正概念本身的理解,结合教育公正的历史解释,我们可以看出教育公正的概念应包括教育的起点公正、过程公正、获得知识的机会公正、成功的机会公正以及各种教育形式中的机会公正等。当我们将教育公正的概念纳入实际的教育过程中时,我们就应当依据现代社会平等、自由的基本理念,不同教育目标的具体实现以及受教育者个体间的差异等情况,来确立合理恰当的有关教育公正的具体原则和相关的内容。

(1)保证原则

教育公正首先要保证的是每个人受教育权利的实现。《联合国人权宣言》规定:"不论社会阶层,不论经济条件,也不论父母的居住地,一切儿童都有受教育的权利",《公民权利和政治权利国际公约》也规定"儿童享有必要的保护权",这都为社会成员享有受教育的权利提供了依据。在教育上,只有对儿童的最基本的受教育的权利给予切实的保证,才能够从起码的意义上体现出对儿童的种属尊严的肯定,才能够从最基本的意义上实现以人为本这一教育发展的基本理念,也才能够从最实效的意义上为社会的正常运转和健康发展提供必要的基础。

(2)机会平等原则

总体来说,教育过程中的机会平等有四个方面的含义:机会的共享性、机会的差别性、竞争机会平等以及自由竞争程序的公平。教育机会为儿童的发展提供了充分的可能性空间,是每个儿童进入教育机构和参与教育活动并最终获得成就的各种条件的总和,它将直接影响到儿童未来发展的可能结果与个人成年以后的生活质量,并关涉个体能否独立地负有责任地走上社会,成为一名合格的社会化的人才。机会平等的原则要求社会平等地尊重每一个学生,让所有受教育者在平等条件下选择并吸收适合提高自身素质的养分,以使他们在适合自身发展的空间和领域更游刃有余地生存和发展。

(3)补偿原则

每个人在受教育的过程中,必然存在着由于地区差异、家庭环境、个人因素等方面的起点不平等,从而导致对教育资源占有上的不平等以及个人发展程度上的差异。因此补偿原则所要作的便是甄别出处于社会不利地位的阶层,根据他们自身特殊地位、不同的观念对教育的要求来看待问题、解决问题,以最大限度地满足这一不利阶层的利益为标准来确定教育资源的分配和利用,从而便可以使教育中的优势群体与劣势群体、不利阶层与其他阶层之间在教育水平上达到一种持平的状态,以实现教育相对稳定的正常运转。

(四)公正伦理对学生人格的影响

1. 有利于营造健康人格成长的氛围

人格是指一个人在他一生发展的漫长历程中,逐渐形成的表现稳定和持续的心理特征,以及行为的总体。它决定了一个人独特的待人接物的方式。综合诸多的研究结论,大家普遍认为健康人格特质一般具有以下特征:(1)以正确的态度看待自己,正确认识自己,悦纳自己;(2)以正面的态度看待他人,具有良好的人际关系;(3)以正面的态度看待过去、现在和将来,要有所追求;(4)以正面的态度看待困难与挫折、顺境与逆境,做一个自立、自尊、自强、自信的积极的进取者;(5)富有创新和开拓精神,开放的态度,乐于学习,乐于工作,不断吸收新的经验;(6)有意识地控制自己的生活,富有弹性的适应能力。

人格的培养需要经历一个漫长的过程,也是一个终身都在不断完善的过程,但是我们知道,学生阶段是一个人人格形成的关键阶段,一个人从三岁开始入幼儿园到大学毕业,人生最初二十年的时间都在学校中度过,在这近二十年的时间里,学生经历了人格认知模式的关键期、人格的定型期以及人生观世界观形成的几个阶段。在不同的阶段,学生要遇到数十个不同的教师,教师的公正能够为学生人格的健康成长营造一个良好的氛围。在学校里,老师不会因为学生相貌的美丑、家庭出身的好坏,对不同的学生表现出不同的态度,或是对一些学生温和有加,而对另外一些却冷眼相看甚至恶语相加。假如每一位教师对待自己的学生都一视同仁,不分亲疏远近,对所有的学生都温和相待,教师公正的态度及言行容易让学生产生平和的心态,幼小的心灵在其成长的过程中得到了良好的呵护,学生在其人格形成之初,在他们与这个社会刚刚开始接触之时,他们的眼睛少受污染,他们的心灵少受伤害,他们就逐渐地学会用平和的心态与老师相处、与同学相处,学校就成了培育良好德行的沃土。这样一来,老师的公正无异于是良好的催化剂,能为学生化解矛盾,营造出公平、和谐、温馨的班级环境,学生身处其中,会觉得身心愉快,有利于学生健康人格的形成。

2. 有利于培养学生的竞争意识

公正的教师会时刻关注每一位学生的发展,及时捕捉学生每一个闪光点的出现,他不会因为某个学生平时学习成绩不够好,而忽略了他在课堂上的积极主动;也不会总拿优秀学生的标准来衡量每一个学生。一个公正的教师既要顾及接受能力强的学生,同时也会照顾接受能力相对弱的学生。教师公正的态度如同冬天里的阳光,给学生带来温暖,激发其积极向上的动力。学生知道,只要自己有进步,就会得到肯定和赞扬,只要自己努力肯付出就会赢得荣誉。在学生成长的过程中,教师一个鼓励的目光,一丝欣慰的笑容,都将成为激励学生向上的动力源泉。他们从教师的公正中汲取上进的养分,树立积极向上的良性竞争意识,他们勤奋刻苦勇于竞争而乐于竞争,他们也在教师长期的公正的态度的影响下,习得竞争的法则,催生上进的勇气。在教师的职业生涯中,教师的公正给学生积极的心理暗示,使学生知道只要努力,就会有好的收获,在规则面前人人平等。

3. 有利于培养学生的宽容精神

教师通过公正对待学生、关心学生从而建立良好的师生关系,促进学生健康人格的形成。苏格拉底在《尼各马科伦理学》中指出:"一个对明智对象作评判的人,也就是个能理解的人,善体谅和具有宽容精神的人。因为公平是一切善良的人在与他人的关系中所共有的。"教师公正的态度和作风直接影响着学生之间的人际关系,我们知道教育的四大支柱之一就是教学生学会与人相处,教师在教育教学过程中,对某些学生的偏爱,或是处事的不公,直接摧残着学生们充满希望的纯洁的心灵,他们会因为教师的不公正,产生种种偏激的言行,或调皮捣蛋、或故意找茬,甚至恶作剧……他们的心灵被教师扭曲,骨子里充满了不满和愤世嫉俗,他们感受不到学校生活的快乐,感受不到同学之谊,师生之情。这样一种不健康的心态如果因为教师不公正态度的延续而持续漫延,后果不堪设想。著名教育家裴斯泰洛齐认为对孩子施以教育的目的在于"在孩子们中间唤醒他们兄弟般的情谊,使他们成为热情的、公正的和亲切的人"。教师的公正态度在潜移默化中深深地触动着每一个学生的灵魂,他们在教师的行为中感受着宽容的魅力,感受着与人和谐相处的美妙,必然会努力营造良好的人际关系。

4. 有利于培养学生的责任意识

《教师职业道德规范》第三条明确要求："教师要热爱学生,关心爱护全体学生。尊重学生的人格,平等公正地对待学生。促进学生全面、主动健康发展。"在教育公正化潮流中,学校教育的公正性因其地位重要而倍受关注,教师的公正是教师的责任,强调教师在教育过程中要给予学生公正平等的对待,促使人人都能成才。事实也表明,有公正心的教师一定也是有责任心的教师,他们关注每一个学生的成长,他们的公正态度,在潜移默化中规范着学生的行为,触动并感染着学生的心灵。一个公正的教师,应该是在责任心使然的基础上,坚守灵活的公正性,既对学生一视同仁,同时还要针对个别学生的特点因材施教。尤其是对待那些表现怪异、学习成绩差的学生,更要耐心而热情地帮助,要用爱心唤起他们心灵的共鸣,用自己的真诚来获得他们的信任,用责任心为其铺就成才之路。建立在责任心基础上的教师公正,以自己的行动对"责任"二字进行诠释,无形中会给学生树立榜样,促使其健康人格的形成。

5. 有利于培养学生自尊、自重、自强的人格特质

人格特征中最核心的要素就是"自尊、自重、自强"。教师的公正往往会表现为通过组织各种活动,为学生提供发挥个人特长的平台,鼓励学生力争上游,使他们从小充满自信心、自豪感、成就欲。这是学生健康人格形成的重要内驱力。公正的教师不会因为学生的家庭出身、相貌、天赋、成绩的好坏、个性特征等因素来轻视或看重某些学生,他会一视同仁,让处于不同境况的学生都能得到肯定与表扬,或是得到纠正与引导。他不会因为某人是优生而放松对其的严格要求,也不会因为某人成绩较差而对其严加苛责。公正的教师善意地维护着每位学生的自尊与自信,维护着学生受教育的权利,关注着每个学生的点滴进步,宽容地引导着每一位学生。学生在教师的呵护与教导中,学会正确地认识自我,理解自我。有了这种精神,他们人格结构中自卑、懦弱、甘居落后、不思进取等许多消极特征就能逐步得到克服和消除,长此以往,学生健康的人格特质就会日益突显。

(五)树立以学生为中心的公正观念

1. 加强教师公正人格修养的培养

教师要提高自己的道德修养,自觉地培养自己的公正品质,师德修养是提高教师师德素养的关键,教师道德修养,是一个非常复杂的过程。教师在教育实践中,发挥主观能动性,自觉地按照社会主义教师专业伦理的要求,进行"自我教育"和"自我改造",才能使"热爱教育"和"教书育人"、"以身作则"、"热爱学生"、"严谨治学"、"关心集体"等师德原则、规范转化为个人稳定的内心信念和行为品质,提高自己的师德水平。要保证教师之公正,首先教师要有高尚的人格。而作为人格理想的真、善、美,是从师立教的基础。教师只有把求真、向善和爱美作为奋斗目标,并不断地在自身行为中表现出来,才具有较强的道德影响力。真,既为品格上的真,又为言行上的真。善,突出地表现在教师对学生无私的教育上。作为教师矢志不移地把教育学生当做自己的人生目的,有教无类,爱生如一。美,即为语言美、仪表美。教师语言美,则其心地必然善良而正直,从教公平,必然追求自身的道德修养;教师的仪表,是其内心世界的自然流露,朴素是公正的化身,是其道德素质的外在表现。

2. 教师要公正理解、评价学生

要公平合理地对待和评价学生,就要尊重理解学生,尊重学生的人格,理解学生的言行。

而要做到这一点,首先要掌握学生的心理发展规律,只有掌握了学生的心理发展规律,并用这一规律去衡量学生的言行,才能真正地理解学生,进而做到尊重学生。掌握学生心理发展规律,第一,要树立人本主义教育观,把孩子们当人看,而不是我们可以任意摆弄的"机器产品";第二,只有不合格的教师,而没有不好的学生,特别是让"差生"看到自己的优点,也可以奋起直追,成为"优生";第三,孩子是成长的,成长中的缺点是自然的,无缺点是虚伪的;第四,以客观、发展的目光去积极地评价学生,在这里"公正"的含义就是让每个学生都抬起头来做人,每一个人身上的闪光点都及时予以公开、公正的褒扬。掌握了学生的心理发展规律,就能够自觉地尊重和理解学生。为此,教师要建立这样的公正信念:人人都有自己的价值和尊严,人人都是平等自由的,要无条件地尊重学生,相信任何学生都可以朝好的方面发展。

3. 教师要树立公正的人才观

对学生的要求不能搞"一刀切",要因材施教。因材施教的前提条件,就是教师要树立公正的人才观。人才不等同于天才和全才,那些"德才兼备"、"又红又专"的人是人才,那种在某一方面有特长的人也是人才。现代人才观要求我们的教育一方面要面向全体学生,培育适应于社会主义建设的各级各类人才,即提高全民素质;一方面要面向学生的每一个方面使他们在德、智、体、美、劳等方面得到全面发展。提高学生的全面素质,又要面向每个学生,在实施教育教学活动中,我们要根据每一个学生的个性特点、个别差异,提出不同的奋斗目标。因材施教,应对学生一视同仁,尤其是对待那些学习成绩差的,更要耐心而热情地帮助,要用爱心唤起他们心灵的共鸣,用自己的真诚来获得他们的信任。除了帮助其提高学习成绩外,还要鼓励他们在特长领域成才,让他们坚信"天生其人必有才,天生其才必有用"。

4. 教师应强化"慎独"

教师提高教育公正品质的一个很重要的途径就是自我教育,要求教师从社会主义教育事业利益出发,依据社会主义师德的原则、规范和要求对自己的专业伦理品质进行"自我教育",而"慎独",则是教师进行"自我教育"的一个至高的境界。"慎独"是师德修养的重要方法,又是师德修养的一种极高的境界,社会主义教师专业伦理所提倡的"慎独"是要求教师在一个人独立进行教育职业活动,没有他人进行监督的情况下,自觉以社会主义教师道德的规范和要求,指导自己的行动,不去做任何违背社会主义教育道德要求的事。

第三节　知识伦理:共生、创新

知识是人类认识自然、自身以及社会的成果或结晶,包括经验知识和理论知识。课程是学校为实现培养目标而选择的教育内容——知识的总和及其进程,是通过有组织地重建知识和经验而得到系统阐述的有计划、有指导的学习经验和预期的学习结果。教师是课程的反思性建构者,应在整个课程运作过程中充分发挥主体性和创造性。相关知识在课程中的地位、相关课程在教学方案中的地位构成了知识伦理关系。知识伦理的失范影响到教学目标、教学内容、教学方法和教学评价各个环节。知识伦理为新的知识进入课程体系并获得正当地位提供了依据。发挥教师和学生的积极性,建立知识间的平等、民主关系,是重建知识伦理的重要举措。

一、知识与课程的关系

1920 年代,随着"进步教育"在美国的兴起,课程被认为除了传授知识、发展智力以外,还要给学生生活经验。因此,课程就不仅仅指各科知识,还包括一切课内外的活动,博比特(Bobbit. F)认为,"课程将是系列的经验,是儿童和青年达到那些目的所必须有的"①。

(一)知识的性质影响到课程内容的选择

学校的教育时间和空间是有限的,不可能向学生传授人类社会所有的知识,必需根据一定的标准对知识进行选择。这就需要对学校的课程进行安排,这样就形成了课程知识。我国中小学的课程内容有以下几个组成部分:关于自然、社会和人的基础知识;关于认识活动方式的能力和技能;关于发展实践活动能力的经验。可见,其中影响课程内容的基本因素是知识的性质,课程内容的选择必需考虑人类科学文化知识和技术本身的特点及其发展趋势。首先,知识的性质可以作为一种标准来区别什么是"知识",什么是"非知识",什么是"准知识",为课程内容的选择提供一道门槛,将"非知识"或"准知识"挡在知识殿堂之外。其次,知识的性质也可以作为比较"什么知识最有用"的标准,为课程内容选择最有价值的知识。第三,知识性质的转变,必然导致学校课程内容的更换,导致学校课程,特别是核心课程结构的改革。

(二)知识的性质影响到课程体系的性质

知识是课程的基本要素,知识的课程是不能称之为课程的。从学校课程发展的历史看,知识问题是课程设置的根本问题。知识的性质直接决定了具体课程的设置、教学方案的实施以及教学方法的改变。课程作为一种知识的凝练和系统化产物,体现了人类认识自然、自身以及社会的曲折历程。我们不能说课程知识都是绝对正确的,然而知识伦理要求,作为课程内容的知识必须是正确的。也许,随着人类认识自然、自身以及社会的程度的不断加深,有些知识可能是错误的,最终证明后被排除到课程之外,但是这一过程也正是知识伦理所要求的。为此,必须使教师和学生形成一种正确的课程观,以"必须是正确的"来设置课程,以"可能是错误的"来反思课程,在教学中自觉增强批判精神,使课程体系不断完善。

(三)知识的分类影响到课程的分类

对知识的分类如今已经取得了广泛共识。图书馆资料大体按照"自然知识"、"社会知识"和"人文知识"再具体分类,学校课程也按"自然学科"、"社会学科"和"人文学科"分专业设置。英国物理化学家波兰尼 1958 年在《个人知识》中提出了缄默知识(tacit knowledge)的概念。② 他认为,缄默知识是相对于显性知识而言的。显性知识是客观有形的知识,是能明确地反思并可以用语言文字来表述的知识,而缄默知识则不能通过语言、文字或符号进行逻辑的说明,是高度个体化、难以形式化,以整体经验为基础的,只可意会、不可言传的知识,甚至就连知识的拥有者也不能清晰地表达。由于缄默知识是根植于个人经历或经验的知

---

① 丛立新.课程论问题[M].北京:教育科学出版社,2000,89.
② 王萍.图书馆隐性知识的系统构成及其激活[J].湖南社会科学,2007(4):193.

识,包含个人的信仰、观点、本能和价值观等无形因素,由于不能被编码,所以只能通过直接体验,长时间潜移默化地传递。这提醒我们:在传统的教学中,教师不能只意识到系统、有序、规范知识的存在,还必须重视课程之外的教学内容。美国教育家杜威曾在 20 世纪初提出"附带学习",[①]他认为这可能比学校里系统的学习有更深远的意义,因为它可以培养学生面对未来生活最根本的态度。杜威的学生克伯屈进一步提出了"伴随学习",即学生在系统学习中形成的态度、理想、感情和兴趣等心理因素,我们发现这些影响都是长久稳定的。对知识的分类无疑会影响到对课程的分类,然而在对课程的分类中,我们还要充分考虑缄默知识和"伴随学习"的因素。

二、知识伦理失范的主要表现

学科(专业)以及课程的地位和结构形成了知识伦理关系。当前,无论是高等学校还是中小学,课程设置中都存在着忽视知识伦理的问题。由于知识伦理的缺失,课程设置各个环节都有不同问题出现。

(一)课程设置目标单一

确立课程目标是课程设置的首要环节。美国教育家、现代课程理论之父泰勒认为,课程目标应来源于对学习者自身的研究、对校外当代生活的研究、来自科目专家的目标建议。在我国高等学校以及中小学的课程中,一直把"双基",即基础知识与基本技能作为主要目标,课程设置不仅是侧重理论、侧重书本,而且是侧重少数几门"主科"。仅以目前小学的课程为例,除了"大三门"语、数、外和"小三门"音、体、美以外,还有劳动课、科技课、社会课、自然课等等课程,这些被称为"副科"的课程无论从哪一门来看都设计得很完美,不仅内容丰富、生动有趣,而且还包含大量动手的作业,但学生们被告知,这些课程中的大多数内容都因为缺乏足够的课时而不能讲授。[②] 这种课程设置对学生究竟应该掌握什么样的知识与技能却不是十分清楚。除了"双基",课程目标的其它部分被忽略了,以为只要学生学好了基础知识,就实现"双基"目标了。因此,在课程编制过程中对基础知识非常重视。重视基础知识虽然有助于学生获得较为系统的科学文化知识,但结果往往使学科知识受到尊重,情意知识和体验知识遭遇冷落。重视基础知识有时甚至还会把教育和生活对立起来,学生虽然掌握了学科知识体系,但不能从学科知识的学习中掌握与自己的现实生活息息相关的地域知识、风土人情以及生活的技能和技巧。由于重视基础知识,地域知识、风土人情以及生活的技能和技巧被忽视和边缘化了,甚至被排斥在课程体系之外,导致课程目标的重要来源,即对学习者自身的研究和对校外当代生活的研究被忽略了,课程目标也就成了不完整的、有缺陷的目标。

(二)课程内容选择片面

课程内容选择的因素主要包括三个方面:社会生活、受教育者身心发展的规律、科学文化知识。课程内容的选择既要选择科学的基本事实、概念、原理和方法,又要重视选择和学生身心发展以及社会生活密切相关的经验性内容。传统的课程在内容的选择上重视了科学

---

① 赵建明,张亚琪.浅谈校园隐蔽课程与教师人格魅力[J].教育与职业,2006(6):82.
② 上官子木.人文素养比数理能力更基础[N].南方周末,2004 – 2 – 26.

文化知识,但忽视了社会生活和学生身心的发展规律;强调了科学的概念和原理,忽视了科学的基本事实和方法;重视了间接经验的归纳,忽视了直接经验的获得。科技的巨大力量使20世纪的人类社会发生了翻天覆地的变化。于是,英国社会学家斯宾塞提出了"什么知识最有价值"的命题,科学知识无可争议地成为"最有价值"的知识体系,成为基本的课程内容,取得了至高无上的地位。西方国家的高等教育也从20世纪20年代开始,把实证教育作为教育的基本模式。大学举办者首先想到的是如何把学生培养成一个对社会生活直接有用的人,如工程师、医生、律师、会计师或技术工人,以适应现实社会的选择。教育成了"知识工业"。反映在课程设置上,专业化和学科分化愈演愈烈,本来包含在人文学科中的自然科学和社会科学被分离出来,人文学科急剧萎缩。反映在教学体制上,以社会科学为主要内容的人文教育和以自然科学为主要内容的科技教育互相隔离。科学知识地位的确立保证了学生基本的素质。科学使人们对知识的认识超越了神学的领域,冲破了宗教和迷信的藩篱。然而科学知识主宰一切的课程观、科学知识至上的知识伦理所造成的最大缺陷就是忽略了人,使教育与生活对立起来。但过分的"专业化",或只强调科技教育,或只强调人文教育,加剧了大学教育中的单一技术化和非教养化,导致人的片面发展和人文素养的滑坡。大学教育成了"制器",而不再是"育人"。建立合理的知识伦理,就是要学会对所有知识的尊重,克服科学知识至高无上的不合理状况,实行知识民主,避免一部分知识控制和主宰知识结构的状况。

(三)课堂教学被动机械

由于课程内容选择上的知识伦理的失范,在课程实施的课堂教学中,课程往往被认为是规范性的教学内容,而这种规范性的内容又是按照学科和专业编制的,课程因此成了学科和专业的元素或总和。教师基本上不去思考课程设置问题,只在课堂教学中忠实地传授既定的课程内容,教学成了纯粹的"教教材"过程。课堂教学实施成了简单的教师讲、学生听,考试也只需死记硬背,便能取得好的成绩。长此以往,课程就不断走向孤立、封闭,变得繁、难、偏、旧,教学也变得被动、机械。在课堂上,教学内容的传授是唯一的目的,因而就谈不上教师作用的发挥,也谈不上学生个性的张扬。由于缺少质疑、调查、讨论、探究的机会,教师教学的主导性、主动性难以发挥,学生学习的独立性、自主性消失殆尽。可以说,教学改革过程中人们揭示出来的课程设置与教学实施方面的所有问题,都与课程各个环节的知识伦理问题有关。没有合理的知识伦理规范,也就没有合理的课程实践活动;处理不好学科和专业之间知识的关系,就会直接影响到课程的实施效果。建立合理的知识伦理,就能使教学内容的呈现方式、教师的教学方式、学生的学习方式、师生教学互动的方式产生有价值的变化。

(四)课程评价不科学

课程内容的选择与学科专业中知识的地位相联系,不论是科学主义的取向,还是人文主义的取向,是内在取向还是结果取向,都对课程的评价产生了影响。由于课程内容选择上的知识不平等问题,或者由于课程中知识伦理的失范,当前不论是对课程本身的评价,还是课程实施环节完成以后对学生的评价,都受到科学主义取向的影响,导致课程评价只是注重对学生掌握了多少科学知识进行评价,人文知识和人文素养并没有进入课程评价者的视野。这种评价把学生当成了科学知识的容器,而不是具有完整人格和鲜明个性的未来社会成员。

"教育进展国际评估组织曾对世界21个国家的基础教育进行调查,其结果是,中国孩子的计算能力是世界上最强的,但是,中国孩子的创造力在所有参加调查的国家中却排名倒数第5。此项调查还显示,中国的中学生在学校用来做数学题的时间是每周307分钟,而其他国家孩子学数学的时间仅为217分钟。同时,中国学生回家后每周还要在数学上花4个小时,而其他国家孩子在家学数学的时间每周不到1小时。毫无疑问,在学数学和演算数学题上花费的时间太多,必然会导致中国的学生缺乏参与其他活动的机会;数学能力的过度发展,实际上是以透支其他方面的发展潜能为代价的。"①正是课程设置中没有人文知识和人文精神的应有地位,造成了学生人文素养的贫乏;评价只重视学生最后的学习结果的评价,学习过程的评价被忽视了;只重视对学生知识掌握程度的评价,学生人文素养的评价被忽视了。校长、教师、学生、家长等共同参与的评价制度形同虚设,教师对自己教学的分析反思也不能落实,学生全面发展的评价体系的建立也成了空中楼阁。这种评价方式使学生失去了对科学发展过程的兴趣,影响了学生人文素质和科学精神的培养,影响了学生实践能力和创新能力的提高。建立合理的知识伦理,就是要建立科学的课程评价体系,提高课程的创新性,为培养创新人才奠定坚实的基础。

三、强化知识伦理的基础

随着社会的进步、教育的发展以及知识的丰富,新的知识理论为知识伦理的重建提供了依据。

(一)现代心理学的贡献

现代心理学将人类已有的知识进行了新的划分,即把知识分为陈述性知识、程序性知识、操作性知识。陈述性知识是指个人具有有意识的提取线索,因而能直接陈述的知识,主要用来回答有关世界"是什么"和"为什么"的问题。一般通过理解和记忆获得,与加涅学习分类中的言语信息相一致;程序性知识是指个人没有有意识的提取线索,只能借助某种作业形式来间接推测其存在的知识,主要回答有关"怎么办"的问题。它也是一套办事的操作步骤,在本质上,由概念和规则构成。程序性知识又分为两个亚类:一类为运用概念和规则对外办事的程序性知识,加涅称之为智慧技能;另一类为运用概念和规则对内调控的程序性知识,加涅称之为认知策略。操作性知识是程序性知识的一个重要方面,因为动作技能也是按照某种规则办事的能力,因此也属于程序性知识。在我们传统的课程体系中,实际上是陈述性知识的一统天下,而程序性知识、操作性知识则处于可有可无的地位,知识的伦理价值失落的原因就在于人们对知识价值的片面认识上。

(二)缄默知识的启示

波兰尼在《人的研究》一书中认为"人类有两种知识。通常所说的知识是用书面文字或地图、数学公式来表述的,这只是知识的一种形式。还有一种知识是不能表述的。如果我们将前一种知识称为显性知识的话,那么我们就可以将后一种知识称为缄默知识。在当代知识理论中,人们将这种不能清晰地反思和陈述的知识称为"隐性知识"或"缄默知识",将那

---

① 上官子木.人文素养比数理能力更基础[N].南方周末,2004 – 2 – 26.

些能够明确反思和陈述的知识称为"显性知识"。实际上,这种只可意会不可言传的知识在人类知识的历史上长期处于被人们遗忘的角落。这是知识领域存在着严重的伦理不平等的典型。显性知识在长期的学校课程体系中无可争议地占据主导地位,而隐性知识则被放置在可有可无的、甚至被人们遗忘的角落。事实上,隐性知识对于儿童的生活及认识具有基础性作用,是儿童显性知识的"向导"和"主人"。传统课程的知识伦理缺失,使缄默的隐性知识没有得到应有的重视。"学会学习"实际上是一种"实践教学",是丰富多彩的科学实践、社会实践、艺术实践,实际上是对隐性知识价值的推崇。校本课程开发是对隐性知识的价值和在学习中的作用的认可和尊重,是对学生行为的改变或重塑,这不仅是一种训练、规范或约束的外在过程,而且也是一种认识、理解与重构其内在知识基础和信念的过程。校本课程开发为隐性知识获得合法性提供了历史机遇,既是对个性化知识的解放,也是对教师和学生个性的解放,是向合理知识伦理的复归。

(三)建构主义的影响

以皮亚杰、布鲁纳、维果茨基为代表的建构主义思潮对知识伦理的重建产生了重要影响。建构主义理论认为,知识是建构的,也是个性化的,只要承认知识的建构性,也就承认了知识具有个体性,建构的知识与确定的知识都是存在的。这就使我们更加容易认识到知识学习与实践能力培养的重要意义,也为个体知识与一般知识的共存提供了伦理依据。可以说一般知识与个体知识的关系就是直接经验与间接经验的关系,别人的知识与自己的知识的关系。我们知道,不论是行为主义还是认知主义,都属于客观主义认识论范畴。他们把知识看做是对"客观实在"的摹写或反映,知识的真理性是由其与"客观实在"符合的程度决定的,知识因而是客观的。由客观主义知识观必然派生出决定论的知识观和还原主义知识观。科学就成了知识的典范和代表,成了"真知识"、有价值的知识,这种知识也将是"价值中立的"。这种知识观指导下的教学活动必然是客观知识的传递过程,教学必然也是遵循客观规律,按照严格步骤和程序进行,学生也必然是被动地接受知识,教学也就成了对学生的控制过程。建构主义认为知识是个体建构的,知识内在于人的心灵之中,而不是外在于世界之中,科学知识也带有偏见并经过人价值观念的过滤,并非"价值无涉"。知识是在人的心灵与外界客体相互作用的过程中从内部生成的,人的心灵具有自觉能动性,学习也就成了主动建构的过程,是对知识和现象不断解释和理解的过程,是对已有知识体系不断进行再改造、再加工以获得新的意义、新的理解的过程。建构主义使教学成为人的解放的过程,在这个过程中,学生是知识建构的主体,通过知识建构不断提升自身的意义和价值。建构主义知识观对学生个人知识价值的确立,为知识伦理的重建提供了有力的说明。校本课程开发的理念之一就是对学生个性、兴趣的尊重,为学生自己知识的建构和个性化知识的发展创造了条件。根据学生的兴趣进行校本课程建设,也是对学生人格的尊重,体现了以人为本、个人本位、人性化的现代精神。

(四)校本课程的推动

从 1970 年代开始,"本土知识"逐渐取得人们的青睐,使本土知识合法化逐渐成为教育改革的议题。于是,英、美等发达国家便开始重视校本课程开发。校本课程(school-based curriculum)是以学校为本位、由学校自己确定的课程,它与国家课程、地方课程相对应,其特点是给予活动课程、选修课程、地方课程应有的地位,使课程更加个性化,更加重视操作和实践活动。校本课程开发为本土知识进入课程提供了极好的条件,正是本土性知识的存在和具有的价值促成了校本课程的开发,正是校本课程开发找到了本土性知识在整个知识体系中的地位和价值。对本土性知识的尊重就是重新树立新的知识伦理观,是在重建新的知识伦理秩序。本土性知识的存在和所具有的积极价值为校本课程开发奠定了深厚的知识基础和伦理基础。同时,校本课程开发为科学知识与人文知识携手走进课堂和学生的心灵提供了契机。人文素养是多方面能力的总支撑,这种支撑作用具体表现为理性的思维、宽容的心胸、健康的心态、良好的自我管理能力以及足够的合作意识等等。人文知识在现代社会越来越显示其重要性,以人为本是现代课程建设的基本理念,人性化已成为社会发展的潮流。时代呼唤具有实践能力和创新能力的高素质人才,而单一的学科课程和单一的课堂讲授方法不可能培养有创造性的人才。校本课程开发为各种知识进入课程体系开辟了重要渠道。综合课程、活动课程能够使学生经历知识产生的过程,有利于创新人才的培养。为此,校本课程开发对建立新的知识伦理起到了推动作用。

第二章　教师专业的伦理规范

　　教师专业的伦理规范是教师在从事教育教学的活动过程中为了更好地履行专业责任而形成的约束规范。教师专业伦理规范体现了教师工作的伦理价值,同时也是保障教师教育教学活动秩序的重要措施。但是,我们讨论教师专业伦理规范,不仅仅是要确定和呈现一条条具体的规定,让教师明确"应该如何做",而且还要阐明这些规定的内在根据,阐明这些规定背后的伦理价值和伦理原则,让教师了解自己这样做的理由和意义。除此之外,这些具体的规定还必须能够构成一个较为完善的体制,使之能够真正在教师的职业生活中发挥实实在在的影响和作用。

第一节　教师专业伦理规范的必要性

　　教师专业伦理规范的发展和完善是教师专业化的重要构成成分,是维护和提升教师职业声望的要求,也是由教师所从事的教育活动本身的性质所决定的。

一、教师专业化的需要

　　对于任何一种职业而言,专业化都是其追求的一个重要目标;只有实现了专业化,该职业的专业地位才得到了承认,该职业的从事人员才能得到社会的尊重和认可。专业化的实现通常表现为几个方面,包括该职业在社会生活和活动中不可或缺;该职业具有较高的知识和技术含量,需要接受长期的专业教育才能从事;该职业具有较强的专业化分工;该职业的从业者享有充分的专业自主权,很少受到其他外来人员的干涉;该职业的从业者具有广泛的自律性,拥有明确而具体的伦理纲领和规范等。

　　在实现专业化的过程中,专业伦理规范是必不可少的一个重要内容和构成成分。专业化一方面意味着专业自主性的增强,意味着如果没有接受过长期的专业训练就很难参与其中,外来人员无权也没有能力干涉专业活动;但同时,专业化也意味着从业者可能利用这种专业优势地位为自己谋求私利,利用自己所特有的专业知识和技能做出违反专业伦理的事情,而这些做法会最终损害职业的声誉,不利于职业的长远发展。所以,某种职业在推进专业化的过程中,既要不断强化其专业性,强调专业自主权,反对外来干预,同时也要推进伦理规范建设,通过伦理规范的建设、通过强化自我约束来实现专业化。

　　教师职业同样如此。自20世纪80年代以来,世界各国均明确提出了实现教师专业化的口号,关于什么是教师专业化、如何实现教师专业化也提出了许多表述和说法,其中通常包括几个方面:教师专业的成熟和分化程度,包括教师专业知识的增长、教师技能的熟练等;

教师的专业制度和组织建设,包括教师专业的伦理规范、教师专业团体的形成等;教师专业的经济待遇、社会地位、专业声望以及由此形成的职业吸引力等。其中,教师专业伦理规范的建设对于教师专业化具有重要作用、教师专业伦理规范是教师专业品质的体现这种观点已经成为了学界的普遍共识。如果说经验型教师必须凭借专业伦理接受被动的约束的话,那么专业型教师就必须通过专业伦理规范来导引,通过主动接受伦理规范的要求,展现自己的专业品质。

专业伦理规范对于教育实践的专业化具有重要意义。教师专业伦理规范是教师在开展教育教学活动中必须遵循的行为规范,是教师在长期的教育活动过程中总结和凝练出来的教师行为标准。教师专业伦理规范对教师的教学活动发挥着指导和调节的作用。"教师的伦理规范使教师容易理解各种教育情景,从而在教学过程中采取必要的措施,减少一些不必要的争论和探索,当需要教师迅速采取某种行动时,教师很自然就会根据这些规范并且会确信自己的选择是正确的。"[①]当教师的教育教学活动完成之后,教师专业伦理规范便成为了评价教育教学活动是否符合专业精神的标准,符合教师专业伦理规范的教育教学行为和教育教学活动就是善的行为和活动,而不符合的就是恶的行为和活动。

教师专业伦理规范的建立和完善也有助于减少外界对教师专业活动的干预。通常,只有专业化较强的职业才会拥有更大的专业自主权,而当某个职业无法对自身进行有效的管理时,就必须引入外界的监管,通过政府法令等强制性措施来进行干预,以保障其专业使命的完成。"专业人员致力于将其所属行业塑造为专业的形象,以增加其本身的权益,防止他人分享既有资源。在具体策略上,主要是所谓的维护职业的专业性或专业化,其潜在目标就是扩大社会距离。"[②]教师专业伦理规范通过加强自我约束,在提高教师专业化、扩大教师与非教师之间分化的同时也促进了教师专业化的发展,使非专业从业人员无权干预教师的专业工作。

二、教师职业声望的要求

职业声望是指社会公众对某一专业的意义、价值和声誉所作出的综合性的评价,它是某个职业社会地位的重要体现。对于教师个人而言,职业声望的高低能够对教师的工作态度、工作积极性产生重要的影响,对教师是否能够产生专业认同感和归属感发挥着重要作用。而对于教师行业而言,职业声望是教师行业是否具有吸引力的重要指标,影响着人们从事教师行业的决心和信心,是教师行业长远发展的重要影响因素。

事实上,每一种职业都需要赢得较高的专业声望,需要得到社会的尊重和认可,得到社会的尊重和认可就意味着得到了社会的肯定和支持,就能够更好地开展和从事职业活动,也使该职业具有更强的吸引力。但是相对来说,作为一项公共事业,教师职业尤其需要得到社会公众的支持。"对于教育专业来说,其专业伦理规范,使公众对教师及其行业的道德操守有基本的信任,从而赋予教师以专业自主权,以保证他们独立地、高效地开展教育专业工作

① 樊浩,田海平.教育伦理[M].南京:南京大学出版社,2000.113.
② 郑新蓉.教师的阶层身份、社会功能与专业化[J].教育学报,2005(3):31.

成为可能。"①

但是随着市场经济的发展,教师的职业声望遭遇了前所未有的危机:结构性的过度教育现象带来了"毕业即失业"的现象,文凭的含金量正在逐渐贬值,教师的职业声望也受到了危害;随着知识经济时代的到来,知识正在被普通公众所享有,教师作为普通公众日常生活中知识和文化权威的地位开始受到动摇;随着大众文化的繁荣,权威不断受到批判和否定,媒体关于教师的负面报道层出不穷地涌现,教师作为民族文化和国家意识形态代言人的身份受到了强烈冲击。

虽然现实中仍然存在着尊师重道的现象,教师职业声望在职业排行榜中仍然位于较高的位置,但正如阎光才所言,这种现象只是一种"小传统",它的根源仍在于上千年来"学而优则仕"的选官体制的传统,而教师职业声望的制度基础正在被消解。"教师职业声望如今在排行榜中之所以能够依旧位居前列,其实在很大程度上依赖于民间草根阶层对教师传统身份集体记忆的保留和延续,小传统的反弹所凭依的社会基础也端赖于此。"②要想从根本上确立起教师的职业声望,必须以有效的制度基础作为支撑,否则这些现象只是一种表象,只是一种虚张声势,而没有实质性的内容。

教师职业声望的建立不仅仅需要教师具有较强的业务水平,包括更为渊博的学识、更高的教学技能等,还需要教师表现出较高的专业伦理素养和精神,这就需要教师专业伦理规范的约束。对于教师个体而言,教师专业伦理规范能够成为一种强有力的规范约束,甚至在教师个体很清楚地知道如果他遵从伦理规范的要求可能不利于其利益的实现,甚至也知道了还有其他别的选择的时候,但仍会遵从伦理规范的约束,因为这种选择有利于整个行业的声誉和长远发展,最终也将有利于个体的长远利益。"尽管规范所要求的行为方式有规律地或在通常情况下不符合行为者的利益,但该行为方式却符合规范约束这一事实本身。"③也可以说,只有通过教师专业伦理规范的制度建设,教师的职业声望才能从根本上得以确立。

教师职业道德意识要求高水准。师德意识是指教师对教师职业的观念、想法及态度。这是教师职业行为的基础。在师德意识水准上,教师职业道德较之其他职业道德有更高的要求,这是由教师职业的特殊性决定的。教师作为社会公众人物,其言谈举止都具有很强的示范性和导向性,特别是对自己的劳动对象——学生而言更是如此。教师更应当意识到这一点,要意识到自己肩负的社会责任。

人们常说:教师是人类灵魂的工程师。这是指教师应具有崇高的精神境界和高尚的道德品质。教师劳动的最大特点是培养、塑造新一代人。要用丰富的学识教人,更要用高尚的品格育人;要通过语言传授知识,更要用自己的高尚品格去"传授"品格,影响学识的心灵,使之成为有理想、有道德、有知识、有能力的新一代;正是基于这一特点,社会对教师的职业道德要求比其他任何行业都高。纵观人类道德史,师德总是处在当时社会道德的最高水准上。

师德作为教师个人行为规范和教育学生的重要手段,起着"以身立教"的作用。它不仅深刻地作用于学生的心灵,塑造学生的品质,而且还通过学生作用于家庭乃至整个社会:它

---

① 王丽佳,洪洁. 解读"教师专业伦理"[J].湖南师范大学学报(教育科学版),2009(6):23.
② 阎光才. 教师"身份"的制度与文化根源及当下危机[J].北京师范大学学报(社会科学版),2006(4):16.
③ [德]米歇尔·鲍曼.道德的市场[M].肖君,黄承业译.北京:中国社会科学出版社,2003. 336.

不仅影响着学生在校学习期间的成长，还影响着学生的职业生涯和他们一生的生活道路。人的中小学阶段是世界观、品质、性格形成最关键的时期，这一时期学生的特点是模仿性强，可塑性大，易受成人和外界影响。所以对中小学教师职业道德要求最高。①

三、教师职业的道德性

每一项职业都有其特殊性，教师职业最大的特殊性便在于它所从事的是教育活动，它的活动对象是学生，教育活动本身所具有的道德性决定了教师职业具有道德性。教育活动的道德性首先表现在教育是促使人向善的活动，教育本身便具有肯定性的意义，教育活动一定是好的、积极的、促进人发展的，任何引导人向恶的方向发展的活动都不是教育。教育活动的道德性其次表现为教育的内容必须是有价值的内容，即教育内容要能够包含对学生有价值的知识，能够促进他们认知能力的提高和发展。教育活动的道德性还表现在教育活动的方式上，即教育必须采取合乎道德的方式或者在道德上可以接受的方式。

教育活动的对象是人，而且是处于不断发展的过程中的、需要接受教育的引导的人，这就决定了教育活动并不是一种机械性的操作性活动，而是一种不断地涉及价值选择和价值判断的活动，教师在开展教育教学活动的过程中经常需要面临道德抉择。例如，如何促进学生某种价值观的养成、如何促进学生养成规范意识和责任意识而不损害他们的自主性，如何公正地对待学生、避免某类学生受到忽视等。教师作出这些价值选择和价值判断的过程中，有必要借助于专业伦理规范作为自己的工具。"教师专业伦理建设可以为教师提供一种超越个人信仰和价值观的机遇理性道德思维的工具，为教师解决问题提供一个参考的方向，教师专业伦理要求教师能够理解和掌握教育教学实践情境的复杂性，并能够在遇到突发事件的时候做出迅速的反应。"②

事实上，促进学生道德品质的发展本身也是教育的重要内容之一。在历史上相当长的一段时期，培养人的道德品质甚至是教育的唯一目的。直到今天，在智育备受推崇的时代，德育仍然是与智育、体育并列的重要教育目的之一。教育事业本身所肩负的道德使命决定了教师职业应该具有道德性。这也就促使社会公众对教师这一职业提出了比其他职业更高的要求，即要求教师应该模范地遵守社会的各项道德规范。"由于教育实践固有的道德属性，专业伦理规范的建设在教育专业化过程中尤具独特意义。如果把教育视为一门专业加以建设，那么专业的一般特征和标准对教育伦理规范建设无不具有道德的含义。如果把教育实践视为融服务、研究、学习于一体的专业实践，那么，教育专业工作者不仅是提供教育服务的教师，而且是对教育实践具有反思、批判、探究精神的专业研究者，还是不断修业进德接受继续教育的专业学习者。"③

在培养学生道德品质的过程中，树立榜样是一种重要的手段，它可以使道德准则和行为规范具体化、人格化，表现出极强的感染力，促进学生道德品质的发展。而教师作为教育者，对于受教育者学生而言有着特殊的权威地位，其所发挥的榜样作用和影响又大于任何一种

① 杨春茂.教师职业的道德要求高于其他职业[N].中国教育报,2008 - 7 - 6 - B01.
② 王玉玲.中小学教师专业伦理缺失与重建研究[D].华东师范大学硕士学位论文,2007.21.
③ 黄向阳.教育专业伦理规范导论[D].华东师范大学博士学位论文,1997,摘要.

有意设立的榜样,这也是教师专业伦理规范的特殊性所在。"几乎所有专业的伦理规范与其服务内容并无内在的联系,伦理规范仅仅是指导专业服务的外部准则。唯独教育专业服务的内容与师德规范的内容存在高度的一致性,对学生的道德要求首先必须成为对教师的道德要求。师德不但是约束、鞭策和教育教师的道德手段,也是鼓舞和教育学生的道德手段。因此,教育专业伦理规范比其他专业伦理规范体现出更高的道德水准。"①

随着义务教育的普及,社会上几乎所有的成年人都将成为有过学校教育经历的个体,他们在社会生活中遇到道德问题时,很容易想到的,就是自己所接触过的教师的判断和选择,并与教师的品性和职业判断相比较。因而,教师的道德品质和倾向能够对整个社会的道德文化发挥一定的影响,教师的高素质和道德品质能够对整个社会的道德文化起到积极的带动作用,而教师道德品质的沦丧将对整个社会的道德水准带来灾难性的破坏作用。这就要求教师队伍应该具备不同于其他职业的更高的道德品质。

第二节　教师专业伦理规范的原则

教师专业伦理规范是专业工作人员制定的内部专业行规,而不是外在的约束,因而,教师专业伦理规范应该结合教师专业工作体现出针对性和实效性,并注重底线伦理要求与最高伦理原则的统一。

一、专业人员制定专业行规

教师专业伦理规范,从本质上讲,是一种专业行规,它的建立、形成以及作用的发挥,主要依赖于教师专业工作者的自我约束,凭借专业工作者集体舆论的压力来维系和维持,而不是外在的强制性要求。"教师职业道德规范只能由教师的自治组织来制定、执行和修订,而不能从外部强加给教师。强加给教师队伍的,难以赢得教师集体舆论的支持,也难以得到教师内在良知的认同。"②

从产生的过程来看,专业伦理规范的形成源于专业活动的需要。在涂尔干看来,经济生活中的竞争会导致激烈的冲突,各种不同的力量会不断侵入对方的领地,试图将对方打倒在地、迫使其屈从;但这种屈从从来都只是暂时的,人们在权力的威迫下逆来顺受,直到有机会复仇;这种无序状态最终会导致社会的不稳定和混乱状态。为了维护人类的秩序状态和和平状态,我们只能寄希望于道德,通过伦理规范的约束维护稳定。"任何能够在整体社会中占据一席之地的活动形式,要想不陷入混乱无序的形态,就不能脱离所有明确的道德规定。一旦这种力量松懈下来,就无法将其自身引向正常的发展,因为它不能指出究竟在哪里应该适可而止。"③

檀传宝教授认为,在既往的经验性的教育发展阶段,师德问题与德育等问题相似。但在

① 黄向阳.教育专业伦理规范导论[D].华东师范大学博士学位论文,1997,44.
② 黄向阳.师德的边界[J].河南教育学院学报(哲学社会科学版),2010(6):64.
③ [法]爱弥儿·涂尔干.职业伦理与公民道德渠东,付德根译.[M].上海:上海人民出版社,2006.10.

教育科学已有较大发展、教师专业化已经提升至教育事业议事日程、师德规范制定的复杂性也前所未有的今天，师德问题的讨论和其他教育问题一样都应该有起码的专业性。就是说，当代中国师德规范的确立就不应再是一般伦理规范的简单重复，而应该充分反映教育专业的特性。教师得到应该是"专业的"伦理，而非过去一般意义上"行业的"道德。

他强调，教师专业道德当然是一般伦理在教育领域的特殊应用，但是又非一般伦理原则本身。比如一般的公正原则要求我们对所有的学生一视同仁，很多情况下也是对的，但是教育活动中"因材施教"原则常常要求教师用形式上好像并非"一碗水端平"的手段处理看起来完全一样的教育事件。换言之，日常教育公正实践中比较多的是"实质性公正"，而非"形式性公正"。因此，依据教育实践的实际去考虑师德内涵的特殊性是我们有效进行师德建设的重要方法。没有教育专业的考虑，就无法建立和真正理解当代教师职业道德。①

在现实的经济活动中，每一位职业的从业者都有着强烈的实现自己利益最大化的动机，都希望自己能够在竞争中占据有利地位，获取丰厚的利润。为此，他们不惜采用欺骗、诋毁、以次充好等不道德的手段，而这些短期来看对个体有利的做法却会在根本上损害职业的声誉，最终对所有人造成危害。在教师的职业生活中，教师的粗鲁言行、对学生的不公正行为、不与其他教师合作的行为等均会对教师整个职业的声望造成损害，危害教师专业的发展，因而需要受到专业伦理规范的约束。

但从性质上讲，专业伦理规范并不完全是外在的强制性措施，它所体现的是专业共同体所认可和遵从的内在约束，是一种专业团体的行规。涂尔干指出，专业伦理规范与军队纪律有着本质上的区别：军队纪律是强制性的外在约束，受约束的士兵个人可能对此毫不关心，他内心中也没有形成任何认同感，只是一系列强制措施和命令迫使其就范、遵从；而专业伦理规范的背后则是专业团体的舆论压力，它的基础和实现机制是道德，是每个人对自己专业团体的生活的关心，需要每个成员形成自己的理解。"在（专业伦理规范）文字的背后，还有体现它的精神：还有能够将个体维系于由个体组成的群体的纽带，将个体维系于所有与群体有关的事物的纽带；所有这些，都是社会情感，都是集体期望，都是我们共同持有和尊重的传统，它们可以为规范赋予意义和生命，照亮个体运用规范的路径。"②

教师专业伦理规范不同于学校的校规校纪，校规校纪是学校为了维护学校的教育教学秩序、为了保障学校的正常运转而依靠行政力量强制执行的约束机制，教师专业伦理规范则是教师专业工作者为了促进教师职业专业化、维护专业信誉和声望而主动制定的规范。教师专业伦理规范的形成既有必要性，又有必然性。其必要性在于教师职业专业化的需要，在于教师专业声望的要求，在于教育活动本身所具有的道德性，其必然性则源于教师队伍整体素质的提升和教师专业化的发展。

当前，教师培养已经建立起一个相对完善的体制，教师的职前培养和职后培训已经实现了常规化、制度化，教师需要经过严格的专业训练才能从事该职业，所以教师职业在教育工作的活动过程中具有较为明显的专业性和自觉性，这也成为了教师在道德上具有专业自觉性的前提基础。"与一般劳动者，尤其是那些复杂程度较低的劳动形态相比，教师道德从道

① 檀传宝.我们需要"专业的"教师道德［N］.中国教育报,2010－10－21－01.
② ［法］爱弥儿·涂尔干.职业伦理与公民道德渠东,付德根译.［M］.上海:上海人民出版社,2006.24.

德主体的角度看,具有也必须具有较为明显的自觉性。"[①]教师较强的工作能力和对自己工作特性的了解推动教师团体内部建立专业伦理规范,提升专业地位,通过自我约束和规范促进教师专业性的提升。

二、教师专业伦理规范的针对性

不同的行业有着不同的活动方式和活动特征,这种活动方式和活动特征的差异从根本上决定了不同行业伦理规范的差异。教师行业同样如此。教师专业伦理规范的制订应体现教师这一专业工作的特点,有明确的针对性。教师专业伦理规范的针对性首先表现为教师专业伦理规范以处理师生之间的关系问题为核心。这是因为,教师这一职业的产生本身就是相对于学生而言的,教师的核心工作就是对学生开展教育活动、施加影响,促进学生的发展。教师实现专业化的重要体现就在于教师是否能够对学生产生更为有效的教育效果和影响。在国外的教师专业伦理规范中,师生关系也是最为重要的核心内容。"世界各国普遍重视教师与学生关系的处理,强调教师对待学生首先要以民主平等的方式,不得以种族、肤色、性别等各种情况为理由,以任何形式歧视学生;不得有意为难或贬低学生;对学生以诚相待,以礼相待,力争公道;要记住学生姓名……"[②]

教师专业伦理规范的针对性其次表现为教师专业伦理规范是针对教师专业的特性而制定的,是针对教师在从事教育工作、开展教育教学活动的过程中容易出现的问题而制定的。例如,美国学校董事会成员的伦理规范便专门针对美国学校董事会成员的特点制定了相应的规范措施,如参加例会、参与学校事务是学校董事会成员必须参加的常规活动,但美国学校董事会成员参与这些例会的情况却不容乐观,于是美国《全国学校董事会成员伦理规范》的第 1 条就规定,"我将尽可能参加例行的学校董事会会议,并去了解在这些会议上即将讨论的问题"。[③]

教师专业伦理规范同样如此。有些问题是教师在专业实践活动中通常都会遇到的问题,如学生的学习环境可能受到威胁,所以教师专业伦理规范中便需要有"应做出合理的努力以保护学生不受对学习或健康和安全有害的环境的影响"这方面的内容。有些问题则是某些教师特有的或更容易出现的,所以应该针对不同国家、地区教师在专业实践活动中可能遇到或出现的特定问题而适当调整。例如,美国的教师专业伦理规范特别强调了不应根据学生的种族或肤色、宗教而剥夺学生参与课程或从中受益的权利,也不应因此而给予他们任何差别对待。但是在我国,由于不像美国那样面临较为严重的种族问题,所以应将重心放在学生的性别、家庭背景、学业成绩等方面,即不因学生的性别、家庭、学业成绩而给予其任何差别对待。

教师专业伦理规范的针对性还表现为教师专业伦理规范要针对教师所处的专业发展阶段制定相应的规范,使教师专业伦理规范符合教师专业发展阶段的特性。这是因为,处于不同专业发展阶段的教师对教师职业的理解和认识存在着较大的差异,对教师专业伦理的认

---

① 檀传宝.教师劳动的特点与教师专业道德的特性[J].教育科学研究,2007(3):8.
② 张桂春.国外教师职业道德建设的经验与启示[J].教育科学,2001(2):35.
③ 王佳佳.美国学校董事会成员伦理规范述评[J].比较教育研究,2009(8):34.

同度各不相同,有着各自的特性。当然,需要看到,教师所处的专业发展阶段与教师的从职年限有关系,但并不是一一对应的关系,不能绝对地把教师专业伦理规范与教师的从职年限一一对应起来,而应该根据教师专业发展阶段的不同特性作出相应的区分。

三、教师专业伦理规范的实效性

教师专业伦理规范的实效性表现为教师专业伦理规范要能够融入教师教学的理念和实践之中,要能够对教师现实的教育教学生活发挥作用,能够对教师的教学活动产生实实在在的影响,否则就只是停留在教条层面的规范。实效性问题是当前我国师德规范面临的一个非常严重的问题。调查显示,我国的师德规范虽然能够发挥一定的指导与监督作用,但是成效并不显著,许多师德规范偏重理想性,缺乏现实性,偏重价值性约束,缺乏专业性规定,致使师德规范滞后于教育教学改革以及教师自身的成长与发展,有58.9%的教师认为自己学校现行的师德规范部分内容空泛,33.4%的教师认为现行的师德规范只具有非常有限的指导和监督作用,甚至有6.2%的教师认为师德规范不具有指导和监督作用。①

教师专业伦理规范实效性的实现首先表现为教师专业伦理规范自身的合理性。这种合理性一方面表现为教师专业伦理规范符合教育的特性,即教师专业伦理规范要符合教育的目的,要与教育的价值追求相一致。"教育伦理体系在其内容设定上应体现对教育者德行发展的正确定位;在其终极关怀上应以教育者为根本指向;在其价值评判上应关注社会的全面进步。"②只有符合教育价值发展规律和趋势、符合教育发展目的的教师专业伦理规范才是合乎道德的。

这种合理性的另一方面表现为现实的可能性,即教师专业伦理规范符合教师现实生活的实际情况。道德的产生本身就是为了满足人的生存和生活的需要,其中既包括每个人自己的需要,也包括别人的需要。但在现实中,我们更多地关注道德对于满足"别人"的需要,而忽视了道德对于满足"自己"的需要。"既然学校道德教育的目的就是要使人有道德,而道德的产生和发展在于满足人的生存、生活需要,这一基本事实,就决定了道德教育活动的一个基本特征,既不能离开人的生存、生活和发展的需要来谈道德,也不能离开人的生存、生活和发展来进行道德教育。"③因而,教师专业伦理规范不能只是强调教师要奉献、要牺牲自己,而忽视了教师的现实生活和基本需要。

教师专业伦理规范的实效性其次表现为教师专业伦理规范要有明确的问题指向,即教师专业伦理规范所针对的是教师在从事专业活动中经常会遇到的伦理问题,而不是空泛的口号或教条。

譬如,在处理教师与同事之间的关系方面,教师专业伦理规范应该有所作为。长期以来,如何处理与同事之间的关系并没有成为教师专业伦理规范的重点,教师们通常会认为教师不应该干预其他教师的事务,不应该对其他教师的教学行为指手画脚,或者揭穿他们的错误做法,于是导致的问题,就是眼睁睁地看着学生的利益受到了损害,这也损害了教师职业

① 檀传宝.中学师德建设调查十大发现[J].中国德育,2010(4):10.
② 王玉玲.中小学教师专业伦理缺失与重建研究[D].华东师范大学硕士学位论文,2007.61.
③ 陆有铨."道德"是道德教育有效性的依据[J].中国德育,2008(10):24.

的声誉。"具有讽刺意味的现实是,员工室内恶意而非正式的流言蜚语,和对于同事教学实践、能力和性格特征的抨击在很多学校相当猖獗。而文化似乎支持这种非专业和非伦理的行为,它压制了正式而专业地揭露同事伤害行为的合法性实践,甚至压制了威胁性不强的以私下和建设性的方式和同事一起面对面讨论所关心的问题。"①因而,教师专业伦理规范禁止教师有意诋毁其他教师,禁止教师出于私利泄露其他教师的个人信息。

2012 年 5 月 24 日至 25 日,"十堰车城热线"和"秦楚论坛"上出现了两条关于郧阳中学的网帖,帖子称,听说郧阳中学 5 号楼有个学生跳楼了。

郧阳中学是十堰市老牌名校,全省首批重点中学,在十堰市广有知名度。当时正值高考前夕,网帖一发表立即引起社会的广泛关注。郧阳中学迅速在网上发出辟谣网帖,并向十堰市公安局网监支队和汉江路派出所报案。十堰警方十分重视,立即组成专班介入调查。

警方随后查明,造谣传谣帖文系出自该市另一所重点中学——十堰市一中青年老师阿强(化名)之手。阿强称,他此前听到郧阳中学有学生跳楼的谣传,未经核实,就在 5 月 24 日晚,将两名学生叫到自己的宿舍里,让他们用自己的电脑发出了上述帖子。此后,警方对阿强做出了罚款 500 元的行政处罚。6 月 24 日,阿强在网上发出了声明,承认自己发帖传谣言,并向郧阳中学师生道歉。

6 月 25 日,在警方的调查结论下发后,十堰市教育局和市教育督导室联合下发的《关于对十堰市一中教师造谣事件的处理决定》(下简称《处理决定》),发到了该市各县市区教育局和各个初高中学校。《处理决定》作出 4 点处分决定:责成十堰市一中向市教育局写出深刻检查;取消十堰市一中本年度所有评先评优资格;责成十堰市一中校长及相关人员到郧阳中学诚恳道歉;依纪依规对相关责任人作出严肃处理。同日,十堰市一中对阿强做出行政记大过处分。②

教师专业伦理规范鼓励和支持教师开展专业合作,共同创建有利于学生成长的环境。这是因为,教师合作不仅有助于丰富教师的专业知识,提高教师的专业能力,同时还有助于形成一种团队精神,使教师感到自己是受到支持的,从而敢于尝试创新,改进教学活动。而这种团队精神的形成对于教育效果的发挥至关重要。这是因为,学生品格的形成和发展是在全体教师的共同影响下形成的,是教师集体劳动的成果,教师个别的努力只有在形成合力的情况下才能有效地作用于学生。教师相互之间在知识结构、思维方式、视角等方面存在着差异,这种差异是一种宝贵的资源,教师之间的相互学习和合作能够促进资源的共享,促进团队建设和专业发展。

四、底线伦理要求与最高伦理准则的统一

教师专业伦理规范的制订应该坚持底线伦理要求与最高伦理准则的统一。通常,道德要求可以分为三个层次:道德理想、道德原则和道德规则。其中,道德理想是人们追求的最高的道德境界,是人们追求的至善境界;道德规则是必须完全遵守的具体道德要求;道德原则是在一般情况下必须遵守、特殊情况下可以适当变通的道德要求。也可以认为,道德规则

---

① [加拿大]伊丽莎白·凯普贝尔. 王凯,杜芳芳译.伦理型教师[M].上海:华东师范大学出版社,2011.104.
② 关前裕.教师为争夺生源 网传他校学生跳楼诋毁竞争者.中国新闻网,2012 – 7 – 4.

是对行为的具体要求,道德原则是对各种规则的一般概括,而道德理想又是对各项原则的高度概括。[①] 虽然道德层次相互之间存在着交叉和模糊的现象,但整体而言,不同的道德层次发挥着不同的功能,共同构成一个整体的道德体系。道德理想主要发挥激励人追求更加高尚的行为,道德原则指导人遵从道德的基本原则,道德规则则约束人不做不良行为。

在我国的学校教育中,受传统儒家教育思想影响,更多地强调追求道德理想而忽视道德规则。这一方面起到了激励人不断追求上进、追求向善的作用,但同时也造成了危害,即给人造成了道德是一种常人做不到的可望而不可及的境界,导致许多普通人放弃道德追求。在制定教师专业伦理规范的过程中我们同样应该注意到这个问题。一方面,我们要认识到,由于青少年学生处于发展的过程中,具有较强的可塑性,他们通过观察、模仿不断成长,对教师有一种特殊的信任感和依赖感,因而教师职业具有特殊性,它对于下一代所能产生的巨大的影响决定了教师应该发挥榜样示范作用,潜移默化地促进学生良好道德品质的养成。

另一方面,也必须看到,不能一味地对教师提出更高的标准和要求,却毫不顾及教师自身的合理诉求,忽视教师的基本需要。在现实生活中,我们往往寄予教师太多的期望,不仅要求他们在工作的过程中担当社会的代言人和执行者,培养下一代良好的道德品质和公民意识,还要求他们在工作以外的日常生活中也要时时处处扮演这种角色,作为社会的道德楷模捍卫社会主流价值观的声誉,以至于忽视了教师作为一个正常人的尊严和需要。人们对教师的过高期望往往会导致社会对教师的苛责和不公正的批评。"这样一来,教师非常希望自己的自尊心得到尊重。可是,他愈是想得到尊重,愈是想自尊、自重,就愈与外界减少了接触,就愈减少了外界了解自己的机会,愈是把自己封闭起来了,那种与世界无交无往的隔离感也就使其更觉孤独了。"[②]

因而,教师专业伦理规范既要体现对至善至美的最高伦理准则的追求,同时也要坚持底线伦理要求。有研究发现,美国教师专业伦理建设较为成功的经验之一,就是注意划分师德规范的结构层次,将其分为师德理想、师德原则、师德规则三个层面,既有理想伦理的激励,又具有很强的可操作性。[③]

教师专业伦理规范对最高伦理准则的追求表现为教师专业的努力方向,即教师专业应该以儿童乃至全人类个性的全面发展、以社会的道德和文化进步为指向,促进教育对于和平以及各国家、民族或宗教团体之间的相互了解、理解、宽容等方面所作的贡献。为了实现教师专业的终极指向和目标,教师要相信每一个人的价值和尊严,相信每一个孩子的潜能和发展空间,通过不断提高自己的全面素质、通过自己的教育教学活动推动孩子素质和潜能的发展。

教师专业伦理规范对教师专业的底线要求主要表现为制度化的伦理规约,即通过禁令式的语言约束教师,让教师明确哪些事情是绝对不应该做的并体现在行动之中。例如,在对待学生上,教师不应歧视学生,不应无故压制学生的主动性,不应阻止学生接触多样化的思想和观点,不应故意贬低学生,不应利用与学生的专业关系谋取私利等。在对待同事方面,教师不得造谣中伤或诽谤同事,不得泄露在专业活动中获得的有关同事的信息等。

① 黄向阳.德育原理[M].上海:华东师范大学出版社,2000.101.
② 陶志琼.教师的境界与教育[M].北京:北京师范大学出版社,2008.27.
③ 徐廷福.美国教师专业伦理建设及启示[J].比较教育研究,2005(5):74.

第三节 教师专业伦理规范的实施

在实施教师专业伦理规范的过程中,首先要从制度建设入手,完善教师专业伦理规范以及与之相关的各项制度设计,为教师专业伦理规范的有效实施提供良好的社会环境和基础;教师专业伦理规范在实施的过程中还要体现时代精神,不断自我更新和完善,符合时代发展的需要;当然,在强调和重视教师专业伦理规范的同时,我们还要看到教师专业伦理规范的局限性,对其形成合理的态度和认识,在发挥其价值的同时注意避免其局限性。

一、完善制度建设

教师专业伦理规范有效实施的首要前提是教师专业伦理规范的完善。杜时忠指出,德性包括制度德性和个人德性两大类,其中制度德性是指制度是否以及在多大程度上符合道德性;而个人德性则是指个人的行为是否以及在多大程度上符合道德性。在他看来,制度德性比个人德性更具有普遍性,制度德性是个体德性的基础和前提,如果制度结构不合理,制度本身就不道德,那么,制度对个人的要求本身就是不道德的,个体即使能够独善其身,能够做出道德的事情,但无法改变社会的不道德局面。[①] 因而,完善的制度建设是建构大的道德环境和背景的基础,是提高教师的师德修养和道德素质的基础。

当前,我国教师专业伦理规范建设刚刚起步,仍然处于相对匮乏的阶段,有些方面几乎是空白,有些方面虽然有所建树,但仍有许多需要完善的地方。有研究发现,我国制定的《中小学教师职业道德规范》仍然存在着较多问题,这一方面表现为对教师工作的专业特性反映不够,很多要求和解释无法体现出教师职业的特点,仍然停滞在一般性行业道德的非专业水平上;另一方面表现为专业伦理规范制定的随意性较大,缺乏全面性和具体性,不像美国全国教育协会制定的《教育专业伦理守则》那样能够涵盖教育专业生活中最主要的问题,且每一个条目都规定得十分具体。[②]

福建省教育部门 2004 年决定,将为全省中小学教师建立职业道德档案,每学年进行职业道德专项考核,考核成绩与教师奖励等方面相挂钩。

据了解,为进一步规范中小学教师的职业道德行为,福建省各中小学校将为每位教师建立职业道德档案,每学年结合年度工作考核,对全体教师进行职业道德专项考核,采取教师自评、互评、学生与家长参评、学校考核领导小组综合评审的方式进行考核,并将考核结果存入职业道德档案。考核要同教师的评先评优、职务评聘、晋升任用、教师资格认定挂钩,对考核结果达不到要求的教师实行"一票否决"。

为加大对师德师风建设的监督力度,当地将设立"师德监督信箱"、"师德举报电话",鼓励学生、家长和社会对中小学教师职业道德状况进行监督和评议,同时还聘请各级人大代表、政协委员、新闻记者做师德督察员。对违反职业道德的教师,当地教育部门制定了相应

---

① 杜时忠. 制度德性与制度德育[J]. 高教探索,2002(4):12.
② 檀传宝. 论教师"职业道德"向"专业道德"的观念转移[J]. 教育研究,2005(1):50.

的惩处办法,情节严重的要依据有关法规解聘,调离教师岗位,"品行不良、侮辱学生、影响恶劣"的还将被取消教师资格。①

我国教师专业伦理规范的建设可以借鉴西方发达国家的先进经验,在明晰其理论基础和思维理路的基础上结合我国的国情制定符合我国教师实际情况和特点的伦理规范。教师专业伦理规范的制定必须建立在翔实的理论基础上,同时能够充分反映我国教师专业工作和专业发展的实际情况,与教师专业对知识和技能的发展需要相结合,具有全面性、针对性和可操作性,真正对教师专业质量的提高和教师的专业发展起到作用。

制度伦理的建设不仅仅包括伦理规范的建设,还包括制度安排的伦理化,即制度安排应该具有充分的伦理合理性,使教育制度体系符合伦理精神的要求。"应关注制度安排的伦理特征,努力提高教育制度的伦理境界,使教育制度真正是有利于个人全面发展的,是尊重每个人的发展权利和需要的,是公正合理的,也是富有成效的。"②学校内部的各项制度,包括财务制度、管理制度、人事制度、评价制度等均应符合伦理精神,使各项教育制度都是有利于促进学生的发展,有利于师生生命价值的实现。

教师专业伦理规范的实施也不仅仅是一个教育范畴内的问题,而且还要把它放到社会的伦理背景和关系之中。这是因为,教师专业伦理规范的实施并不仅仅是教师职业内部的问题,它同时涉及与教师职业相关的多种社会因素,包括经济支持力度、公众认可度、管理的灵活性和便捷程度、与法律法规的关系等。

教师专业伦理规范的有效实施有赖于教师经济地位的提升和物质条件的保障。曲正伟指出,教师首先是人,其次是公民,最后才是教师,我国往往给教师戴上诸多的"帽子",总是把一些额外的要求添加到教师的社会生活中,要求教师必须时时刻刻符合道德榜样的要求,事事处处从教师专业伦理和要求的角度去评价教师,从而在事实上否定了教师真实地参与社会生活的客观需要,使教师在面对社会生活时产生"我究竟是谁"的迷茫。③ 权利与责任从来都应该是对等的,教师专业伦理规范的有效实施必须建立在教师物质生活得到保障的前提下,否则教师只能是疲于应付,被动地完成自己的工作,没有精力关注教学的质量和效果,最终导致职业倦怠,对教师职业失去信心。

教师专业伦理规范的有效实施还要求赋予教师与其专业要求相一致的自主权利。教师的专业自主权一方面源于教师专业的内部努力,即通过专业伦理规范的建设、专业化的实现提升专业地位;同时也源于外界的宽松环境,源于行政机构要赋予教师相应的专业自主权,相信教师能够充分地发挥好自己的主观能动性,并能独立承担起行动的后果和责任。"要把教师看做一个具有独立决策能力和行为能力的人,尊重其主动性、积极性和创造性,在教师专业伦理规范的建立、课程设置和安排,以及教学实施等活动中都要吸纳教师的参与,只有这样建立起来的规则才能为教师接受,才能保障其顺利执行。"④

---

① 高建进.福建将对教师进行职业道德考核[N].光明日报,2004 - 5 - 18.
② 王本陆.教育伦理建设:教育现代化的跨世纪课题[J].中国教育学刊,1999(4):13.
③ 曲正伟.教师的"身份"与"身份认同"[J].教育发展研究,2007(4A):37.
④ 徐淑琴,郅庭瑾.教师身份的伦理思考[J].教育科学研究,2007(11):11 - 12.

二、体现时代精神

当前,我们已经进入了知识经济时代,这是一个以知识的生产、传播、创新、分配、运用为经济发展核心驱动力的时代,它不同于农业经济,也不同于工业经济,创新成为了这个时代最鲜明的特征,知识和高素质的人力资源成为最重要的资源。这也是一个信息时代,计算机的出现和普及把信息对整个社会的价值和影响提高到一种绝对重要的地位,人类的生活方式发生了翻天覆地的变化。社会的变化和转型决定了教育目的和功能的变化,教育不再以促进经济的发展为核心目的,而是要促进每个人的自我实现,人成为了教育的目的;教师的职责和使命也随之发生了相应的转变,传统的"师道"已经很难再充分解释教师所扮演和承担的社会角色了。

但是,正如联合国教科文组织编写的《学会生存》一书中指出的那样,许多不符合时代发展需要的教育传统并没有随之消解,反而起到了危害作用。"过时的教条和习俗仍然深刻地影响着教育,而且在许多方面,年青的国家以输入模式的方式继承了教育体系不合时代的错误,而古老的国家在教育体系方面所受到的不合时代的错误的害处也不少于这些年青的国家。"[①]

教师专业伦理规范同样应体现时代的精神,而不应以陈旧的不符合时代发展需要的规范来约束教师。例如,中国的传统教育文化要求教师要成为"照亮别人、燃烧自己"的蜡烛,这种思想凸显了教师的崇高性与神圣性,强调了教师要具有献身精神,但却忽视了教师自己的个人实现,在某种程度上否定了教师的合理需求。因而,在当前将自我实现作为人的重要价值的时代背景下,我们同样应该关注教师的自我实现,注重满足教师在教育过程中的合理诉求,有意识地促进教师不断提高自己、实现自我。"教师必须形成一种充满时代精神和理想的教书育人的品质。教师要有时代敏感性,应该理智地去理解我们自己时代的社会力量和社会运动中的力量及其教育制度在其中所担负的职责,还要懂得社会力量所指向的方向和目标。"[②]

当前,我国实行的是社会主义市场经济制度,市场经济成为影响人与人之间相互关系产生和建立的基本动力。在市场经济的背景下,产品的生产是为了获取利润,一切生产要素均成为获取利润的手段,市场分配也成为了最基本的分配形式;通过激烈的市场竞争,企业实现优胜劣汰。以利益为导向的市场经济给教育领域也带来了巨大的冲击。我国在农业社会所形成的"师道尊严"等伦理规范正在被消解,教师因其角色定位而带来的先天优越感和权威角色不断被解构,而市场经济促使教师更多地扮演一种产品的提供者和服务者的角色,为学生提供服务。教师与学生的关系,不仅仅是教育者与受教育者的关系,同时也是服务者与服务对象的关系,教师提供的教育教学活动应该满足学生受教育的需要。这就推动教师要与学生建立起一种平等和谐的师生伦理关系。

市场经济要求教师有权利获得自己应得的劳动报酬,允许教师通过合法的途径和方式

---

① 联合国教科文组织国际教育发展委员会.学会生存[M].华东师范大学比较教育研究所译.北京:教育科学出版社,1996. 34.

② 陶志琼.教师的境界与教育[M].北京:北京师范大学出版社,2008. 82.

谋求权益。"教师作为有血有肉活生生的人,也要通过交换来改善自己的生存境况,照顾家庭,维护社会关系。我们必须正视教师方方面面的正当需求,并承认其合理合法满足自身需求的努力,尊重教师作为公民的权利,特别是劳有所得的权利。"①教师专业伦理规范所要约束的是在职教师为了追求个人的利益而不履行本职工作的情况,如教师利用工作之便谋取私利,强制要求自己班上的学生课后接受自己的有偿辅导,或者把本应在在课堂上讲授的内容留到自己的辅导班上再讲,或者与其他教师交换家教"顾客"等。这种为了谋取个人私利而不履行教育工作职责,对学校正常的教育教学工作产生了恶劣影响的情况严重损害了教师的道德和职业形象,是教师专业伦理规范应该约束和禁止的内容。

河北省怀安县一名教师反映称,该县拖欠教师工资已近二十年,平均拖欠每名教师工资累计达1.5万元。他们多次向县教育局反映,教育局答复称"等退休,就一次性补发"。记者日前就此事进行了调查。

据了解,该县拖欠教师工资从1994年开始,拖欠项目五花八门,集中反映在2002年以前的职务工资、目标管理和高寒补助等项目上,其中儿保卫生费一直没发过。据统计,拖欠工资最多在2万元以上,平均也在1.5万左右。为此,今年年初,全县对拖欠教师工资进行了摸底,给每位老师发了一张《欠发工资明白卡》,详细记录了欠发工资的项目和金额。

2011年6月16日,记者就拖欠教师工资一事采访了怀安县教育局的人事股负责人。该负责人说:"刚摸了底儿,平均拖欠教师工资在1.5万左右。县里财政困难,只能谁退休就给谁补。"

随即,记者连线了怀安县常务副县长,证实该县确实存在拖欠教师工资的事情。他说,怀安县属于贫困县,不论是工业还是农业,基础都很薄弱,现在连每个月的开支都很难筹措。政府也在考虑老师们的实际困难,有钱了就会给补发。"目前唯一能做到的就是,如有教师意外伤故,做到当下补发"。②

三、伦理规范的局限性

教师专业伦理规范具有重要价值,但这并不意味着教师专业伦理规范没有任何局限性和问题。首先,教师专业伦理规范是一种规范,而伦理规范并不等同于伦理本身,也不同于伦理原则。伦理规范本身并不是目的,它的最终指向是伦理,它也必须服从于伦理原则。伦理规范的制定和形成其目标并不是为了遵守这些规范,而是为了实现更大的价值。虽然伦理规范能够促进自我管理和监管,能够帮助教师建立起自信心,赢得社会公众的信任,但是如果不理解伦理规范的内在含义,其价值便会大打折扣。"专业伦理规范是有益的和必要的,但它们不是充分的。遵守一种规范,没有为它的理想和价值作出承诺,这意味着只有伦理行为的外在表现。"③

教师专业伦理规范的制定和执行并不是为了让教师牢记其中的内容,在谈到相关问题时能够一条条地拿出来,而是要对伦理与教育之间的关系形成自己的思考和认识,能够理解

---

① 黄道主,岳伟.教师有偿家教不应立法禁止[J].中国教育学刊,2010(10):17.
② 谭地.河北贫困县怀安拖欠教师工资多年 官方称没办法,中国新闻网,2011-6-21.
③ [加拿大]伊丽莎白·凯普贝尔.伦理型教师[M].王凯,杜芳芳译.上海:华东师范大学出版社,2011.129.

教师职业的伦理性、对教师职业的伦理性形成自己的认识和看法,并在教育实践活动中遵从伦理原则的要求。教师专业伦理规范的产生并不是为了让教师在教学工作中循规蹈矩地照章办事,而是让教师从内心中认同教师专业伦理的原则和规范,并用于指导自己的行动。

我们需要达成的效果,绝不仅仅是让教师能够了解伦理规范并能够在行动中自觉接受规范的约束,不仅仅是让教师能够从伦理规范的目录的意义上遵从各种单一的、彼此孤立的规范集合的约束,而是要让教师认识到教师专业伦理规范是一个具有内在联系的有机整体,这些一条条的个别规范的背后是伦理规范的普遍原则,理解和认同这些原则、并依循这些原则做事,哪怕在个别情况下违反具体的伦理规范。"虽然伦理规范作为一种道德责任的符号而被接受,但是专业人员一定不能将其看做立法条文,或远离他们真实日常生活的指令。相反,它们应该作为专业理想的精神追求而发挥作用,将道德原则植根于他们自身实践的最好例子之中。"①

其次,教师专业伦理规范不可能规范教师在现实中遇到的所有情况。这既源于现实环境的复杂性和不确定性,也源于人类的接受和辨别能力的局限性。正如鲍曼所言,人们在行为中能够可靠地予以考虑的单一规范的数量难以无限制地逐一排列,因而,如果规范目录想要具有实用性,就必然要限制其数量。如果把具有约束性的规范狭窄地理解成具体的行为规则之大成,则要么规范对象面对数量力不从心,要么有关行为情景只能被排除在外。② 所以,教师专业伦理规范不可能成为教师做出所有道德判断的依据;尤其是许多新出现的问题,教师专业伦理规范甚至可能丝毫没有触及。这就需要教师根据自己对教师专业伦理原则和规范的认识,结合个案的特殊情况作出判断和选择。

这也就意味着,教师专业伦理规范并不否定教师的自主性,恰恰相反,教师专业伦理规范要求教师拥有专业自主权、要求教师能够做出专业判断,要求教师能够勇于担负起自己的责任而不是敷衍塞责。一个有德性的教师同时也就意味着他有教学自由和专业自主。斯特赖克和索尔蒂斯指出,在严格细致的程度和功能的诉求上,伦理更像是法律而不是数学或科学。"伦理像法律一样,人们可以学习它并用它来解决实际问题,但它却不能像数学那样,得出客观而精确的结论;并且它所要达成的目的不是描述世界的本来面目,而是要描述世界应该是什么样的。"③

此外,我们还应该看到,教师专业伦理规范因其制定者的不同而存在着不同的价值导向,由而便会导致伦理规范的变异和歪曲。在西方国家,一些职业工会为了维护自身的权益,在专业伦理规范中过多地强调对行业的忠诚,要求通过伦理规范的约束实现行业内部团结、维护行业从业者的利益,而忽视了提升和促进专业发展,忽视了对专业本职工作的强调,未能体现出伦理原则的要求。教师工会也出现了类似的现象。在这种情况下,教师专业伦理规范不但没有促进教师的专业化、提升教师的职业声望,反倒成为了阻碍教师专业化的力量,损害了教师职业的声誉。因而,教师专业伦理规范的重要价值并不能掩饰其内在的一些缺陷,必须通过普及教师专业伦理知识、强调专业伦理精神加以补充。

---

① [加拿大]伊丽莎白·凯普贝尔. 伦理型教师[M]. 王凯,杜芳芳,译. 上海:华东师范大学出版社,2011. 125.
② [德]米歇尔·鲍曼. 道德的市场肖君,黄承业译. [M].北京:中国社会科学出版社,2003. 487.
③ [美]肯尼思. A.斯特赖克,乔纳斯. F.索尔蒂斯. 教学伦理洪成文,张娜黄欣译. [M].北京:教育科学出版社,2007,116.

第三章 教师专业的伦理诉求

为使教师专业的工具理性更加合乎价值理性的追求,使教师的行为更符合伦理道德的要求,有必要从伦理学的视角来审视教师专业在实践过程中的各种现象和关系。通过教学伦理诉求、管理伦理诉求以及教育伦理诉求的分析,明确教师专业在实践过程中应该遵循的伦理道德要求。

第一节 教学伦理诉求

教学是一种伦理活动,是教师的教和学生的学的共同活动。现代化的教学必须是符合现代伦理道德的教学。教学活动的各环节,如教学内容、教学方法、教学评价等都存在着道德与不道德的判断和选择。也就是说,教学活动具有深刻的伦理道德蕴含。教学伦理是"伦理学在教学领域内的延伸,会涉及善的、好的、抽象的法、道德、原则、传统、习俗、心灵、情感、理智、自由、意志、爱与幸福等方面的内容"[①]。简单来说,"教学伦理就是教学这一特定的社会活动应具有的道德观念、道德规范和道德实践"[②]。

一、教学内容伦理

(一)教学内容伦理蕴含

教学内容是指"通过教学给学生传授的知识和技能、传播的思想和观念、培养的行为和习惯、提高的各方面素质等的总和。凡是要通过教学而使学生获得的、增长的、发展的东西,都属于教学内容"[③] 教学伦理学研究的教学内容伦理,是指在编选教学内容时应当遵循的道德精神和伦理规范。教学内容伦理集中体现在编选教学内容时应当以促进学生的发展和社会的进步为前提。一方面,教学内容是为学生的全面发展服务的。教师通过学校的教育给学生传授各种知识和技能、传播各种思想和观念等,其目的就是要提高学生的各方面素质,促进学生的全面发展。另一方面,教学内容也是为社会服务的。社会需要什么样的人才,在一定程度上反映在该时代的教学内容上;学校的教育通过教学给学生输入教学内容,就是为了给国家培养人才,促进社会的进步。是否为了学生和社会的发展是衡量教学内容的编选是否道德的根本标准,所以教学内容的编选应该坚持学生发展和社会发展相统一,努

---

① 杨晓峰.当代教学伦理研究综述[J].教学与管理,2011(2):3.
② 欧阳超.教学伦理学[M].四川成都:四川大学出版社,2008,10.
③ 欧阳超.教学伦理学[M].四川成都:四川大学出版社,2008,102.

力实现学生的自由全面发展。

(二)教学内容编选的伦理性原则

1. 科学性原则

科学是人们实践经验的正确总结,可以正确反映事物的客观属性和客观规律,以及事物之间的客观联系。它可以武装人们的头脑,成为人们认识世界和改造世界的思想武器。因此,学生必须学习科学,学习科学的教学内容,树立科学的世界观、方法论。所以,作为学生学习对象的教学内容必须具有科学性,科学性原则是教学内容编选的首要原则。所谓教学内容编选的科学性原则是指编选的教学内容必须是科学的,必须符合学科的科学规律和学生的认知规律。首先,在编选教学内容时,所选择的教学内容必须是在科学上有定论的真理。错误的知识以及未成定论的内容都不能纳入正式的教学内容,错误的知识会误导学生,未成定论的内容只可以作为辅助材料,引起学生的讨论,激发学生的学习兴趣。其次,在编写教学内容过程中,其表述应该具有科学性,思路清晰、语言明了,否则学生在学习时不能准确理解教学内容的真实含义,也影响教师的教学效果。第三,编选的教学内容的结构和体系要科学,要由科学工作者和教学工作者运用科学的方法来制定。科学的教学内容结构和体系才能反映该门学科内部固有的客观联系和规律,不具有科学结构和体系的教学内容就是一堆杂乱无章的科学知识的堆积,不利于学生的学习和教师的教学。

2. 最大迁移原则

最大迁移原则是指编选的教学内容要能最大地促进学生的学习迁移。学习迁移是指一种学习对另一种学习的影响,迁移广泛地存在于各种知识、技能、行为规范与态度的学习中。要想使学生在有限的时间内掌握大量的知识经验,教学内容必须具有广泛的迁移价值,这样学生在学习过程中才可以举一反三、触类旁通。因此,学校的教学内容应该选择具有广泛迁移价值的科学成果,也就是每门学科中的基本概念、基本原理、技能和行为规范等。当然,在选择这些基本的经验作为教学内容的同时,还必须包括基本的、典型的事实材料,因为脱离了事实材料而空谈概念与原理会使得概念与原理成为空洞的符号,无助于迁移的产生。大量的实验证明,教学内容在包括概念、原理等基本知识的同时,配合具有典型代表性的事例,并阐明概念、原理的适用条件,最有助于迁移的产生。另外,要使学生产生最大的学习迁移,教学内容还必须是符合学生现有的认知水平的,因为原有的认知水平决定了迁移的可能性和迁移的程度,所以教学内容的编选要符合每个年龄段学生的认知特点和规律,符合学生实际的学习能力,与学生已获得的知识和能力等相适应,既不太难,也不太易,恰到好处。

3. 与时俱进原则

与时俱进是社会发展和人类进步的要求,与时俱进原则是教学内容编选的重要原则,是指在编选教学内容时"要关注科学的发展,与时俱进地把各门学科的最先进成果编选为教学内容,用最先进的理念和方法、手段处理教学内容"[①],使教学内容与时俱进、永不落后。教学内容与时俱进,才能使学生学习到先进的科学文化知识和技能,进而培养出与时俱进的人才。编选教学内容坚持与时俱进原则必须做到两点:一是建立教学大纲、教学计划等的定期更新机制。虽然教学大纲、教学计划等内容是相对稳定的,但是社会是进步发展的、每门学

---

① 雷厉,李明贤.《法学概论》课程教学内容编选的伦理性原则探析[J].内江科技,2008(12):96.

科也在不断发展,不同的时代对人才有不同的要求,需要学校教育给予不同的教学内容,因此教学大纲、教学计划等需要随着学科的发展和社会的发展做相应的调整,定期更新。加之目前科技进步的速度之快,新知识是以几何数爆炸式地增加,一些高科技领域,知识三年五年就会更新一遍,因此建立定期更新机制的需求就显得更加突出。二是在编选教学内容时,要及时把本学科最先进的成果补充到教学内容中,在补充的过程中要结合本学科学生的特点,可以增加纯粹的学术观点,也可以采取热点案例分析、学术观点讨论辨析等方式,使学生了解本学科的前沿问题。只有走在学科的前沿,才能有最大的创新,才能培养符合社会需要的创新型人才。

二、教学方法伦理

(一)教学方法伦理蕴涵

任何教学活动都必须采用一定的方法才能开展。教学方法是为完成教学任务而采取的教与学相互作用的方法,是在教学过程中,教师引导学生掌握知识技能、获得身心发展而共同活动的方法。教学方法是教师和学生之间相互联系的活动方式,是教师发出信息和学生接收信息的途径,是师生双边活动的过程,因此教学方法是教法与学法的统一,二者相辅相成。"教学方法不等同于教学工具或教学手段,而是对工具和手段的运用;它也不是某种固定的方式或动作,而是师生有目的、相互作用、以一定方式结合的一系列动作。"①教学方法伦理是指教学方法的选择和使用应当遵循的道德精神和伦理规范。教学方法伦理集中体现在教学方法的选择和使用应当适合学生、为了学生。一切不是为了学生的教学方法,不管其形式怎样、技术含量高低,只要不适合学生,不利于学生的全面发展,都是违背道德的。教学方法是否适合学生,是指教学方法是否符合学生对教学内容认知的特点和规律,是否可以满足学生学习、成长和全面发展的需要。不同的学习方法对学生学习、成长的适合情况不同,对学生的发展所起的作用也就不同,学生在学习过程中获得的感受也不一样。可以使学生积极主动地学习、愉快并高效率地学习的教学方法是有利于学生、有利于社会的教学方法,也是恰当的、道德的。

(二)教学方法选用的伦理性原则

1.学生主体原则

学生主体原则是教学方法选用的首要原则,也是基本原则。学生是学习的主体因素,任何教学方法都必须通过学生起作用,因此,学生是学习过程的主体,而教师只是起到一个指导作用,这与传统教学的以教师为主的理念和实践相违背,但是现代教学是为了学生的教学,是以学生为中心的教学,教师的主体地位应该逐渐转移到学生身上。教学方法的选用遵循学生主体原则,主要表现在教师的教学必须有利于发挥学生的主体能动性。能动性是主体自觉地、积极主动地认识和实践的特性,是主体必不可少的特征。具有主体能动性的学生在学习过程中会主动地去获得认识和实践,对学习内容、学习方法以及努力的方向等按照自己的判断自主地做出选择,努力在学习过程中形成自己的观点和看法,不因循守旧、墨守陈

---

① 傅道春.教育学[M].北京:高等教育出版社,2006,236.

规,要敢于创新。因此,教师在教学过程中应该选用民主的教学方法,而不是专制的教学方法,学生只有在民主的教学中才可能成为学习的主体。教师要为学生创设可以自由呼吸的教学氛围,积极引导学生主动学习,充分发挥学生学习的主体能动性。发现教学就是一种民主的教学方法,它是由美国心理学家布鲁纳倡导的。发现教学就是在教师的指导下,学生独立学习、自主发现问题,自己获得新知识的一种教学方法,其优点是可以充分发挥学生学习的积极主动性,有利于培养学生的探索精神和创新思维,但是发现教学一般耗费时间较长。

2. 灵活性原则

灵活性原则是教学方法选用的重要原则。多数教师在上课前精心选择并设计教学方法,这是必要的,但是现代课堂教学并不是传统的以教师为中心的教案式教学,教师不能死板地按照原先设计好的教案和教学方法进行教学。在教学过程中,教师必须发挥教学机智,根据课堂上学生的反应、教学情境的变化等对教学方法进行适当的调整和更改。灵活运用教学方法并非所有的教师都能做得很好,它需要经过一定的教学经历的磨炼,是教学经验的结晶。教学方法的选用遵循灵活性原则,主要体现在教师在教学过程中要会灵活运用教学方法。首先,教师要会熟练运用多种教学方法。如果教师对经常需要用到的教学方法不熟悉或者只掌握了一两种教学方法,那么灵活运用就谈不上,只有会熟悉运用多种方法才能在需要的时候灵活运用;其次教师要有很强的洞察力,懂得观察学生的眼神和心灵,及时敏锐地发现学生的学习变化情况,准确地判断学生的学习状态,进而灵活调整教学方法,做到随机应变,使学生始终保持良好的学习状态;第三,教师在课后要认真反思,不断改进教学方法。教师在课后进行反思,总结教学得失,是提高教学水平、改进教学方法的重要途径。教师要善于自我反思、自我总结,反思中要注意发现自己教学中存在的缺点,有针对性地结合新的教学理论、借鉴新的教学方法来找到自己改进教学方法的措施。

3. 提高效率原则

效率是指单位时间里完成的工作量。教师教学方法选用的提高效率原则是指教师采用的教学方法必须致力于提高效率,这里的效率包括教师的教学效率和学生的学习效率。教师的教学归根结底是为了学生的学,教的效果要通过学生的学习成效表现出来,因此无论老师如何努力,如何辛苦,教授了多少内容,都不能单纯地通过计算教师单位时间的工作量来评估其教学效率。如果学生的学习效果不好,即学习效率不高,教师的教学效率相对来说就不能算很高。学习效率是指学生在单位时间里学习的有效成果,是教学效率的标志。因此,概括来说,提高效率原则就是提高学生学习效率原则,其宗旨就是力求使学生在单位时间里掌握更多有益的、有用的知识经验和实践技能,使学生的各方面能力进一步提升,思想品质、道德修养、审美情趣等都能得到更好的陶冶和提高,从而使学生在教师的单位教学时间里获得更大的进步和收获,高质量地发展。教学方法选用遵循提高效率原则,就要求教师在课前精心准备,设计最佳的适合学生的、适合当下教学情境的教学方法。课前精心准备对教师来说是提高教学效率的前提,教师要在课前研究教学内容、教学目标、学生的学习需求以及学生现有的学习水平等,这是设计教学方法的前提。只有综合考虑各方面而设计出来的教学方法,才能做到教与学的有机配合,才能发挥教师的指导作用和学生的积极主动性,从而提高学习效率。

三、教学评价伦理

(一)教学评价伦理蕴含

评价,从本质上来说是一种价值判断活动,是根据一定的标准,以定量或定性的形式对事物做出判断的活动,也是对客体满足主体需要程度的一种价值判断活动。所谓教学评价是指依据一定的客观标准,通过各种测量和相关资料的搜集分析,对教学活动及效果进行客观衡量、科学判定的系统过程。"教学评价是教学活动的重要环节,它是判断教学行为、对象是否达到或合乎所期待的教学目标的重要手段,对于促进教学质量的提高,使教师工作产生更大价值具有重要意义。"[①]教学评价伦理是指教学评价的实施应当遵循的道德精神和伦理规范。教学评价伦理主要体现在教学评价要以学生的自由全面发展为终极目标。学校实施教学评价的主要目的是为了找出学校教学过程中存在的问题和不足,进而总结经验,改进问题,提高教学质量。教学质量的提高,其最终受益者是学生,学生可以获得更好的教育,推进学生的自由全面发展。一切不是以学生自由全面发展为终极目标的教学评价都不能称之为有道德的评价。即使是现代社会的教学评价,尚缺乏一定的道德精神和伦理规范,因为教学评价在伦理层面上是要为学生的发展服务的,而当今实施的为数不少的教学评价是为教学管理服务的,这样的评价是缺乏伦理关注的。

(二)教学评价实施的伦理性原则

1. 全面性原则

在过去很长一段时间,人们对教学质量的考查一直采用的是"结果质量"的考查,也就是根据学生最后的学业成绩来考查教学质量。学生的学业成绩主要指的是学生对各门学科知识的掌握情况,属于认知领域的范畴。虽然这种单纯的以知识掌握结果进行教学评价的做法在某种程度或某一侧面上起到了了解教学质量、及时改进教学不足的作用,但是仍然带有很大的片面性。因为教学的目标是多方面的,不仅仅局限于知识的掌握,还包括学生的学习方法、情感态度、创新能力以及价值观等多方面的目标。教学评价的实施遵循全面性原则就要求学校教育工作者在实施教学评价时要综合评价学生的学习结果、学习态度、创新精神等,甚至考虑学生的心理健康状况、身体发展情况等。对学生学习过程和学习结果的综合评价,有助于促进学生的全面发展。通过全面性的教学评价,可以发现学生在学习过程中存在的不足,教师接收到反馈信息之后可以在将来的教学过程中着重弥补该方面的不足,以促进学生的全面发展。单纯地对学业成绩进行考察的教学评价,只是单纯地关注学生在学习上的问题,对学生的情感、创新等问题关注不够。可喜的是,全面性的教学评价如今已经逐渐成为国际教育界的共识。

2. 多元化原则

教学评价实施的多元化原则强调评价方法和评价主体的多元化。多元化原则的提出主要是由当下教育价值取向的多元化趋势引起的。在多元价值观的教育环境下,单一的教学评价方法与评价主体已经不能完全满足教学评价的需求了,评价多元化现今已成为国际教

---

① 郑金洲. 新编教学工作技能训练[M]. 上海:华东师范大学出版社,2008,149.

育界的共识。评价方法的多元化是指在实施教学评价时要综合运用主观评价和客观评价、终结性评价与形成性评价、相对评价与绝对评价、定性评价与定量评价等方法。因为每种评价方法都有其局限性,有些内容适合用某种方法,而有些内容可能又不适宜用该方法,所以综合运用多种方法进行教学评价可以使得评价资料的搜集和处理更加客观和科学。评价主体的多元化是指实施教学评价的主体应该是多元的,不仅包括外界的评价,也要包括学校自身的评价。当前我国的教学评价主体单一,主要是以政府为主体的外部评价。一个理想的教学评价主体体系,应该是由政府评价、社会评价和学校自我评价共同组成的多元化评价体系。在这个体系中,政府、社会和学校分别是教育的三种主要的价值主体和利益主体,他们有各自不同的价值取向和利益需求,教学评价主体只有遵循多元化原则才能满足政府、社会以及学校等多元价值取向的需求。

3. 尊重个性原则

尊重个性原则指的是教学评价要尊重学生的个性发展,充分重视并且尽力适应学生发展的特殊情况,尊重并满足学生发展的正当的特殊需要,促进学生正当的爱好特长的自由发展,推动学生潜能的充分发展,张扬学生的良好个性,使学生成长成为有个性的自己,成长成为适应社会需要的个性人才。尊重学生个性也就是尊重学生作为"人"的要求,是促进学生的自由全面发展的要求。需要注意的是,尊重学生的个性发展并不意味着对学生放任自流,我们强调的是尊重学生良好个性的发展,因此在尊重学生个性的同时也要全面要求学生,两者不可偏颇。如果只尊重个性而不全面要求学生,就会导致学生的片面发展,甚至是不良个性的恶性发展;如果只强调全面发展而不尊重个性,就会导致培养出的都是没有个性的平庸的人。在教学评价过程中遵循尊重个性原则,就要给不同类型、层次的院校设计不同的评价标准,根据每个学校专业特色以及学生发展的具体情况设计个性化的评价指标体系,根据这样的标准进行的教学评价才是充分尊重人的评价,才是有道德的教学评价。

第二节　管理伦理诉求

管理伦理研究的是人类的各种管理活动中的道德现象,涉及管理过程中的各种价值判断和是非判断,"它以管理学作为基本的理论框架,用伦理学的观点来判别管理理论的正确与否、管理行为的道德与否,并通过分析与推理构筑自己的理论体系"。[①] 具体来说,"管理伦理就是要在具体的人际关系协调、岗位职责定位、管理目标确立以及劳动报酬分配等多种管理活动中,注重渗透公平公正、民主协商以及人文关怀的伦理要求,以激发员工自主自律、主动参与的积极性与创造性"。[②]

一、管理中的服务伦理

服务是一种活动、一种行为,也是一种关系,相互服务是人类社会有序发展的保证。当

---

①　万君宝,袁红林. 管理伦理[M]. 上海:上海财经大学出版社,2005,8.
②　白俐. 在实施管理伦理中促进幼儿园教师健康成长[J]. 学前教育研究,2011(3):66.

今社会,服务的地位和作用越来越受到重视,服务伦理的价值也越发凸显。可以说,服务已经成为现代社会的伦理主题,反映并体现着时代的发展趋势和道德精神。管理中的服务伦理"表示的是人与人之间的一种客观的服务与被服务的关系,是人们在相互服务过程中所形成的客观伦理关系,是相互服务过程中所表现出来的一种伦理上的必然性"。① 下文将从服务理念和服务目的两方面来阐述教师专业在管理中应该遵循的服务伦理规范和精神。

(一)服务理念:以人为本

以人为本的管理服务理念是教师专业生存和发展的需要。"以人为本"就是一切从人的根本利益出发,促进人的全面发展。"以人为本的核心是尊重人、理解人、关心人、激发人的热情、发展人的个性、满足人的合理要求,从而充分发挥人的主动性、积极性、创造性,提高工作质量和工作效率,增长经济效益和社会效益。"②

教师专业伦理中的"以人为本"服务理念强调的是两方面:为教师服务、以教师为本;为学生服务、以学生为本。一方面,教师是教师专业的主体,在整个学校管理大环境中,教师属于被管理者。学校的管理必须为教师服务,以教师为本,而不能仅把教师当作教学的工具。学校对教师的管理应该充分体现伦理价值,在坚持公平公正原则的前提下,要充分尊重和信任教师;给教师提供丰富多样的活动,缓解其工作压力,激发他们的职业幸福感和归属感;给教师提供各种机会,鼓励他们个性化地发展;关心教师的生活,按照马斯洛的需求层次理论,尽量满足教师低层次的需要,促进他们的自我实现。另一方面,教师是教学的关键因素,学生是教学的对象,在整个教学的大环境中,教师属于管理者,学生属于被管理者。教师在管理学生的过程中应该充分体现伦理价值,坚持为学生服务、以学生为本。首先,公平地对待每个学生,不偏袒、不歧视;其次,尊重和爱护每个学生,关心学生的学习和生活;第三,鼓励学生张扬良好的个性,促进学生个性的发展;第四,激励学生自我探索和发现,推进学生潜能的发展和创新能力的培养。

(二)服务目的:发展

在管理中强调服务,也就是强调人的主体地位,充分肯定人的主体能动性。管理中的服务伦理集中体现在服务的目的是否为了教师和学生的全面发展。在学校教育管理过程中,一切不是为了人的全面发展的服务,都不能称之为有道德的服务。如今,全球教育界都已经意识到为学生服务的重要性,提出了"以学生为中心"的教育理念,甚至有些学校打出了"一切为了学生,为了学生的一切,为了一切的学生"的口号,但是在重视为学生服务的同时,似乎淡漠了为教师服务的意识,教师专业得不到发展,就很难做到很好地为学生服务。

一方面,管理中的服务是为了教师的全面发展的。全面发展是指每个人自身所蕴含的内在潜能的多方面发展,教师的全面发展是指教师自身蕴含的潜能的多方面发展。一个全面发展的教师应该具有合理的专业知识结构、强健的体魄和良好的心理素质。首先,合理的专业知识结构包括教师所教学科的专业知识、教育学基础知识以及教学管理相关知识。一个教师要教授某一学科的知识,其自身必须具有相应学科的专业知识,这是一个教师应该具备的最基本的知识;教育学基础知识有助于教师掌握教学需要的教育学基本原理,明白学生

---

① 卫建国.简论服务伦理[N].光明日报,2006(12):2.

② 王蘋.以人为本:搞好图书馆服务的新理念[J].现代情报,2005 (11):137.

如何学、教师如何教等;教学管理相关知识是使教师的课堂教学管理顺利进行的有力保障。其次,强健的体魄是教师全面发展的前提和保障,一个身体状态不佳的教师将很难实现全面发展。第三,一个全面发展的教师必须具有良好的心理素质,这表现在教师热爱自己的事业、有责任感、有成就感、有自信、有开阔的心胸等。因此,学校的管理在服务教师的过程中应该努力促进教师的全面发展,比如给教师提供进修的机会,促进教师学科专业的发展;给教师提供体育锻炼的机会;全校甚至全社会关注教师的心理健康,"营造有利于教师心理发展的良好氛围"。①

另一方面,管理中的服务也是为了学生的全面发展。马克思主义在关于人的全面发展学说的基本思想中指出,"学生的全面发展是指德智体美等诸方面正常健全和谐发展。学校不能只看重智育的发展而轻视德育的发展。美育和体育与智力一样是学生发展的基础,并不是仅仅智力因素是学生发展的动力。根据人才市场的需求,全面发展,学有所成的综合性人才才能满足社会的需求。也只有具备这样才能的人才才能适应社会的激烈竞争"。② 所以学生的全面发展不是各个学科知识的简单叠加,学生的全面发展不仅要有各学科领域的知识积淀,更重要的是,学生要学会动手实践,学会创造,要有健全的人格以及良好的社会适应能力。因此,教师不仅要关注学生各学科知识的学习,还要言传身教,教学生如何做人,鼓励学生动手实践,营造良好的学习氛围,激发学生的内在潜能。

二、管理中的自我管理伦理

"自我管理就是指具有自我意识、自主意识和自由能力的个人在正确认识自己的前提下,通过合理的自我设计、自我学习、自我协调和自我控制等环节,以获得个人自我实现和全面发展为价值诉求的主体性活动。"③教师专业管理中的自我管理伦理主要包括教师专业的主体——教师的自我管理伦理和教师专业的对象——学生的自我管理伦理。

(一)自我管理伦理蕴涵

1. 自我管理是一种社会化管理

自我管理作为一种管理实践,它不是一种封闭式的被动管理,而是建立在交往实践基础上的社会化管理。因为人的自我是在交往中或通过交往形成的。在自我管理中,人把自己当做自己活动的客体,对自己进行自觉地自我调控,从而使自己与周围的环境相适应。个体通过自我管理,可以对自己的行为表现有一个客观的清醒认识,可以根据现有的社会道德规范、法律等来调整或修正自己的行为,主动而积极地参与到社会生活中去。自我协调使得自我与环境之间以及自我的身心之间得以和谐相处并且能够良性互动。自我与他人的良性互动有助于建立人际互助机制。可以进行自我管理的个体不仅能够较好地协调自身的身心关系,而且可以客观地理解他人,正确处理自己与他人的关系,在交往实践的基础上与他人进行友好合作,这有助于丰富和拓展人的社会关系。

① 陈芳,李晓波,曹辉.教师惩戒失范的心理学反思[J].教育探索,2011(2):143.
② 祝全.浅析如何促进学生的全面发展[J].企业导报,2011(10):213.
③ 李兰芬.论自我管理的生命伦理价值[C].伦理研究(生命伦理学卷·2007-2008)上册,江苏南京,2007,193.

2. 自我管理满足人的自我实现的需要

"需要是人对物质生活资料和精神生活条件依赖关系的自觉反映。"[①]人只要活在世上，就会有各种需要，这种需要不仅包括生存方面的，也包括精神层面的。美国心理学家马斯洛将人的需要从低级到高级分为生理需要、安全需要、归属与爱的需要、尊重的需要以及自我实现的需要五个层次。自我实现是人的最高层次的需要，是指人在实践中不断满足自己的生存和发展需要的能力，最终实现自己的人生理想的价值追求的过程。简单来说，自我实现就是自我满足、自我发展的活动。自我管理追求的就是人的自我实现，通过自我学习、自我协调、自我控制等过程，获得人的自我实现和全面发展。这种自我管理模式可以有效地激发人的生活、学习以及工作的主动性和创造性，可以为自我实现创造条件。因此，自我管理是走向自我实现的有力途径。

3. 自我管理尊重并彰显人的自由个性

自我管理作为一种自我设计、自我学习、自我协调和控制的实践活动，它体现了对个性的尊重，彰显了人的自由个性。个性是一个人不同于其他人的，相对稳定地在不同的环境中显现出来的内隐和外显性行为模式的心理特征的总和。具体来说，个性就是一个人在思想上、性格上、意志上、情感上、态度上等方面不同于其他人的特质，外显于一个人的行为方式、思维方式、情感方式等。可以说，任何一个人都是有个性的，每个人的个性都应该受到尊重和自由彰显。通过自我管理，人能够自主选择自己想做的事情，以个性化的生活方式提高自己的学习、工作和生活质量。人的自我管理强调尊重人的不同习惯和需要，并允许个人在遵守社会规范的前提下根据自己的实际需要进行个性化目标定制，充分发挥自己的聪明才智，彰显自由个性。自我管理强调了对人的个性的尊重，有利于人的自由个性的充分展现。

（二）教师的自我管理伦理

教师的自我管理是教师对自己的思想、情感、意志、身心等的自主管理。教师的自我管理无论是对社会、对学校还是对学生而言，都有着重要的现实意义。在教育管理过程中，教师既是管理者，同时又属于被管理者，教师的这种双重身份要求教师必须具有自我管理能力。自我管理能力强的教师不仅可以高效地完成教学工作，而且可以影响和指导学生进行自我管理，从而使师生和谐共处、共同成长。自我管理能力弱的教师，一般不能很好地完成教学工作，大多都缺乏计划性，比较盲目，而且这样的教师在学生的心目中多数都没有太大的威信和信任感。如果一个班主任自我管理能力较弱，那么他所带班级的凝聚力和学生的集体荣誉感都不会太强。可见，教师的自我管理能力不仅影响着学生的成长，也影响着学校整体效能的提高。因此，教师以及社会各界都要努力提高教师的自我管理能力。

教师要努力提高自我管理能力。首先要进行自我认识，也就是了解自己的价值观，明白自己的学习方式和工作方式，发现自身的优点和不足。认识自我是提高自我管理能力的首要条件，一个对自己认识不清的教师是很难进行正确的自我管理的；其次，培养责任意识，教师不仅要对自己负责任，更要为学生和社会负责任。"责任是个人对自己的职责、义务、组织要求、社会规范和社会价值等的态度、看法，是对自己过去的行为的总结，对自己未来的行为

---

① 马克思,恩格斯.马克思恩格斯全集[M].第2卷.北京:人民出版社,1957,164.

准则的保证。因此,具有责任心、富有责任感是教师实施自我管理所必不可少的环节"①;第三,增强计划性,做一个具体的职业生涯规划。职业生涯规划是教师进行自我管理的有效工具,通过规划自己的职业生涯,教师可以正确地认识自我,对职业的各个阶段进行恰当地安排,根据环境的变化,发挥自我潜能来实现职业目标。

学校和社会要努力营造提高教师自我管理能力的环境。也就是说,学校和社会要给教师创造各种机会,使他们有条件进行自我管理。首先,给教师提供职业生涯辅导,帮助教师进行合理的职业生涯规划,使教师在规划中认清自己、增强做事的计划性、增强责任感;其次,尽量满足教师的低层次需要,根据马斯洛的需求层次理论,人的需求是从生理需求、安全需求、归属与爱的需求、尊重的需求以及自我实现的需求等从低层次向高层次发展的,只有满足了低层次的需求,人才会追求更高层次的需求。当教师产生自我实现的需求时,就会自主产生自我管理的需要,这有助于激发教师进行自我管理的主动性和积极性;第三,全社会共同营造关心、尊重教师的氛围,使教师在良好的氛围和环境下进行有效的自我管理。

(三)学生的自我管理伦理

学生的自我管理是学生对自己本身、自己的思想、情感、心理和行为进行的管理。学生自己既是管理的主体,又是管理的客体。学生的自我管理具有重要的现实意义。一方面,学生的自我管理,可以培养学生的独立个性。教育的最终目的是培养社会所需要的合格人才,当今社会的合格人才除了具备现代化的、合理的智能结构之外,还应该是具备独立完善的个性的人才。"独立"不仅指不依赖父母,有较强的生活自理能力,更重要的是指不迷信书本知识,具有开拓创新的思维能力。在班级管理中有效地实行自我管理,有利于学生认识自我,了解他人,明确人与人之间的合作关系,为培养"社会化"人才打下坚实的基础。另一方面,学生的自我管理是实现自我教育的重要手段。苏霍姆林斯基曾经说过,实现自我教育,才是一种真正的教育。学生实现自我管理是实现自我教育的重要手段,也是现代教育发展的一个重要趋势。学生实现自我管理同时也体现了一个学校的校风和一个班级的班风。从根本上说,学生能否受到良好的教育,有内外两个方面的影响因素。内部因素就是学生的自我教育,外部因素就是学生的自我管理。教师对学生进行管理或引导学生进行自我管理,目的并不在管理本身,而是要让学生在更好的环境中受到教育。引导学生进行自我管理,形成自我管理的习惯,是培养学生自我教育能力的基本途径。自我管理是学生对外行为的自我控制和协调,没有外部的自我管理,就不可能达到内部的自我教育。有良好的自我管理能力和自我管理习惯的学生,往往能自觉地进行自我教育。

学生自我管理能力的培养既要学生自身的努力,也需要教师、学校乃至全社会的关注与支持。首先,学生自身要培养一种自我管理的意识,正确认识自己,了解他人以及自己与外界的关系,发挥主体能动性;其次,教师要引导学生进行自我管理,经常进行成就强化,以调动学生自我管理的积极主动性。所谓成就强化就是让学生体验成功,对学生的良好行为进行正强化。教师的表扬、物质奖励等都属于正强化,正强化不仅可以使学生体验到成功的快乐,而且可以巩固学生的自我管理意识。第三,学校与社会要为学生的自我管理营造良好的氛围。放手让学生去自我管理,是一种"以人为本"的举措,但是如果缺乏引导,可能难以取

---

①　陆水,韦东.教师自我管理的途径[J].管理研究,2007(2):31.

得良好的成效,但这毕竟是学生自我管理的第一步,要克服"怕出事"的陈腐观念。"怕出事"就是求稳、因循守旧、按部就班,这对学生的创造力及自我意识是一种扼杀。学生自我管理允许学生在管理中去自我修改并调正自己的思想和行为方式,以达到自我教育的效果。因此,学校与社会要以一种包容的态度来看待学生的自我管理。

三、管理中的人性伦理

人性是在一定的社会制度和一定的社会历史条件下形成的人的本性,因此,人性是一定的社会生产关系的产物。哲学上的人性观阐述的是人的一般本性,是对人类本性的最高概括,而管理中的人性观不同于哲学上的人性观,是指管理者对被管理者的需要和劳动态度的看法。西方近代管理思想中,"经济人"、"社会人"、"自我实现人"以及"复杂人"的四种人性假设理论从不同的角度阐释了管理中四种不同的人性观,管理者对被管理者的需要和劳动态度产生了四种不同的看法。在教师专业的管理中研究人性主要是因为正确运用人性可以充分发挥人的价值。"注重人性,不但可以提高工作效率,并可增进机械的运用程度,促进企业内职工的精诚合作,发挥社会和谐作用,提高人类文明和物质文明。"①

(一)"经济人"及其伦理蕴含

"经济人"人性假设理论认为人的行为主要是受自身利益支配的,人工作的目的是为了获得经济报酬,其代表人物主要是泰勒和韦伯。1957年,麦格雷戈用"X理论"概括了"经济人"这一人性假设的主要内容:一般人天性就好逸恶劳,只要有机会,就会逃避工作;人生来就以自我为中心,漠视组织的要求;一般人都缺乏进取心,安于现状,不愿承担责任,没有创造力等。持有X理论观的管理者必然会选择采用强制、惩罚、监督和控制等手段来实现管理目标。"经济人"人性假设理论在增进效率方面是具有进步意义的,但是它把人在管理活动中的动机和行为简单地设定为追逐金钱,把人与人之间的关系完全变成了物质利益关系,这就无形中把管理与被管理者置于对立的两极,必然导致管理的"刚性",从伦理学的角度看,这是悖逆人性论的。

(二)"社会人"及其伦理蕴含

"社会人"人性假设理论是由美国哈佛大学教授梅奥提出来的,是"霍桑试验"的积极成果。"社会人"这一人性假设的主要内容是:人的行为动机不仅仅是追求金钱,还包括很多社会需求,比如对交往的追求、对归属感的追求等;人们对在工作中形成的社会关系比组织给予的经济报酬更加重视;人们的工作效率,随着上级能满足他们的社会需求程度而改变。"社会人"理论与"经济人"理论相比,无疑是一大进步。"社会人"理论强调了人的社会性需要,突出了人际关系对人们行为的影响。因此,作为管理者不能只把目光局限在任务完成上,应该注意对被管理者的关心和尊重,建立起相互了解、团结融洽的人际关系。当教师作为学生的管理者时,不仅要关心学生的学习,更要关心学生的生活,尊重学生,建立融洽和谐的师生关系。当教师作为被管理者时,学校以及社会也要关心教师的社会需要,给教师营造良好的人际交往的环境,重视教师队伍中非正式组织的存在,鼓励管理者与被管理者之间的沟通。

---

① 苏东水.管理心理学[M].第四版.上海:复旦大学出版社,2007:194.

（三）"自我实现人"及其伦理蕴含

"自我实现人"最早是由人本主义心理学家马斯洛提出来的。马斯洛将人的需要按照从低层次到高层次的顺序分为五种：生理需要、安全需要、归属与爱的需要、尊重需要和自我实现的需要，其中，自我实现的需要是最高层次的需要。"自我实现人"对人性的假设是：一般人天生并非好逸恶劳，人们对工作是喜欢还是厌恶，取决于他们对工作的满足和对惩罚的理解；外来的控制和惩罚不是促使人们努力工作的唯一方法，相反地，如果让人们参与制定自己的工作目标，则有利于实现自我控制；在适当的条件下，一般人是能主动承担责任的；大多数人都具有一定的想象力和创造力；人的智慧和潜能只有一部分得到了发挥。根据该理论假设，组织应该给员工创造一种环境来不断挖掘员工的潜力，激励员工自觉发挥他们自身的积极主动性和创造性，在实现组织目标的同时，也达到自己的个人目标，实现个人目标与组织目标的统一。因此，学校乃至全社会要为教师和学生营造良好的氛围，给他们发挥潜力的机会，通过他们的自我激励，实现学校的目标，同时也实现个人的目标。

（四）"复杂人"及其伦理蕴含

"复杂人"的人性假设理论是薛恩等人在20世纪70年代初提出的。他们认为，无论是"经济人"、"社会人"还是"自我实现人"的假设，都有其合理的一面，但都不适用于一切人。"复杂人"对人性的假设是：人的需要是多种多样的，随着人的发展和生活条件的变化而变化，每个人的需要各不相同，需要的层次也因人而异；人们的需要与他们所处的环境有关，不同的时间、地点会有不同的需要；人们是否愿意为组织目标做出贡献，决定于他们的需求状况以及他们与组织之间的相互关系；由于人们的需要不同，能力各异，对于不同的管理方式会有不同的反应，因此没有一套适合于任何时代、任何组织和个人的、普遍的行之有效的管理方法。与"复杂人"对应的管理模式就是"Z理论"，该理论主张以坦白、开放、沟通作为基本原则来实行民主管理。当教师作为管理者时，要对学生进行民主管理；当教师作为被管理者时，学校要对教师进行民主管理。

第三节　教育伦理诉求

一、教育之于人的伦理

（一）教育：人是目的

"人是目的"是人学的根本大法，它不是为教育所独有，但它却毋庸置疑地在教育中居于最高的本体位置。教育不能脱离人，"一旦人从本体性的目的地位滑落，或者，一旦脱离人之目的地位来把握人，那么，人必将沦为工具性的存在、手段性的存在"。[①] "人是目的"的内涵：教育是为人的，教育的目的是实现人的自由全面发展。马克思关于人的全面发展学说与自由观都是极为深刻的，我国的教育目的就是建立在马克思关于人的全面发展学说的基础

---

① 王啸.教育人学——当代教育学的人学路向[M].南京：江苏教育出版社，2003,243.

上的。

1. 全面发展

马克思关于人的全面发展的学说是建立在历史唯物主义和剩余价值学说的基础之上的。该学说把人的全面发展看成是现代化大生产的客观要求,也是对于共产主义新人理想蓝图的描画。该学说认为:人的全面发展是相对于人的片面发展而言的,全面发展包括了人的精神和身体的发展,以及人的个体性和社会性得到普遍的、充分的、自由的发展;人会朝着什么样的方向发展,将会如何发展以及发展到什么程度都取决于社会条件;从历史发展的进程来看,人的发展受到社会分工的制约;现代大工业生产的高度发展必将对人类的全面发展提供可能性;马克思预言,人的全面发展只有在共产主义社会才能实现;教育与生产劳动相结合是实现人的全面发展的唯一的方法。我国借助马克思主义关于人的全面发展的学说,并结合每个时代的政治、经济、文化发展的实际情况,制定出科学的教育目的。

新中国成立以来,我国关于教育目的的表述如下:

1957 年,毛泽东在最高国务会议上提出了我国的教育目的:使受教育者在德育、智育、体育等几方面都得到发展,成为有社会主义觉悟的有文化的劳动者。

1982 年,《中华人民共和国宪法》中的一项规定指出了我国的教育目的:国家培养青年、少年、儿童在品德、智力、体质等方面全面发展。

1985 年,在《中共中央关于教育体质改革的决定》中提出了教育目的:教育要为我国的经济和社会发展培养各级各类人才,这些人才应该是有思想、有道德、有文化、有纪律,热爱社会主义祖国和社会主义事业,具有为国家富强和人民富裕而艰苦奋斗的奉献精神,都应该不断追求新知,具有实事求是、独立思考、勇于创造的科学精神。

1995 年,《中华人民共和国教育法》规定了我国的教育目的:培养德、智、体等全面发展的社会主义事业的建设者和接班人。

现阶段,我国的教育目的是这样表述的:

以培养学生的创造精神和实践能力为重点,造就有理想、有道德、有文化、守纪律的德智体美等全面发展的社会主义事业建设者和接班人。

2. 自由

在人的全面发展的意义上来说,自由应该包括以下几点内涵:首先,自由要以独立性为前提。一个缺乏独立性的人就不可能得到真正的自由。自我意识是独立性的第一层面。人首先要能够意识到自己的独立存在,然后才能按照自己的意志行动。因此教育要以自由为出发点,培养人的独立性。教育就是独立性完成的过程,这种完成意味着他"必须独立地完善他自己,必须确定自己是否置身于某些特殊的事情中,必须试图依靠自己的努力解决他专属于他自己的问题"[①];其次,自由的活动必须是自觉的、自主的、自愿的。自觉是自由的首要要求,有了自觉性,人就可以自动地意识到和处理自己与外部世界的关系,也能自动地对待自己的活动。自主贯穿一切自由活动的过程,表现为人可以自主地选择活动、确定活动的目标、对自己的活动进行调整与校正等。自愿是指自由主体对自己的意志的服从,自觉、自主也就表明了自愿。自觉、自主和自愿必须同时存在,否则人的活动就不能称之为自由的

---

① 兰德曼.哲学人类学[M].阎嘉.上海:上海译文出版社,1988,202.

活动,人就不能称之为自由的人。第三,创造是自由的根本。一个人只有拥有了真正的自由,才可能会有高创造性。

(二)教育:以人为本

教育要以人为本,这是"人是目的"的必然要求。因此,在教育中,就要把人放在最高的位置,甚至把人置于文化之上、社会之上。这是因为社会与文化的意义只能体现在人的生成上,没有了人,社会与文化也就失去了意义。但现实却是教育因为关注其为社会服务的功能、传承社会文化的功能,而不经意地忽视了人在教育中的本体地位,也就是对人的忽视。当前我们的教育实际上是知识和技能教育,这只能算是教育的一个初级的层面,根本不能称之为真正的教育。

曾经有一篇这样的新闻报道:"小徐来自四川,就读于本市一所民工子弟小学,虽然是小学,但该校涵盖了幼儿园到初三的所有年级,小徐目前就读初一。下午2点30分左右,我们正在上英语课。没多久,坐我后排的李涛拍了下我的头。小徐以为是同学恶作剧,忙转过头去问谁拍了他,这才知道是李涛想问自己借笔用。没想到小徐的头刚转过去,教英语的吴老师就走了过来,捡起地上一根木棒往小徐的右肩上打了两下。这根木棒是教室内损坏的椅子的一部分,据小徐描述,长约30厘米,宽3-4厘米,上面还有一根弯曲的钉子。被连打两下后,小徐感觉右手抬不起来。他站起来伸出左手抓住木棒,一句家乡骂人话脱口而出,并质问老师为何棒打自己。吴老师见小徐骂人,伸手向他颈部抓去,并紧紧扣住。小徐左手不住向吴老师脸部抓去,争执中小徐的课桌被撞翻。学生们见状,纷纷上来制止,但并未奏效。吴老师见小徐呼吸困难,便松开双手要求他出去罚站,同时又往他右肩上打了两下。""我的肩膀现在还不能完全抬起来,手上也不敢使劲。学校老师两次因为一些小事打我,现在我再也不敢去上课了。"[①]真正的教育必须是触及人的灵魂的,而不是简单的体罚。这一案例背离了教育的初衷。

教育要以人为本应体现在这样两点:一是还人以主体地位。教育中主要的两大类人分别是教师和学生。对教师而言,学校以及社会要还教师以主体地位,使教师在学校教育中有主人翁感,把教育学生当做自己的天职,从而从心底里真心地为了学生的发展在教育;对学生而言,学校的教育要还学生以主体地位,使教育真正以学生为主体,使学生成为自主的、具有创造性的个体。在教育过程中,教师主体与学生主体是不冲突的,教师的主体地位既可以促进教师自身的发展,也可以促进学生的自主发展;学生的主体地位可以保障学生的自由发展。"哲学家布贝尔认为,人与外部世界有两种性质决然不同的关系,一种是客观的关系,其特征是'我与它',在这种关系中,个人以纯粹客观的方式看待外部的东西,把它看做是为了自己的目的而加以利用和操纵的物。另一种是'我与你'的关系,在这种关系中,每个人都具有自身的内在的意义世界,同时,两个人之间相互信任,彼此信赖和了解,都是主体。"[②]前者属于自我主体,后者属于交互主体。从自我主体走向交互主体,最后在师生的精神与心灵的对话中达成共识,师生相互依赖,共同发展,这是理想的师生主体关系。

二是回归人的生活世界。教育源于人的生活需要,因此,教育世界本应该与生活世界融

---

① 谢磊.初中生去年被老师打骨折 新年又被班主任打耳光[N].新闻晨报,2006-01-06.
② 王双全.以人为本的教育理念解读[J].教育与职业,2009(14):150.

为一体,但是长期以来,教育只局限于科学世界中,人们远离了丰富多彩的生活世界,教育把人们带进了崇尚理性的科学世界。学生变成了学习的机器,而教育则失去了生活的意义。只有回归生活世界的教育,才能满足人在认知、情感、意志等方面发展的基本需要,才能实现人的全面发展。需要注意的是,教育要回归人的生活世界,不能只盲目地追求普适性原理以及对绝对意义的价值追求,我们要做的是走进人的生活世界并对人的存在和生活意义给予关注并展开反思,进而去追寻人的价值和意义。另外,这里说的回归生活世界并不是指要离开科学世界,教育离不开生活,同样也离不开科学。回归是超越性的回归,教育最终要实现生活世界和科学世界的融合。

二、教育之于社会的伦理

(一)教育促进人的社会化

教育具有社会性,社会性是教育的基本属性,也是人类特有的现象。教育的社会性是从教育工具论视角来说的,是指教育帮助个体从生物学意义上的自然人转变为具有社会学意义的社会人,其目的就是为了实现人的社会化。教育从生产劳动中分离出来以后,就担负起了独立的社会职能,成为专门的培养人的活动,帮助人更快更好地实现社会化。然而我国的教育在社会性的具体呈现与实际效用上都不尽如人意。虽然我国教育的社会性在理论层面上论述得很好,但是在实际操作上往往是走形式主义路线,几乎没有有效的社会性过程的实施路径。学生们都在拼命地为提高考试成绩而努力,社会实践少之又少。学生档案中的社会实践情况填写就是一种形式,学生随意填写,甚至弄虚作假。我国的应试教育使得学校教育的意义产生了扭曲,使得学生缺少丰富的教育社会实践经历,这导致的结果是学生的成长不完全、有缺失。我们应该明白,教育的社会性功能无论在理论还是实践层面,都是具有深刻的意义和价值的。

一方面,从教育理论层面来看,当前我国教育的目的是为了培养适应社会、建设社会主义社会的接班人。也就是通过教育,使人获得知识和能力,从而在参与社会的过程中实现对社会的服务和贡献。一旦教育失去了社会性功能,教育也就失去了其应有的价值。人类社会也就不可能获得今天这样的文明与繁荣。人是社会进步的第一推动因素,人的社会化程度直接制约了社会本身的发展与进步。所以,教育的社会性就是教育最根本的效率与价值的体现。另一方面,从教育实践层面来看,教育目的是否有效实现,主要是看教育培养的人对社会的贡献率。这种贡献率主要表现在学生在毕业后服务社会以及参加社会主义建设的能力和效果。可见,缺乏对社会实践的真实经验必然会影响学生今后服务社会、贡献社会的能力。因此,从社会性的实现层面来关注我们现实的教育,社会实践、综合实践活动、研究性学习课程显然是一个学生成长中十分重要的环节,也是他们实现社会化的有效途径。

(二)教育促进社会的发展

教育对社会的促进作用主要表现在以下三个方面。一是教育的政治功能。教育具有维系社会政治稳定的功能。这主要表现在以下两方面:一方面,教育为政治制度培养成功的政治人才以及具有政治素养的社会公民;另一方面,教育具有促进社会政治改革的功能,比如教育的普及化有助于推进社会政治变革,教育可以促进社会政治民主化等。二是教育的经济功能。经济发展是教育发展的物质基础,教育对经济有着重要的促进作用。首先,教育是劳动力再生产的重要手段,教育把可能的潜在的劳动力转化为现实的劳动力;其次,教育是科学知识再生产的重要形式,教育再生产科学技术,促进劳动对象以及劳动手段的更新和变革;再次,教育是创造和发展科学技术的重要基地,科学技术要发展,必须依靠教育。三是教育的文化功能。教育具有传承文化、创新文化、普及文化、选择文化、分层文化以及整合文化的功能。

(三)社会对教育的影响

社会对教育的影响主要表现在以下三个方面。一是政治对教育的影响。政治制度决定了教育的性质,包括教育的领导权、受教育的权利、教育目的的性质、教育内容以及国家的教育制度等。二是经济对教育的影响。经济发展水平决定和制约着教育,包括对教育发展的规模和速度的制约,对人才培养的规格和教育结构的制约,对教育内容、教学方法以及教学组织形式的改革、发展的制约。三是文化对教育的影响。文化对教育的影响主要表现在文化传统制约着教育目的的制定,文化传统直接影响着教育内容,文化的多样性和独特性决定了教育的丰富性、独特性等。

综上所述,教育与社会具有很重要的伦理关系,教师专业伦理不能忽视教育的社会性功能,也不能忽视教育对社会的促进作用以及社会对教育的反作用。遵循教育的社会伦理,将有助于教师专业的发展。

三、教育的自我建构伦理

(一)伦理蕴含:教育是人的自我建构的实践活动

"人存在着两种发展状态:一种是自然、自发状态下的发展,另一种是通过人的主观世界改造,这种有目的实践活动所实现的发展。"①人的主观世界改造的过程就是人的自我建构的过程。第一种发展状态是自然的、自发状态下的发展,是无意识和盲目的发展,因为在这种状态下,人对自身的发展规律知之甚少,此时的发展是人的自在的规律盲目自发起作用的结果。因此,这种发展是人在生活中与周围环境相互作用而自动得到的发展。这种自在的发展,虽然也是人类实践活动的积淀和内化的结果,但是却不能充分地发挥和展现人的潜能,也不能充分体现人的理性。第二种发展状态是教育实践的产物。人作为一种高级动物的客观存在,是有高层次的追求的。第一种发展状态下的发展结果并不能满足人的发展的需求。因此,人类决心要改变人的现实存在,改变人在自然的、自发的状态下的发展结果,而朝着理想发展和存在的方向前进。教育实践就是实现人的第二种发展的途径。教育实践中实现的人的发展是在人的有目的的参与和干预下产生的,这种发展是人在改造主观世界中的创造物——人的主观世界的发展。

人的主观世界的发展包含两方面内容:一是人的主观世界与客观世界的关系的发展,也就是人作为发展者,其主体与客体关系的发展。因为人的主观世界的改造和发展不是一个自我封闭的过程,不是在一个封闭的系统中可以完成的,必须要有主观世界与客观世界的相

①　鲁洁.教育:人之自我建构的实践活动[J].教育研究,1998(9):17.

互作用才得以实现。在主客体相互作用的系统中,客体以一定的方式作用于主体,主体通过自身的建构活动将其纳入到主体自身的心智结构中,从而得到了发展。二是主观世界内在关系的发展。人的主观世界的发展并不是完全取决于主客体的相互作用,主体对自身的反思是发展的重要过程。所谓对自身的反思就是主体通过自我意识,将自己本身既看做是主体,又看做是客体,同时不断发展这种内部的主客体关系,从而不断改造,构建新的主观世界。

教育实践可以实现人的主观世界的发展,这又反过来引起人们对教育实践的思考:教育实践不是一个简单的对受教育者施加外部影响的过程,而应该是受教育者在教育的指引下,不断建构其心智结构的过程。人的心智结构不是自在存在的,也不是固定不变的,而是形成发展的。这个形成发展的过程就是人的自我建构的过程:一方面,人通过自我意识,对自身进行反思,将自己本身既作为主体,又作为客体,通过主客体的相互作用构建自身的心智结构;另一方面,人又不断地将已经形成的心智结构作为客体,进行主客体的相互作用。当这一客体不能满足主体发展的需要的时候,人作为主体,就会主动地激发自身各方面的力量并整合起来,以推进已有的心智结构的发展。我们每个人都是在这样的不断建构中得到发展的。因此我们说,教育虽然在表面上看是对受教育者施加外部影响的过程,但是其内在主旨是促进受教育者的自我建构。所以,教育是人的自我建构的实践活动。

(二)道德要求:明确学生与教师在教育活动中的地位

1. 学生的主体性地位

"教育是人的一种特殊的实践活动方式,其特殊性主要表现在它是主体以改造精神世界为目的的自我建构的实践活动。在一般的实践活动中,实践主体是清楚的,无争议的。而教育实践活动由于包含教育者和受教育者两个方面,究竟谁是实践活动的主体也是一个备受争议的问题。"[1]在传统的教育理论和教育实践中,学生作为受教育者是被动地接受知识的教育对象,学生在教育过程中处于被动的地位。教师进行怎样的知识传授,学生就接受怎样的教育。教育活动是教师对学生施加某种外在的影响进而促进学生的身心发展的过程。这样的教育忽略了学生的主体性地位,而使教师成为了教育活动的主体。实际上,具有伦理精神的教育应该是赋予学生主体性地位的教育。因为"教育过程只能是'我'的自我建构的活动,外在的一切只有为'我'所接纳、认同、内化,才对'我'有意义,才能形成'我'的主观精神。除此之外的一切活动,都是以'我'为工具,而实施'他'的目的"[2]。这就是说,学校的教育过程其实是学生的自我建构的过程,一切活动包括教师的教学、指导等,只有被学生接受并内化,才能对学生有意义,才能为学生改造其主观世界提供可能。所以,学校教育应该赋予学生主体性地位,把教育活动看做是学生自己的活动,只有这样,才能实现学生的自我建构。

2. 教师的指导地位

学生在教育活动过程中处于主体性地位,这一结论并没有否认教师在教育过程中的关键作用。长期流行的传统的关于教师在教育活动中的地位的说法是:教师在教育过程中处

---

① 荀振芳. 论教育是人的自我建构性的实践活动[J]. 河南师范大学学报(哲学社会科学版),2004 (2):136 – 138.
② 张应强. 高等教育现代化的反思与构建[M]. 哈尔滨:黑龙江教育出版社,2000,223.

于主导地位。该说法肯定了教师的重要和关键作用，但是往往这种主导地位会给人一种误解，让人误以为教师是教育活动过程的主体。而教育活动是学生在教师的指导下，学生进行自我建构的过程。因此，从这个意义上来说，教师在教育活动过程中处于指导地位。其指导作用主要体现在为学生创设有利于学生进行自我建构的环境，通过这种有意识的外部环境的作用，为学生创造条件，帮助学生完成他们的自我建构。同时，教师需要对学生的主体地位和学生的主体自我有一定的认识，以此来对其进行改变与塑造。

有一位高中生写了一篇《我的人生计划》，他说在(再)过两年我就毕业，我就可以自由，但我现在已经不想读了，因为我总是很闷，如果我读到毕业，也是个流盲(氓)才。在(再)过五年，我就在这大街上偷东西、打劫，我就看那(哪)个有钱，就晚上知道他住在那(哪)里，就去把他给劫了，一天劫一个，如果在这里混不下去了，就晚上劫银行干他妈一票，就转手去广东劫。在(再)过三年我就是二十多岁了，我就去广东，就住在一个没人住的地方、住在那里人在(都?)不知道，已把人却（?)的时候，我就把钱那(拿)回来、就藏在人找不列的地方，只有我一个人知道。在这里天干不得，几天才能干一次，因为在这地方太大了，需要计划才得不然就会失败。去打劫大老板难的话，就把他们的儿子抓住，然后再打电话告诉他们老爸把钱送过来，不然就杀他的心肝宝贝，不要报警，不然……后面不说，他们就乖乖送钱上门，然后再放人，干了很多，没被警察抓住就不干了，就神不知鬼不觉了。

老师的批语写道：从你写的东西里，看到了你未来悲惨的命运。如果你真的做了你说的事，那么就犯了：

一、盗窃罪（如果数额巨大可处死刑、无期徒刑）；

二、抢劫罪（如果抢劫银行、可处死刑）；

三、绑架罪（可处无期徒刑或死刑）。

想不劳而获是不会有好结果的！！！

我们仅从这样一篇作文，就断定这个孩子将来就会走上犯罪道路吗？"在教育中教师运用技术来引导学生的'坦白'来获得对学生的认识，同时扮演权威角色来对学生进行引导，使学生通过'检查'来内化这些外在的标准，确立自己作为一个规范的个体存在。"[1]简单来说，就是教师要对学生个人有一定的认识，使学生成为教师知识的客体，方便教师对其进行认识，进而进行有效引导，促进学生的自我建构。

---

[1]　李姗姗.福柯的自我建构理论及其教育意义[J].东北师范大学学报(哲学社会科学版),2008(4):170.

第四章 教师专业道德修养的伦理基础

　　教师专业道德修养是教师在专业伦理上的自我教育、自我提高的过程,通常划分为五个阶段——提高专业道德认识、陶冶专业道德情感、磨炼专业道德意志、坚定专业道德信念、养成专业道德行为习惯。整个过程以"知"为开始,以"行"为归结,形成了完美的理论链条。但在实际道德实践中,"知"与"行"往往彼此渗透,互为因果,并不截然分开,也没有先后之分。人们只是为了研究的方便,把教师复杂的专业道德修养简单划分为知、情、意、信、行。在这五个阶段中,除了知、行首尾两个阶段之外,其他的情、意、信等阶段都是由知到行的中间环节,属于道德心理的范畴。因此,教师专业道德修养与伦理的关系就被划分教师专业道德认知、道德心理、道德实践与伦理的关系,而这正是本章所要分别探讨的问题。

第一节　教师专业道德规范的伦理正当性

　　教师专业道德认知是指教师对从事教育活动所应具有的道德原则、规范、范畴等的理解和掌握。一般说来,道德认知是道德修养的起点和基础,没有正确的道德认知,就不会有良好的道德心理和道德行为。道德认知在教师专业道德修养中的重要性不言而喻。

　　鉴于教师专业道德认知的重要性,人们对它展开了多方面的研究,包括对专业道德认知主体、认知对象、认知内容、认知过程、认知的目的和意义等的研究。这些研究的重点主要集中在教师如何依据一定的专业道德规范,开展内部的思想斗争,促进道德意识水平的提高上,而没有对"一定的专业道德规范"进行追根究底的伦理追问,其实,作为引领教育者行为的教师专业伦理规范,其本身首先有一个正当性与合理性的问题。教师专业道德建设的实践也昭示人们,教育专业伦理规范的效应既可以表现为伦理上的善,也可能沦为伦理上的恶。而要使教师专业伦理规范符合和达至伦理上的善,就必须以自觉的批判意识仔细分析鉴别,从"源头"上确保教师专业伦理规范趋善避恶。因此,对教师专业道德认知的对象——教师专业伦理规范本身的正当性展开讨论就变得十分必要。

一、衡量的标准

　　一条具体的教师专业伦理规范本身的正当性应该由什么来衡量? 是由它自身还是自身以外的东西? 我们知道,事物不能自证其身,必然要由他事物来证明。正如一个人的好坏并不能由他自己来评价一样,道德规范自身的正当性并不能用道德自身来证明,而必须依靠道德以外的东西。在众多的相关理论中,最具代表性的是"效果论"和"道义论"。

　　持"效果论"的人认为,只要人们相信某一道德规范能够产生人类所希望的行为效果,那么这条道德规范就被认为是善的或正当的,而与它相对立的道德规范则应受到非议和谴责。这就是说:某种道德规范之所以具有正当性,是因为它所能够实现的效果、目的或目标。也正是这些效果、目的或目标构成人们对道德现象进行善恶判断的依据,进而构成了评判道德现象的标准。因此,只要有利于最大多数人的最大幸福,能产生好的效果,或所产生的"好处"超过"坏处"、利益多于损耗,这些道德规范就是合理的、正当的。反之,就是不正当的。正如弗兰克纳(Frankene,W. K)所言:"目的论认为:判断道德意义上的正当、不正当或尽义务等等的基本或最终标准,是非道德价值,这种非道德价值是作为行为的结果而存在的。最终的直接或间接的要求必须是产生大量的善,更确切地说,是产生的善超过恶。"这种道德规范的问题是:我们能否为了更多人的幸福或者更大的善,而允许牺牲或者限制少数人的或单个人的权利与自由?

例1 一列火车正在行驶,结果在前方的铁路上有 10 个人(即使刹车也来不及了,这 10 人必死),而旁边正好有个岔道,而岔道上只有 1 个人,那么司机该怎样决策,是继续原路行驶,造成 10 人死亡,还是转向岔路,造成 1 人死亡?

例2 同样一列火车,同样是 10 人,不过旁边没有岔道,只是铁道边上有两人,一个是大胖子,一个是大力士,只要把大胖子扔上铁轨就能挡住火车,那么大力士做什么决策,是什么都不做死 10 人,还是把大胖子扔到铁轨死 1 人?

照"效果论"的观点,只要有利于最大多数人的最大幸福,那么这种行为就是道德的,就是善的。因此,例 1 中的火车司机显然需要转到岔路上,以 1 个人的死亡换来 10 个人的性命。在例 2 中的大力士显然可以把大胖子扔上铁轨。

而"道义论"者认为,除了效果的善恶之外,还有可以使道德规范成为正当的或应该遵循的理由——伦理正当性。在道义论者看来,评判某一道德规范是否正当合理,关键要看它是否与某种公认的伦理原则相符;相符的即是善的、正当合理的;反之则是恶的、非的。而这种公认的伦理原则之所以能够充当道德规范正当性的标杆,是因为它们公正合理地规定了道德主体的权利和义务,为人们的道德实践确定了恰当的权利范围和相应的义务承诺,并得到了人们的普遍认同。因此,道义论者往往把寻找和明确这种具有普遍性的伦理原则当做第一要务。

在"道义论"者看来,例 1 中岔道上的那个人是无辜的,与火车事件毫无瓜葛,即便司机沿着原有的轨道行驶会造成更多人的死亡,也不能选择牺牲一个无辜的人。同样,铁道边上的大胖子也是无辜的,大力士没有任何理由与权力剥夺他的生命。总之,在道义论者看来,"不能伤害无辜"是天经地义的,无论出于什么样的目的;否则,其行为就会丧失伦理正当性,被视为恶行。

"效果论"虽然遭到了"道义论"的质疑与挑战,但是,它对后者的反击也同样有力。例如,当一位身患绝症的病人,被医生判了死刑时,他的父母、爱人、子女以及所有的亲人,为了避免病人精神上受到不必要的打击,就会形成一个统一的战线,闭口不谈实情,而以善意的谎言来使病人对治疗充满希望,让病人在一个平和的心态中度过那残年余日。难道要像"道义论"者那样,为了坚持诚信的伦理原则,直接地告诉病人:"你的生命已无法挽救","最多还能在这个世界上活一个月"之类的话吗?虽然这些都是实话,但是,谁会如同法官宣判犯人死刑一样,残忍地对待一位病人呢?

综上所述，"效果论"、"道义论"均有合理之处，但也存在着诸多缺陷与不足。那么，到底如何衡量具体的道德行为规范的当与不当？有没有合理的尺度与标准？要解决这一问题，就必须从伦理道德的起源中去探寻。

我们知道，伦理道德并不是凭空产生的，它是人类发展到一定阶段的产物。人类为什么要创造伦理道德？创造伦理道德是为了达到什么目的？这实际上是在追问伦理道德起源的原因。由于伦理道德不是自生的，而是人类的创造物，其起源的原因不可能从自身去寻找。实际上，人类创造伦理道德所要达到的最终目的就是其起源的原因。在伦理道德产生之初，社会代表着所有的人，伦理道德的结果也往往与其目的相一致。随着时间的发展，私有制和阶级逐渐出现，社会的利益与所有的人的利益发生了偏差，不同利益的人群有着不同的伦理道德上的诉求。同一个道德规范实施的结果对一部分人可能是有利的，因而被他们所认可并拥护；而它对另一部分人则可能是不利的，因而被他们所非议并反对。伦理道德的结果与目的不再一致，对道德规范正当性的判断也出现了"公说公有理、婆说婆有理"的混乱局面。要澄清这些混乱，我们必须通过追溯伦理道德起源的原因来寻找判断道德现象的善恶标准。如果某一道德现象符合人类创造伦理道德所要达到的最终目的，那么它就是正当的，也即善的；反之，就是不正当的，也即恶的。问题是人类创造伦理道德所要达到的最终目的又是什么呢？

二、人性尺度与社会尺度

关于人类创造伦理道德所要达到的最终目的，马克思以前的思想家、哲学家进行了大量的探索和猜测，提出了各式各样的学说，为后人留下了丰富的思想财富，"但由于他们没有找到开启人类社会历史之门的钥匙，以至于留下的问题也许比他们解决的问题还要多"。① 马克思创立的唯物史观则为我们分析社会历史现象提供了科学的理论和方法。马克思主义认为伦理道德起源于社会的物质生活，萌芽于人类早期的生产活动和简单交往，是在人类形成的更高阶段，即在氏族、部落内部出现了社会分工、产生了调节利益冲突的需要后才形成的。伦理道德的实质乃是利益关系的一种特殊反映。那么，什么是利益呢？"需要在社会关系中表现为利益"。② 因此，人的需要的冲突通过一定的社会关系表现为人们之间的利益冲突。

需要是人的一切行为和活动的原动力，也是人的积极性、能动性和创造性的源泉。不断发展着的需要又促使人们以更为积极、主动的态度去认识、对待、调整和处理个人与他人、个人与集体，以及人与自然的关系，并由此产生了相应的伦理道德观念和一系列道德规范。不论是禁令性的还是倡导性的，不论是进取性的还是协调性的，道德规范都是基于人的需要，并为了更好地满足人的需要而形成的。因此，人的需要是伦理道德之所以产生的最深层的根源。

虽然现实世界中的人有多种需要，但是无论何时何地，生存需要都是人的最基本的需要。只有满足了生存需要，人类才能存在和延续，才能实现其他的需要。诚如马克思所言："我们首先应当确定一切人类生存的第一个前提，也就是一切历史的第一个前提，这个前提

① 陶德麟. 善恶论(序)［M］.武汉：武汉大学出版社,2001.
② 袁贵仁. 马克思的人学思想［M］.北京：北京师范大学出版社,1996,164.

是:人们为了能够'创造历史',必须能够生活。但是为了生活,首先就需要衣、食、住以及其他东西。"①

生存需要只是人的低层次的需要,人类的全部活动决不只是为了生存。当生存需要满足后,"为了自身的完善和文明程度的提高,为了增强人的自由个性",就会产生其他更高层次的需要,即发展的需要。一切伦理道德都必须服从和服务于人的生存与发展的需要。有基于此,我们可以判定:任何道德规范只要是有利于人的生存和发展,就是正当的,也即是善的;而那些不利于人的生存、发展的,就是不正当的,也即是恶的。这就是判断道德规范的人性尺度。

"然而,人要求生存和发展,决不是人自身所能解决的,他必须要与他以外的环境,包括环境中的他人及有关活动发生联系。"②"群"与社会是人存在和发展的基本形式,合群性与社会性是人的基本属性。人不仅是个人的存在,同时又是社会的存在。"正因为人是社会的动物,所以道德起源才有它的社会条件。"③这就说,绝对孤立的单个的人是不存在的,人都是生活在一定的社会关系中的人。正因为彼此之间发生联系,人与人、人与社会之间才产生了利益冲突。为了调节这些利益冲突,伦理道德才得以发生。"道德的基本问题,就是人与人之间、即个人与他人、个人与阶级、民族、社会的关系问题,即个人利益和社会利益的关系问题。"④

如果没有社会关系,那么伦理道德也就无从产生。诚如爱尔维修所言:"如果我生存在一个孤岛上,孑然一身,我的生活中就没有什么罪恶与道德了。"⑤可见道德是社会关系的产物,是为了调节人与人、人与社会之间的利益冲突而产生的。道德最直接的目的是为了满足社会存在和发展的需要。衡量道德规范的正当性不仅有人性尺度,还应该有社会尺度。获得正当性的道德规范必须有利于社会的存在和发展,否则,该道德规范正当性与合理性就应该受到质疑。因此,能否满足社会存在和发展的需要是判断道德规范的社会尺度。

三、混乱与澄清

综上所述,衡量道德规范有两种尺度:人性尺度和社会尺度。这两种尺度在不同的社会形态中并不一致。在原始社会,个体从属于社会,个人利益服从于社会利益,人性尺度和社会尺度是统一的,即符合社会尺度的道德规范也必然被认为符合人性尺度,因而是正当的。到了共产主义这一人类最高的理想社会,由于人与人之间达到真正的平等,个人利益和社会利益协调一致,"每个人的自由发展是一切人的自由发展的条件",⑥人性尺度和社会尺度又在更高的基础上达到了完全的统一,符合人性尺度的道德规范也必然符合社会尺度。而在原始社会与共产主义社会之间的一切社会形态里,个体与社会都存在着不同程度的对立,个人利益和社会利益之间的偏差遂导致了社会尺度和人性尺度的分离和对立:符合社会尺度

---

①　马克思恩格斯选集(第1卷)[M].北京:人民出版社,1995,78.
②　孙绵涛.教育管理学[M].北京:人民教育出版社,2006,420.
③　张传有.伦理学引论[M].北京:人民出版社,2006,51.
④　姜法曾.中国伦理学史略[M].北京:中华书局,1991,1.
⑤　周辅成.西方伦理学名著选辑(上)[M].北京:商务印书馆,1987,55.
⑥　马克思恩格斯选集(第1卷)[M].北京:人民出版社,1995,273.

的道德规范不一定符合人性尺度,符合人性尺度的道德规范也不一定被社会所提倡。衡量道德规范到底是按照人性尺度还是按照社会尺度?

我们知道,道德直接调节的对象是人与人、人与社会之间的利益冲突,并以满足社会的存在和发展的需要为最直接的目的。因而,人们往往以社会尺度为标准来衡量一切道德现象:凡是有利于社会生存与发展的就是正当的,反之,就是不正当的。实际上,社会尺度表征的是道德的直接目的,即协调社会关系,维护社会秩序,促进社会的发展与进步,从而为人的自我肯定、自我实现创造良好的社会条件。社会尺度体现了道德的现实性。而人性尺度表征的是道德目的之目的,即满足人的需要,实现人的幸福,完善人性,促进人的自由发展,它是道德理想性和超越性的体现。由此可见,社会尺度是人性尺度在社会关系中的具体展开,它以人性尺度为目的,服从、服务于人性尺度。当两者发生矛盾时,社会尺度应服从于人性尺度,因为社会尺度维护的是社会的存在和发展,而社会的存在和发展并不是伦理道德的最终目的,伦理道德的最终目的是为了满足人本身的生存和发展的需要。总之,人性尺度才是判断道德规范是否正当的终极标准,社会尺度应服从、服务于人性尺度。

在例 1 与例 2 中,效果论者所支持的做法仅仅看到了衡量道德行为规范社会尺度,认为牺牲一个人比牺牲十个人更有益于社会;而没有看到更为重要的人性尺度,即对个体生命的尊重。道义论者虽然批驳了效果论者所支持的做法,但他们仅仅把这种批驳建立在“不能伤害无辜”这样普遍认可的伦理原则上,而没有深究“不能伤害无辜”这一原则更为深层的人性尺度。

众所周知,教育的本质是教育者按照一定社会的要求和人自身的发展规律,促进人类自身再生产,并为一定社会服务的实践活动。教育主要的目的有两个:一是要更好地促进人的发展(教育的根本目的);二是要更好地为社会服务(教育的衍生目的),从而促进社会的发展。由于社会的发展最终也是为了促进人的发展,因而前者是更为根本的目的。然而,随着社会的发展,教育逐渐由社会的边缘走向中心,并被赋予越来越多的社会职责。人们在强化服务社会的教育目的的同时,却越来越淡化了促进人的发展的目的。因而,教师专业伦理规范的目的也往往集中在让教育更好地为社会的政治(包括意识形态、政治制度、政权、政府、政党、政治阶层)、经济、文化服务上,而忽略了促进人的发展这一更为本质的目的,从而引发了作为引领教育者行为的教师专业道德规范本身是否具有正当性的问题。

实际上,教育为社会服务,推动社会的发展和进步,不仅是要通过作为主体的人的发展来实现的,而且社会发展和进步的内在标志和最终目标也是落脚于作为主体的人的发展。对教育而言,“人既是发展的第一主角,又是发展的终极目标”,[①]因此,教育的根本宗旨与人的自由发展这一人类社会终极伦理价值追求本身是一致的——人的自由发展乃是教师专业道德最根本的价值追求和终极的衡量标准。“效果论”与“道义论”都没有理清人性尺度与社会尺度的关系。

道理虽然如此,由于人们对教师专业道德的价值期待需要制定者的领悟并加以表达,由于教育环境的纷繁复杂和变化不定,由于教育领域尤其是教育的主客体所出现的新特点和新问题,也因为制定者个人认知的局限性,现行教师专业道德规范也往往难以确保人的发展与社会的发展的统一。因此,当由于主客观的原因使教师专业道德规范所蕴含的道德之实

---

① 国际 21 世纪教育委员会.教育:财富蕴藏其中[M].北京:教育科学出版社,1999,71.

然与应然发生背离时,无论是规范的制定者还是践行者,都应以自觉的道德批判意识对其予以必要的审视和校正,使其最大限度地确保人与社会的和谐发展。

第二节　教师专业道德心理的伦理呵护

一、教师专业道德情感的伦理陶冶

所谓教师专业道德情感,就是指教师依据一定的专业道德认识,在处理工作中的道德关系、评价工作中的道德行为时所产生的亲善恶恶、慕正厌邪的感情。一般说来,教师专业伦理情感来源于教师对本职工作的意义的认识。

众所周知,教师是太阳底下最光辉的职业,之所以如此说是因为教师职业具有其他行业无可比拟的崇高的伦理精神。

从教育的根本目的来看,教师通过让他人共享已有的文明成果,帮助其更好地了解过去,适应已有的社会环境,并能不断开创未来。人类个体虽然禀有其他物种所没有的优秀的遗传基因,但仅靠先天的遗传,个体获得的发展有限。只有通过后天的经验,自然的个体才能获得充分的发展。在个体的后天经验中,一般的生活经验终究是零散的和个别化的东西,对人发展的作用有一定局限性。随着社会的不断进化,个体的发展日益依赖着专门的教育活动,教育也日益成为个体发展必不可少的专门途径。育人成才是教育的根本价值所在。

从教育的衍生目的来看,教育可以为社会的政治、经济、文化的发展服务。教育可以培养具有一定政治素质的社会公民,使受教育者具有国家、政府或政党所需要的政治理念,从而维系社会政治的稳定。教育可以通过提高劳动者的素质包括科学文化水平、技术熟练程度、职业操守、创新能力等,为经济的发展提供智力和人力的支持。同时,社会文化的传承都需要以人为中介,都要依靠人对文化的理解来达成,而人对文化的理解都要依赖于教育,因而,教育是传递文化的重要工具。人不能脱离社会而孤立地获得发展,人的发展始终在社会之中。教育为社会的政治、经济、文化服务,某种程度上也是在为人的发展创造条件。

在所有的行业与职业中,再没有比教育和教师工作更能关系到人与社会的发展的了。"我们对于国家的贡献,哪里还有比教导青年和教育青年更好,更伟大的呢。"[1]可以说,人类的进步、国家的发展、民族的未来、社会的兴衰端赖于教育和教师们的工作。正是由于教师职业具有为善于社会,造福于人类的伦理特性,才使得教师专业伦理显得格外地神圣、崇高、伟大。"教师工作不仅是一个光荣重要的岗位,而且是一种崇高而愉快的事业。"[2]

总之,教育的伦理特性和它所体现出来的伦理精神对教育工作者提出了更高的道德要求。教育是爱,教育是奉献。教育工作者凭着一颗博爱之心,关爱着每一个学生的未来;像辛勤的园丁那样呵护着每一株幼苗,期盼它早日长成参天的大树,成为栋梁之材。

然而,在教育发展的历史进程中,越来越多的社会职能被附加于教育之上,服务社会的衍

---

① 夸美纽斯.大教学论[M].北京:人民出版社,1984,4.
② 徐特立教育文集[M].北京:人民教育出版社,1979,295.

生目的逐渐遮蔽了育人成才的根本目的,教育异化的现象愈演愈烈。能否坚持育人为本教育宗旨,全凭着人们对教育及教师专业伦理的认知和情感。一方面,许多有识之士看到了教育是培养人的事业,始终坚持把人的发展放在教育的首位,信守教书育人的基本宗旨,坚守教师专业伦理,从质与量两个不同侧面追求个人全面发展。从质的方面说,个人全面发展就是要提升个人的身心素质、健全人的体魄、丰富人的知识、提高人的能力、升华人的品德,从而努力使个人发展和社会发展相协调。提升人的身心素质,其核心和精神实质,就是要发展人的主体性,这是个人身心或德智体美诸方面得到良好发展的集中表现。从量的方面说,就是扩大教育对象,有教无类,关爱全体学生的成长。国家、社会和学校应采取各种措施,帮助弱势群体改善教育上的不利地位,促使他们受到合格乃至高质量的教育,从而为每个学生创造自我实现的空间和基础。因此,发展人的主体性和实现教育公平是教育伦理精神的两个核心要求。

另一方面,也有不少人把教育视为其他社会力量的附属物,把教育作为社会斗争的工具,从而直接把社会要求规定为教育目的。这有各种不同的表现。在古代,教育主要是作为一种社会教化的工具,服务于统治阶级的特权利益。在近现代社会教育的独立性得到提高,但把教育附属于其他社会领域的现象仍在不断出现。尤其是在当前经济全球化的背景下,诚如大卫·史密斯所分析的,公共教育正在受到市场经济的侵蚀,一些企业领导人宣称要"将学校转变成培训中心,以便生产出适合跨国公司需要的劳动力",乃至于要"将学校变成企业"。① 可以说,教育能否坚持人为本的宗旨仍然是个问题。这需要教育工作者坚守教育的伦理精神,增强教师专业道德情感,为人的自由发展而努力。

二、教师专业道德意志的伦理巩固

教师专业道德意志是决定教师能否坚持正确道德信念、提高道德水平的重要条件,也是评价一个人是否具有一定的道德品质的重要内容。教师专业道德意志坚强,就能做到"富贵不能淫、贫贱不能移、威武不能屈",全心全意投入到教育工作中去。

教育是一种特殊的活动,伦理道德因素参与整个的教育过程。从教育劳动的对象来看,每个学生都是一个特殊的世界,不仅年龄特征不同、性格特点各异,而且各自有各自的天赋条件、家庭状况、社会环境与经历、兴趣、习惯、能力、爱好等。这种千差万别,又随着时间的发展会发生变化的教育对象决定了教师工作的艰辛。教师必须坚定自己的专业伦理意志和信仰,长期深入教育对象,做大量艰苦细致的工作,才能使得每一个学生获得全面的发展。

从教育劳动的工具来看,教师借以对学生施加影响的工具除了教材、教学设备之外,还有自己的知识水平、思维能力、思想觉悟、道德品质、情感意志、教学技巧和本领等。教育劳动的这一特点决定了教师必须以顽强的意志,持之以恒地提高自身的素质,不断地增进自己的知识、品行、能力等。做教师虽然辛苦,但崇高的教育伦理精神时刻都激励着教师以自身为工具,通过教育活动不断地塑造社会和他人的未来。

从教育劳动的过程来看,从教师的自我所学习、知识积累到具体的备课、上课、辅导、批改作业、考试评价、找学生谈话、家访交流,再加上学生管理、组织相关的活动等,不仅复杂繁琐,而且无穷无尽。从时间上看,具有长期性、连续性。无论是课上、课下、开学、放假都可以

---

① W·F·康奈尔.二十世纪世界教育史[M].长沙:湖南教育出版社,1991.

成为教师工作时间。从空间上看,具有广延性。无论是室内、室外、校内、校外都可以成为教师工作的场所。同时,教师劳动在时间上和空间上又具有灵活性和不可规约性,即教师可以随时随地地用心工作,也可以随时随地地敷衍。这就使得教育劳动中的伦理道德因素显得十分重要。因而,教师要深刻理解教育的伦理特性,自觉端正劳动态度,增强工作责任心和使命感,恪守专业伦理,保证教育劳动的质与量。

从教育劳动的目的来看,教育要培养全面发展的人,是在提高人的自身价值,力求真、善、美统一于每一个个体的人。某种程度上,教师是在创造性地利用人类已有的文明成果,改变人们的精神面貌,提高人们的素质,启迪人们的心灵,无时无刻不在培养"新人",塑造人类的未来。教师常常被称为"创造未来人"的雕塑家。要完成这样艰巨的任务,达到这样崇高的目的,教师必须坚定自己的专业伦理意志,全身心地投入到神圣的教育事业中去。

从教育劳动的产品来看,它所培养出来的人具有其他劳动产品无法比拟的社会价值和意义。这些人将来对社会的各方面都能产生巨大的作用和影响,其作用面之广,影响度之深,是其他劳动产品所不能及的,甚至关系到国家、民族乃至整个人类的命运。然而,教育劳动的产品又不像其他的劳动产品那样,对于不合格的可以"废弃淘汰"或"回炉再造"。教育劳动的产品具有不可逆性和不可弃性。这就要求教师要以高度的责任感、高尚的伦理精神、坚定的道德意志和信仰、百倍的热情从事教育,对被教育者耐心地、精心地、细心地、悉心地"加工",尽力为社会输送尽量多、尽量好的"合格产品"。

从教育劳动的效果来看,教师是人类灵魂的工程师,改变的是人的精神世界。教育劳动的个体效果往往是以潜在的形成存在于学生之中,它会经过长期的积累和众多教师的努力,通过学生的道德素养、能力水平和社会贡献体现出来。如果这种个体效果能够不断积累与放大,就会形成显著的社会效果,甚至会改写人类的历史。因此,无论是从教育劳动的个体效果还是从它的社会效果看,教师都值得为自己的工作感到骄傲并坚守那份执着。另外,人才的培养周期长,见效慢。所谓"十年树木,百年树人",教育劳动的这种个体效果的显现至少需要一二十年的时间。当然,它的社会效果的显现所需要的时间更长。正是由于教育劳动效果的潜在性与显现的滞后性,才更要强调高尚的教师专业伦理情操和坚定的教师专业伦理意志。

从教师的待遇和工作条件来看,由于在不同的国家、不同的历史阶段,人们对教育的作用与意义会有不同的认识,轻视教育、贬低教育工作者的现象尚会存在。如挪用教育款项,不增加甚至减少教育的投入,把大笔的经费投入到见效快的行业,而不用于改善教育。教师职业被普遍轻视,教师的社会地位和经济收入低下,收入和付出严重失衡。面对诸如此类的困难与不公,教师更应该充分理解教育的伦理精神,注重专业伦理意志的培养,为神圣的教育事业奉献自己的一切。

三、教师专业道德信念的伦理升华

教师专业道德信念是教师在深刻的专业道德认识、强烈的专业道德情感、坚强的专业道德意志的基础上所形成的恪守专业道德要求的坚定不移的态度。教师专业道德信念是教师长期的专业伦理情感和意志的升华,是道德行为产生的最为直接的内在根据和动因。只有专业道德信念牢固的教师,才会自觉地以更高专业伦理要求来指导自己的专业伦理行为,履行专业伦理义务。教师专业道德信念是教师专业伦理品质的核心。

在教育工作实践中,教师及其他教育工作者经常面临如何处理教育事业利益与个人利益冲突的问题,尤其在社会转型期,市场经济在促进教育发展、教育意识更新的同时也产生了一些负面影响。如把教育产业化,盲目追求教育的宏观经济效益;把学校工厂化,力图通过降低成本、批量生产的方式实现利润的最大化;把教学商品化,不顾质量只求数量地兼课、培训;教育过程的功利行为、下海热、跳槽风及第二职业等,均是教育界对市场经济的功利原则、竞争原则、等价变换原则分析不够、盲目引进的结果;也是拜金主义、享乐主义、利己主义在教育领域中的泛起。因此,教师专业伦理信念的铸就尤为必要与迫切。如何铸就?笔者认为应注意以下几个方面:①

第一,教师要提高自己的职业认识,增强对从事的教育工作伟大意义特别是其崇高的伦理精神的理解。教师只有对所从事的教育工作有正确的认识时才会想去干好它,并主动研究怎样才能干好它。因而,教育工作是怎样的职业,它的任务是什么,在当前处于怎样的地位,它跟国家、民族甚至是整个人类的未来的关系如何,教师只有在能够正确地回答这些问题的时候,才能对教育工作有较高的认识,才能理解其伟大和神圣之所在,进而产生荣誉感、责任感,并容易形成坚定的专业伦理信念。

第二,教师要树立崇高的职业理想,把从事教育事业,促进他人的全面发展,为社会培养更多的人才作为人生的奋斗标,进而形成从事教育这一行业应有的志向和抱负。理想是个体内在的动力,教师只有树立了崇高的职业理想,要在教育事业上实现自己的伟大志向与抱负时,才会自觉坚守专业伦理信念,勤奋工作,努力探索,争取早日做出成绩。

第三,教师要确立正确的自我价值实现尺度。人的价值主要不是体现在得到了多少,而是在于付出了多少。教育所蕴含的伦理精神使它区别于其他行业,即在教育行业里,不讲求付出小于或等于回报,而提倡付出多于回报。因此,从事教师职业就是为他人做嫁衣而不计个人得失,永远都是在强调奉献而淡化索取,强调甘为人梯而不重自身的名利。如果教师只注重"得到了多少",斤斤计较社会对自己的尊重与满足,而不注重自己"付出了多少",忽视对社会的责任与贡献,不仅难以实现自己的人生价值,还必然背离教师专业伦理的基本原则,甚至脱离教师岗位;反过来,作为一名教师若确立了正确的价值观,就容易在此基础上形成执著的专业伦理信念,自觉地将自己的全部精力投入到教育工作中,在追求教育的他人价值和社会价值的过程中找到自身的价值。

第四,教师要培养自己对教育工作的深厚感情。信念是知与情的合金,教师的专业伦理信念往往伴随着专业伦理意识与情感而产生。对教育伦理精神的深刻认识以及对教育的无限热爱,是教师形成专业伦理信念的主要的推动力。具有坚定而崇高的专业伦理信念的教师必然忠诚于教育事业,把教育活动当做自己的幸福体验。我们知道,幸福是行为主体的内在体验,而只有与人的内在情感体验相联系的活动才具有坚实的基础和永恒的活力。能够把教育工作当做幸福的教师不会意识到自己是在奉献,他只是从自己的教育工作能促进他人与社会的进步中感到生命的充实和生活的乐趣。从事教育就是在追求自己的幸福,这是教师专业伦理信念的最高境界。

第五,教师要锤炼自己的意志品质。教育劳动是崇高的,同时又是复杂、繁重的,需要克

---

① 李斌. 论教师的职业信念[J]. 江苏教育学院学报(社会科学版),2002(2):28–31.

服众多的困难,也需要抵御许多的外界诱惑。因此,教师只有具有坚强的意志,只求付出不计回报,才能坚守专业伦理信念,自律自制、自警自励,正确对待逆境和挫折,冲破困难和险阻,始终保持稳定的职业意向和积极的工作态度。

第三节　教师专业道德实践的伦理原则

如前所述,教育最根本的价值追求和终极伦理目标是人的自由全面发展,教育的这一伦理精神影响着教师专业道德修养的各个方面,当然也包括教师的专业道德实践。需要指出的是,教师并没有独立于教育活动之外的专门的专业伦理实践活动,教育活动的过程就是教育专业伦理实践的过程,二者是一体两面的关系。

众所周知,实践是主观见之于客观的过程。教育的伦理精神最终化为伦理原则落实到教师的专业道德实践即教育实践之中。而这些伦理原则的确立必须坚持促进人的自由全面发展的教育基本伦理立场,必须反映人性和社会最基本的伦理要求,必须体现教育作为人类社会特殊实践活动的特殊伦理要求。据此,我们认为,教师专业道德实践应该遵循的伦理原则有:人道、民主、公平、公益。其中,人道、民主、公平反映了人性和社会最基本的伦理要求,公益则反映了教育这一"太阳底下最光辉事业"的特殊伦理要求。

一、人道

人道是以人性的存在为基础、以人性的实现为指向的最一般、最基本的伦理准则。在教师专业道德实践中恪守人道的原则,就是要求教育活动应该以一种更合乎人性、人的需要的方式,并为了人的目的来进行。[①]

人道有初级和高级之分:浅层的、初级的人道视人本身为最高价值而善待一切人、爱一切人、把任何人都当人看待的行为,是基于人是最高价值的博爱行为,是把人当人看的行为。深层的、高级的人道是视人本身的完善为最高价值而使人成为尽可能完善的人的行为,是使人实现自己潜能的行为,是使人自我实现的行为,是使人成其为人的行为。简而言之,低层次的人道,即"把人当人看"的人道,就是要关心人,爱护人,重视人的价值,尊重人的权利,"使我们能够对我们的同类做出一切我们力所能及的善事"[②];而高层次的人道,即"使人成为人"的人道,就是要把人本身的自我实现与自我完善当做目的,从而"实现人的本质,使人在社会中按照人的本质生活,成为一个真正的人"。[③] 它们从高低两个层次共同构成了人道的基本内涵。

低层次的人道要求教师在专业道德实践的过程中要"把人当人看",充分尊重、维护自己和他人的生存、发展的最一般、最基本的权利——人权。首先,在处理教师与学生的关系上,教师要尊重学生,平等公正地对待每一位学生。包括尊重学生的人格,不讽刺挖苦学生,不

① 安文铸.现代教育管理学引论[M].北京:北京师范大学出版社,1995,105.
② 普列汉诺夫.普列汉诺夫哲学著作选集(第2卷)[M].北京:三联书店,1961,42.
③ 吕大吉.人道与神道[M].上海:上海人民出版社,1990,120.

歧视学生，不体罚或变相体罚学生；坚持师生平等的理念，不盛气凌人或以不公正的态度对待学生；遇事民主协商解决，不压制、恐吓学生；对学生一视同仁，不以出身的贫富贵贱或学习成绩的高低而喜欢一部分学生或厌恶另一部分学生。其次，在处理教师与其他教职员工的关系时，教师要具有宽容和团结协作的意识，对所有的同事公平对待，相互尊重。不但要尊重同一学科的同事，而且要尊重不同学科的同事；不但要尊重已经做出优秀成绩的同事，而且要尊重暂时处于后进状态的同事；不但要尊重和自己志同道合的同事，而且要尊重持不同学术观点和教育思想的同事；不但要尊重年龄较长的同事，而且要尊重和自己同龄或比自己年轻的同事；不但要尊重学校领导，而且要尊重其他行政管理人员；不但要尊重从事教学或行政管理的同事，而且要尊重从事后勤服务、离休退休的同事。

最后，教师也要尊重和维护自己的人权，在自己人身权利、人格权利、经济权利、社会权利、文化权利以及政治权利等受到侵犯时敢于抗争。

高层次的人道要求教师在专业道德实践的过程中要"使人成为人"，积极促进个体的自由发展。我们知道，每个人都是一种未完成的生命，都是有局限、有欠缺性的存在，总是处在一种未完成的状态之中。因此，教育不仅要着眼于人的当下状态，还要面向人的"理想境界"，让人不断地由"实然存在"向"应然存在"提升和跃迁，把人性中所蕴含的丰富潜能充分释放与发挥，使它们达到所能达到的最高限度和最完满的境界——这就是人的自我实现与自我完善。教师在专业道德实践的过程中，对自身和学生的自我实现与自我完善负有不可推卸的责任与义务。因此，教师要关爱学生并自强不息。

教师要"使学生成为人"，必然会在尊重学生的基础上，进一步关心学生，把学生的痛苦或不幸以及他们在各方面的良好发展放在心上，关注他们生活的冷暖、学习的进步以及他们做人的好坏，为他们的发展创造条件，并能在需要的时候给予必要的帮助和指导。教师要"使学生成为人"，必然会在尊重、关心学生的基础上，进一步热爱学生，把教育和培养学生作为自己的一生的事业，并把它与自己的人生意义和价值实现融为一体。教师不仅关心学生的成长与进步，还对他们的未来寄予满腔的热忱与期待。为了学生的发展，教师可以倾其所有，包括物质、金钱、知识、情感、时间甚至是生命。一旦学生的身心发展受到了伤害或威胁，教师会不顾一切地挺身而出。在汶川地震中舍己救学生的英雄教师，就是其中的典范。

二、民主

如果人道的伦理原则的最根本的要求就是"尊重人"、"把人当人看"，那么个人的事情要不要别人替他做主？大家伙的事情要不要由一个人或少数几个人说了算？除非有特殊情况，一般说来是不可以的，因为人道的原则必然要求人们对自己的事物当家作主，也就是要求民主。民主是"把人当人看"，对人的自主性、自由的类本质的积极确认：在个人层次上，它使个人拥有独立地处理属于自己的事务的权利；在组织层次上，它肯定了全体成员有参与事务的权利。可见，民主在以平等为存在条件和基础的前提下，把每个人都看作是具有独立人格的人，从而使人的人格尊严得到尊重，人的主体性得到肯定。在民主的内涵里，人不是作为工具和手段，而是当作目的。在外延上，民主作为人性、人道在社会关系中的具体展开，可以适用于从日常生活到生产、分配、政治、教育、文化等社会领域。

教师要在自己的专业道德实践中贯彻民主原则，首先要宣扬民主意识，宣扬人作为活动的主体应该自己主宰自己的命运。民主的理想就是要实现人类社会本身和人自身的自我管理,而不应该服从那种完全异己的力量,不管这种力量是代表了神圣的"主义",还是具有超凡能力的个人权威,甚至是仅体现一部分人利益的法律条文。民主是人类进步的动力,不仅可以提高人们参与事务的积极性,激发人们解决问题、改善现状的真诚、热情与智慧,从而为人类的进步提供内在的精神动力;更为重要的是,它在很大程度上保证了人的活动不会背离人的目的和人的价值。

教师在自己的教育活动中,不仅可以把民主作为一种意识来宣扬,而且可以把民主作为一种认识方法来运用。所谓民主的认识方法,就是指通过讨论、交流、批评和论辩方式来深化和完善人们的认识。首先,民主的方法意味着人们可以自由地表达自己的思想,从而使自己的思想成为人类有用的资源。其次,由于民主的方法在认识活动过程中排斥独断、盲从,反对自以为是和强迫命令,因而,它对于求得正确的认识是有益的:一方面,可以通过民主讨论、争鸣达到共识;另一方面,可以在民主讨论和争鸣中,深化和完善人的认识。

民主还是一种事务参与。一方面,教师在自己的专业伦理实践中,要爱岗敬业,全心全意教书育人,不断提高自身素质和业务能力,做好自己的本职工作;要充分发挥主人翁精神,积极参与所在单位(包括年级、办公室、学系或学院、学校、学区等)的各方面事物的管理。另一方面,教师也要让更多的人参与到教育教学活动中来,充分发挥家庭教育、社会教育、学校教育的综合育人能力。教育民主的理想是人人都能参与教育,教育能反映所有人的智慧和才能。教育民主的结果必然使教育成为社会的公共事务,成为大众的教育,而非少数人的教育或专制的教育。

民主还是一种制度。制度既可以是民主的结果,又可以是民主的保障。首先,作为民主结果的制度是大家集体智慧的结晶,反映了大家的诉求,故应共同遵守,在教师专业伦理实践中集中表现为:教师要依法执教,不但要遵守国家及各级政府有关教育方面的法律法规,而且要积极贯彻所在单位民主制定的各项规定。其次,民主作为一种伦理原则或理想,永远处于从主体的理性要求向现实的转化之中,不断地追求自身的对象化与外化。民主制度作为民主的一种制度性的事实,赋予人们以广泛的教育参与权,赋予人们在教育活动中自主选择与活动的权利,肯定了人们对正当利益追求的合法性,从而为人们在教育活动中充分地享有自己的权利,充分发挥自己的自主性、积极性提供了坚实的制度保障。教师在自己的专业伦理实践活动中,要充分利用教育民主制度所赋予的教育权利,积极履行其所规定的教育责任与义务,并积极推进教育民主制度的建设与发展。

三、公平

什么是公平?公平最基本的含义就是各自都得到了他们应该得到的对待或报偿。可见,公平是一种价值取向或评判,一种对利益分配关系的价值认识和评价。公平既然涉及利益分配问题,必然涉及人与人之间的合作关系,因为人们只有在合作关系中才牵扯到利益分配。公平就是指这种利益分配的"合情合理"、"无偏袒",并不是"无差别"。在这里,"利益"的含义较广,泛指各种各样的社会价值、义务与权利,如收入与财富、自由与机会、自尊与友爱等等,公平就是反映这种利益分配关系的范畴,就是对这种利益分配关系的价值认识和价值评价。因此,公平就是表示社会合作体系中人与人之间利益分配关系的合理性。它不仅体现着"把人当人看",而且也有利于"使人成为人"。

在教育活动中,教师与学生、人员行政、管理人员、后勤人员、学生家长甚至是有关的社会人员之间都是一种合作的关系。因而,教师在自己的教学活动中,在自己的专业道德实践中,应当贯彻公平的伦理原则,正确处理与他人之间的利益分配,促进教育的进步。

首先,公平是推动教育发展的强劲动力。美国心理学家亚当斯指出,当系统内的某个人感到他所获得的结果和他投入的比值,与同类人(即和他的情况相同或极其相似的人)的这项比值相等时,就会产生公平感,反之,则会产生不公平感。公平感会进一步使人产生被尊重感、愉悦感和满足感,激发工作的积极性、主动性;不公则会导致不满,进而会诱发苦恼、不安,产生紧张心理,从而影响工作的积极性。根据亚当斯的理论,如果教师在专业道德实践活动中能够严格按照公平原则行事,就能保护和激发他人的积极性,调动人们工作、学习热情,发挥他们的创造精神和潜能,使其行为朝着所期望的目标发展。否则,便会出现反向的、消极的破坏力量,从而影响教育目标的实现。由此可见,公平在教育管理中发挥着强大的激励作用,它是调动人们积极性、推动教育向前发展的强劲动力。

其次,公平是教育活动不可或缺的评价尺度。公平作为一项伦理准则和价值追求,已经通过实践和体验深深地渗入了人们的灵魂,被人们普遍认同。对于教育活动中的行为及其结果,人们也自觉或不自觉地应用这一尺度来衡量、评价。如果每一位教师都能够在自己的教育活动中,注意坚持公平的原则,对不同资质和情况的人给予适当的教育(教育的个人公平),同时又关心弱势群体,追求所有的人都应该得到他所应该受到的教育(教育的社会公平),那么,教育公平的真正实现就指日可待了。

最后,公平是促进人的自由全面发展的需要。我们知道,人的自由全面发展是教育活动的终极伦理目标。而人的自由全面发展不仅指单个人或者某些人的自由全面发展,更主要是指所有人的自由全面发展。要实现所有人的自由全面发展就必须处理好人与人之间的关系,对个人自由进行某种限制。因为如果不对个人自由进行适当的限制,人们就为所欲为、各行其是,从而导致人与人之间的相互伤害,其结果必然是人们不能普遍地获得自由发展。而公平的伦理原则从某种程度上看,就是对个人自由的限制。当然,这种限制不是无限度的,而是最低限度的,即每一个人的自由不得妨碍和伤害他人的自由发展。可见,公平是人的自由全面发展的内在需要。教师在教育活动中应当利用公平原则,适当约束自己或他人,为所有人的自由全面发展创造条件,实现教育的终极伦理目标。

四、公益

公益是公共利益的简称。利益就是一切对人们有好处的东西,也就是人们所需要的东西。这种"好处"具体而言就是人们为了生存、享受和发展所需要的一切资源和条件。"公共"是相对于"私有"而言的,从最宽泛的意义上说,凡是涉及到一个人以上的对象都属于"公共"。狭义上的"公共"是指全体公民。有基于此,我们认为,公共利益或公益是牵涉公众的或全体公民的事情,是"指对全体公民的生活都有好处的一切东西,或指全体公民都可分享的好处"。[①] 公益是把人道的伦理原则在"全体公民"上的具体展开。它把"全体公民"

---

① 万俊人.现代公共管理伦理导论[M].北京:人民出版社,2005,123.

都当人看,并以促进"全体公民"的自由发展作为自己追求的目标。

教育是一项崇高的社会公益事业。不仅在我国,当今世界上几乎所有国家都强调教育的公益性质,并且大都在立法上给予明确确认。由此可见,教育具有公益性质是全世界人们的共识,最大限度地实现教育的公益性已成为世界各国开展教育活动的基本价值取向。教育为什么具有公益性质呢? 首先,从教育的性质来看,教育是以传播和扩散文化知识为主,兼而创新和生产文化知识,以及应用和物化文化知识的过程。文化知识属于公共物品的范畴,客观上具有公益性,作为对文化知识进行传播和扩散,以及进行创新和生产、应用和物化的教育,也不可避免地具有公益性。其次,从教育的目的来看,教育从根本上说不是为了谋求经济利益,而是从文化、精神、体质、社会诸方面开发人的潜能,从而促进每一个人乃至人类社会的生存和发展。一句话,教育的目的就是为了造福他人、社会乃至整个人类,公益性是教育的重要属性。

教师在教育活动中要坚持教育的公益性,首先,要坚持教育的社会共享性。既然教育是公众或全体公民共同的事业,那么,它就不能为特定的、部分的人群所支配、占有、享用,只反映他们的私有利益。教育是公共的、公众的,应该充分反映全体公民的利益,使社会的每一个成员都能享受到教育的"好处"。总之,教育具有社会共享性,教育之光应普照到社会的每一个人,使全体社会成员共同受益。然而,现实的、具体的教育受社会历史发展条件的限制,不可避免地为某一阶级、阶层、政党、政府服务,在较大程度上体现了它们的利益。教师必须明确分辨出哪些教育活动主要体现了"部分人"的利益,哪些体现了"全体人"的利益,并给予具体的说明或解释,并努力追求教育中的"全体人"的利益。如教师应反对教育的高收费政策,因为它把一部分交不起钱而理应受教育的人排斥到教育之外。同时,教师原则上应支持扩大免费义务教育的年限,以及降低教育收费的政策或做法。

其次,要坚持教育的非营利性。教育是公益性事业,不应当像企业那样以利润最大化作为自身追求的目标,也不应当以经济利益的多寡为衡量自身价值的标准,而是应当从社会需要出发,向社会提供公益服务和社会服务,通过自身的服务活动,促进社会的进步与发展。教师应当反对教育的"产业化",学校的"工厂化",人才培养的"标准化"、"批量生产"。同时,教师还要懂得:公益性的教育虽然不追求利润最大化,但也不盲目排斥正当的利益需求,因为教育公益性的实现需要一定的现实条件。所以,教育组织可以开展一定形式的经营性业务,针对服务对象的具体情况实行不同形式的服务,或无偿,或低偿,或付酬,这些服务也可以产生一定的盈余,但它不能以利润的形成在成员之间进行分配,而只能用于教育的继续发展,用于追求教育的公益目标。"盈余不分配"乃是教育的非营利性的实质所在。教师在专业伦理实践中应廉洁从教,反对任何人、任何组织利用教育牟利的做法。

教师在专业伦理实践中所坚持的四个伦理原则(人道、民主、公平、公益)之间是相互联系、不可分割的。人道原则是核心,是其他的三个原则的精髓或灵魂所在。民主、公平、公益是人道原则在教育实践活动中的具体的展开和体现,是实现教育人道的保证。人道、民主、公平、公益共同构成了一个完整的伦理原则体系,贯彻于全部教育活动之中,指导着教师全部的专业道德实践。

第五章 教师专业的道德信念

伴随着国家教育部门对教师要求的逐步提高,以及学校教育改革和素质教育深入实施的需要,教师专业发展成为当今教师改革的方向。教师专业发展不仅需要掌握专业知识、技能,更需要有专业的道德信念和理想,因为它不仅是对传统教师伦理的继承和发展,同时也是现代教师专业的道德要求,更是教师人格化的道德存在。探寻教师专业的道德信念不仅对教师专业发展具有指导意义,更对教育教学改革具有重要指导意义。

第一节 传统教师伦理的继承和发展

早在我国奴隶社会的商周时代,我国就已逐步开始了教育职业活动。尽管当时的学校只是一种雏形,并且学在官府,教师也是非官莫属,教师专业伦理也往往夹杂在政治道德和社会伦理中,尚没有系统化,但已提出教师必须遵守的道德原则却是确定无疑的。几千年来,尽管各朝各代对教师的具体道德要求不尽相同,但是其教师专业伦理的主导思想和基本精神是一致的、连贯的,从传统上看教师应该履行的道德规范和伦理要求主要包括:乐教、爱生和好学等。

一、乐教

多少年来,人们在颂扬教师的时候总用"春蚕到死丝方尽,蜡炬成灰泪始干"这一李商隐《无题》中的名句来表达对老师的崇敬之情,而广大教师也在这一名言的激励下,辛勤地工作着、耕耘着、奉献着,在为国家培养出一代又一代的接班人的同时,闪烁着自己光芒,实现着自己的人生价值。献身教育、教书育人,是教师道德规范的核心内容,处于教师道德规范体系的中心地位。作为一名教师,要有一辈子献身教育事业的雄心壮志,并以此为荣、以此为乐。

从教师形象上来看,教师不仅应德行高尚,而且要术业精深,这就意味着教师必须敬业勤业。敬业一词出自《礼记·学记》,原意是对学生"一年视离经辨意,三年视敬业乐群"。孔颖达疏:"敬业谓艺业长者敬而亲之,乐群谓群居朋友善者愿而乐之。"后来被扩展为包括师德在内的专业伦理要求。据《孙希旦集解引记》引朱熹语:"敬业者,专心致志以事其业也;乐群者,乐于取益以辅其仁也。"这意味着,教师不仅应该有热爱教育、忠于职守的敬业精神,还应该有与同行朋友友善相处、切磋学问的群体意识。切磋琢磨、精益求精、乐业勤业不仅是一般的技术道德要求,而且也是教师的治学道德要求,即必须以"业精于勤而荒于嬉"自警,遍览群书,掌握渊博的知识。孔子不辞劳苦,广集周、鲁、宋、杞等国的文献资料,研究与整理成《易》、《诗》、《书》、《礼》、《乐》、《春秋》等经典著作，这不但为弟子们提供了可供诵读的教材，也为后代留下了关于古代哲学、政治、伦理、历史、文化教育等多方面珍贵的文献资料。元代著名教育家许衡读书"不啻饥渴"，受命办学任教后，便食宿于校，"家事悉委其子师可，凡宾客来学中者皆谢绝之"。他说："学中若应接人事，诸生学业必有妨，外人谤訾是我一己之事，诸生学业乃上命也。"为了让弟子"习学算术"，许衡研究了自尧舜至元代 3605 年间的算学史，按年代编成一书，"令诸生诵"。① 这类敬业勤业、刻苦钻研、严谨治学的精神，实可为后世楷模，对于培养教师淡泊高洁、苦练内功、求真务实、锲而不舍的优良学风，具有重要启示意义。

乐业境界则是对敬业境界的进一步超越，乐教则是对于教师职业更高层次的要求。"乐业"一词源于《老子》中的"安其居乐其业"。对于乐业主要有两种理解：一是指把自己从事的本职工作视为有趣味的工作；二是指对自己从事的本职工作乐此不疲。那么，对于教师的乐教而言，乐教则是指教师以教为乐，在教育教学中成长、享受！当然，把乐教放在与敬业同一层次，主要是从教师对自己所从事的本职工作乐此不疲这一层次来定义乐教的。处于此种境界的教师其从业态度表现为对教育事业和学生的热爱和对自己从事的教育工作乐此不疲。大教育家孔子曾经指出："知之者不如好之者，好之者不如乐之者。"他明确表述了"知之"、"好之"和"乐之"的不同境界。在孔子看来，"乐之"是最高层次的职业态度。因而，以教师从业态度为依据来考虑教师专业伦理境界，那么乐业境界应该是教师专业伦理的最高境界，也就是乐教境界。可以说，只有做到了因喜欢教育并沉浸其中而不知疲倦的教师，才能创造出一流的业绩，为国家、为社会培养出一流的人才。

从传统教师伦理看，它强调积极入世，以"出世"的精神，干一番"入世"的大事业，讲究"修身"、"齐家"、"治国"、"平天下"的原则。孟子在《孟子·尽心章句上》中提出了道德伦理的"三乐"境界。他说："君子有三乐，而王天下不与存焉。父母俱存，兄弟无故，一乐也；仰不愧于天，俯不怍于人，二乐也；得天下英才而教育之，三乐也。"在三乐境界之中，父母兄弟和睦相处，乃是亲情之乐；做人处事能问心无愧，则是自身之乐。这种亲情与个人之乐，很多人通过修炼都能做到。第三乐就不同了，并非人人都能"得天下英才而教育之"。因而，第三乐乃极乐，是亲情与自身之乐无法比拟的，只有"立志乐道"的教师才能到达极乐的道德伦理境界。"教者，政之本也"，因此在老百姓心目中，教师是与天、地、君、亲并举者。所有这些教育传统对教师的期待与要求，都决定了乐教成为传统教师伦理的基本内容和重要体现。

二、爱生

儒家主张"仁者爱人"。对教师来说，爱人的具体表现就是关心、爱护学生。孔子把对学生的热爱，对教育职业的忠诚看做是教好学生、搞好教学的前提。他说："爱之，能勿劳乎？忠焉，能勿诲乎？"②

热爱学生，集中而又本质的表现，就是要在对学生传授知识的过程中做到"无私无隐"。

---

① 鲁斋遗书.卷十三附录.

② 论语·宪何.

孔子在学生面前为人的标准是："吾无隐乎尔。吾无行不与二三子者。"①孔子平等地、毫无保留地把自己的知识、品德传授给了学生们，甚至连他自己的亲儿子在他那里也未听到过"异闻"。当然，热爱学生不是放纵、迁就学生，而是要对学生严格要求，无论是在知识上还是在品德上，决不能降低标准去迎合学生苟且偷安的心理。除此以外，他还要求学生们在生活、学习、意志品质等方面刻苦磨炼，严格要求自己。孟子也要求教师要严格要求学生，要"苦其心志，劳其筋骨，饿其体肤"。② 对于这一点，王夫之也明确地指出，教人必须有严格的要求，学习必须向较高处努力。教师如果降低标准，"俯从"自己的学生，那只能使学生一辈子陷于"不知不能"的悲境，这是教师道德所绝对不允许的。

热爱学生还要平等待人，做到"有教无类"。"有教无类"是孔子关于教育对象的主张，也是他对教师提出的一项道德要求。孔子主张，只要他诚心求教，潜心学习，无论他贫富、贵贱、智愚、亲疏、远近、老幼等，都可以成为教育的对象，教师都应一视同仁，热心教诲。这是他"泛爱众，而亲仁"的伦理思想在教师职业中的具体体现和贯彻。孟子称他收学生是"来者不拒"。孔子说"自行束修以上，吾未尝无诲焉"。③ 事实上，孔子的学生来源是很广泛的，各种人都有。孔子"有教无类"的思想和实践不仅对当时扩大、普及教育，发展文化起广积极作用，而且成为后来教师赞美和效法的榜样，逐渐成为我国古代师德思想的一项主要内容。

教师爱生要尊重学生的人格，并注意发展学生的个性，发挥儿童的智力才能，让儿童主动地学习。蔡元培对束缚学生个性，压抑学生自由发展的封建主义教育进行了批判，指出这种教师对待学生就像"人之处置无机物然"的教育必须改变。新教育与旧教育的不同之处就在于新教育的"教育者非以吾人教育儿童，而吾人受教育于儿童之谓也"。教师应该懂得儿童身心发展的程序，并据此选择种种适当的方法去帮助他，就像农学家种植物一样。他强调教育必须以实验教育学为根底，认为"知教育者，与其守成法，毋宁尚自然；与其求划一，毋宁展个性"，要按实验研究的成果，因材施教，发展个性；遇有特别的天才的，总宜施以特别的教练。教师的职责在于充分调动学生学习的主动性，"看各人的个性，去帮助他们作业"，以达到使学生全面发展的目的。教育者要努力钻研教育科学，掌握先进的教学方法。教师的教学不能像注水入瓶那样，注满就算完事，重要的在于培养他们的学习兴趣，使他们学会举一反三，从具体的事物中抽出公例来，以达到学以致用的目的。

教师爱生就要信任学生。人对人信任的情感是一种特殊的教育功能，它可以鼓励学生上进，是培养和教育学生的一种好手段。当代青少年学生的"成人意识"增强，不再希望把他们当成小孩子看待，他们要求用自己的眼睛去看待事物，自己去判断是非、决定取舍、渴望成人的理解和信任。教师信任学生，可以给学生以信心和力量，可以变消极因素为积极因素。因此，教师不但要相信"优秀"的学生，对有缺点错误的学生也应相信，要充分理解他们，信任他们，引导他们不断前进。正如"罗森塔尔效应"一样，教师的期待能改变学生的一生，那么学生往往从教师的信任和期待中，体验到人的尊严，激发自己不断进取，从而使先进更先进，后进赶先进，如果教师无端地猜测或怀疑学生，特别是对犯错误的后进生，这不仅会伤害他

---

① 论语·述尔.
② 孟子·告子.
③ 论语·述尔.

的自尊心,甚至会毁掉一个学生。

曾经有一位网名为"傻帽老师"的老师在网上发出了一个问题:"作为老师,你会喜欢每一位学生吗?"对此,网友们回答如下:

1. 我不一定对每位学生都喜欢,但我一定对每位学生平等;

2. 尊重每一个学生,我完全能够做到;喜欢每一个,可能有的时候做得不够;

3. 其实大家认真地去观察的话,每个同学都有着他的可爱之处,不要只盯着他们的缺点,慢慢的你就会喜欢每一个学生;

4. 品行好的学生我一定喜欢,不一定成绩好;

5. 我也是的,品行差的学生,真头痛;

6. 对学生的态度只要对得起天地良心即可! 换位思考一下,如果你是家长,你希望老师怎样对待自己的孩子? 试着和每位学生沟通,试着去寻找每个学生身上的可爱之处,你会发现每个孩子其实都是挺棒的。

为此,我们可以说教师爱学生是教育学生的感情基础。因为,爱是人们身上普遍存在的一种心理要求,人们想得到别人的爱,又想爱别人,人类生活充满着爱的关系。一个孩子从出生到上幼儿园、小学之前,首先得到的是父母、长辈们的爱,这是他身心发展的必要环境因素。当他们进入幼儿园、小学后,就常常把需求父母爱的感情转移到老师身上,他们期望得到老师的爱,这种期望甚至比对父母的爱还强烈,因为他们生活、学习的大部分时间都是同教师一起度过的。孩子们的心灵像一张"白纸",对老师的思想品德、知识、才能、情感、意志产生崇拜、敬佩。学生渴望得到教师的指教、肯定和赞许,由此促使学生产生积极的情绪体验,从而转化为接受教育的内在动力。这表明,教师在教育学生时,一定要满怀真挚热烈的感情,以爱的教育感染和打动学生的内心世界。无数事实证明,当教师给学生以爱,当教师以自己热诚的情感去满足学生们的情感需要时,学生们是容易接受教育的。

从职业情感来看,爱生是教师在专业道德实践中所具有的专业性情感。正如美国教育者彼得·基·贝得勒在《我为什么当教师》一文中例举了很多他当教师的理由,他认为其中最强烈的是,"当一名教师好比在创造生命,我可以看到我所孕育的泥人开始呼吸。没有什么能比那么近的亲眼看到生命的呼吸更令人激动了"。① 同理,夏丏尊先生 1924 年在亚米契斯的《爱的教育》译序中提到,"教育没有了情爱,就成了无水的池,任你四方形也罢,圆形也罢,总逃不了一个空虚"。可见,爱生是教师专业伦理的重要内容之一,爱与不爱学生成为衡量教师素质最重要的标准之一。教师对学生的爱,不仅仅是出于人对人、成人对儿童的自然之情,更为重要的是具有理性的自觉之爱。这种爱不是母爱,但胜似母爱,她是无私、"无类"、不求回报的;她超越了母爱的"盲目性"。② 她是教师在对学生身心发展规律有了充分认知、对教育本质有了真正领悟、对教师职能和角色有了清晰把握的基础上形成的理性之爱。斯宾塞曾指出:"野蛮产生野蛮,仁爱产生仁爱,这就是真理。待儿童没有同情,他们就变得没有同情;而以应有的友情对待他们就是一个培养他们的友情的手段。"③

---

① [美]彼得·基·贝得勒. 我为什么要当教师[J]. 读者文摘,198(5):3.

② 朱小曼. 教育职场:教师的道德成长[M]. 北京:教育科学出版社,2004,55.

③ [英]斯宾塞著,胡毅译. 教育论[M]. 北京:人民教育出版社,1962,107.

把教师对学生的爱通过友善的态度、亲近的言行和期望的表情传达给学生,对学生的智力发展、学业成绩的提高都有明显的积极影响。教师之爱就是对学生不自由的束缚的解脱,就能使学生个性得以发挥和展示。

三、好学

在中国传统师德中,好学进取是教师履行职责的重要保证。学习态度、知识水平,对一般人来说,本身并不具有道德含义,但由于教师职业的特殊性,赋予了教师本人的学习态度和业务能力以道德意义。教师必须具有良好的知识素养和教育教学能力,才能承担起培养人才的重任。否则,就会如黄宗羲所说的"道之未闻,业之未精,有惑而不能解,则非师矣"①。因此,教师在追求和运用知识的过程中,必须有尚知爱智、勤思穷理、开拓创新、谦虚谨慎的态度,具有不倦的好学进取精神。这主要体现在几个方面:

1. 好学博识

《礼记·学记》中指出"能博喻然后能为师",作为人师必须广泛地通晓知识。孔子认为"博学而笃志,切问而近思,仁在其中矣"。② 即教师要成为仁爱的人,必须广博地学习而且持之以恒,学习经常问计于自己有密切关系的问题,而且经常思考与自己密切相关的问题。王充也有同样的看法,"古今不知,称师如何!"③传统师德从教师的特殊地位出发,在强调博喻的同时还要求教师要"学而知不足",子曰,"温故而知新,可以为师矣"。④ 这里蕴涵的思想一方面包括学是为了思,为了增强人类认识的力量,提高认识世界、改造世界的水平;一方面表明学是为了创造,为了推动社会的发展而学习。自西汉起,"温故知新"就成为官方选拔聘任教师所遵循的主要思想原则。

2. 疑旧知新

尽管"中土之学,必求古训",将尊师重道、守护师说视为学生的责任、为师的必备条件。但与尊古同时并存的还有疑古。孔子提倡质疑、欢迎学生提问,"吾与回言终日,不唯,如愚",认为读书不思考受欺骗,不提出相反观点是愚蠢。孟子早也训示学生,"尽信书,不如无书"。博学只是问题的一个方面,更重要的是学思结合,创造性地发现新的知识,以此去开启学生的智慧。不仅要"博学之",更要"审问之,慎思之,明辨之"。

有一位工作多年的老师回顾这一学期的失败,他认为这一学期的教学比他前十年的教学总和都更让他明白什么叫教育。他讲道,"我在一所公立学校里,带了好几个班并且每班人数80个左右,但我其实从未具体地关心过大多数学生的心灵。也就是说,在公立学校,我首先是一个学科老师而不是教育者,我每天大部分的时间是用来备课而不是与学生交谈,我只考虑我提供什么而很少考虑学生需要什么。但在私立学校,这一切颠倒过来了,我不得不把更多的时间花在与学生的沟通上,而用在备课上的时间却大大缩短了。我曾经为此抱怨,但现在看来,我花在与学生沟通上的时间不是太少,而是严重不足。我渐渐地明白,老师首先是一个教育者,其次才是一个学科老师。"这段经历告诉我一个道理,所谓的专业化,并不

---

① 南雷文案·续师说.

② 论语·子张.

③ 论衡·谢短.

④ 论语·为政.

仅仅是知识化,老师的专业化应该首先指一种人际沟通的能力,其次才是学科知识能力,人际沟通能力应该是教学能力的首要因素。

3.知行并重

在中国古代教师道德思想中,对知行关系进行了深入地探讨,其实质是研究"致知"和"力行"的关系,强调知行的统一,尤其是老师需言行一致。荀况认为,"不闻不若闻之,闻之不若见之,见之不若知之,知之不若行之。学至于行之而止矣。"[①]墨子认为,教师的好声誉,绝不能从取巧中得到,只有"以身戴行","得一善言,附于其身",[②]随时随地见诸实行,做到言行一致,"言必信,行必果,使言行之合,犹合符节也"。意思是说,教师讲话要使学生相信,教师的行为一定要符合教师的许诺,这样才能使言行符合(符节是古代朝廷用作凭证的信物)。朱熹也说,"学之之博,未若知之之要。知之之要,未若行之之实";要使道德修养达到目标,"功夫全在行上"。[③]　王阳明在《传习录》中说,"知是行的主意,行是知的功夫,知是行之始,行是知之成。"

当然,中国传统上对教师的要求不止乐教、爱生和好学,但是对于现代教师的专业伦理道德要求看,这些方面却成为面临现代社会环境时亟须加强的重要方面。为此,在教师专业发展道路上,加强教师专业伦理建设,强调教师思想建设成为当今教育现代化以后的重要方向。

第二节　现代教师专业的道德要求

现代教师面临的教育环境发生了很大的变革,无论是教学环境还是学生主体都要求教师具有更高的道德水准,这不仅是对教师个人思想品德的要求,已经成为现代教师的专业道德要求。道德义务作为最基本的道德规范,要求教师要严格要求自己,为人师表;道德公正作为最核心的道德追求,要求教师面临复杂环境时,客观公正;而道德良心作为最高的道德要求,则要求教师不仅能履行道德义务,做到道德公正,同时要经常内省、反思,追求高尚的道德人格,直至不局限于职业要求内化为自身的思想情感。

一、最高的道德要求——道德良心

教师道德良心,是指教师对社会和他人履行义务的道德责任感和自我评价能力,是教师个人意识中各种道德心理因素的有机结合。它是教师在教育职业活动中,在履行道德义务过程中产生和形成的心理情感。

教师道德良心,首先体现为教师职业意识中的一种强烈的道德责任感。它是教师在教育职业活动中,对自己应当履行的道德职责和使命有着深刻的认识和理解,从而把对教育事业和他人的义务和责任上升到自己本身的义务和责任。这种高度自觉的道德义务责任感,

① 荀子·儒效.
② 墨子·修身.
③ 朱子语录.第十三卷.

是教师个人的专业伦理意识的深刻体现,也就成了教师个人的专业伦理良心。

教师道德良心,又体现为教师职业意识中进行自我评价的能力。教师道德良心是教师在深刻理解一定社会和阶级的道德原则和道德规范的基础上,按照专业伦理要求去选择自己的行为,并以高度负责的态度,对自己行为的善恶价值,进行自我判断和评价。因此,教师道德良心也表现为这样一种心理过程:当自己的行为违背了自己的"良知"时,就会受到良心责备,从而促使自己调整行为。

教师道德良心,还是多种心理因素在教师职业意识中的有机结合。教师道德良心作为一种道德责任感,它是教师对社会和学生的义务感的强烈表现;作为一种自我评价能力,它是一定的道德原则和规范在教师内心深处形成的稳定的信念和意志。就其全部内容而言,它是道德认识、道德情感、道德意志和道德信念等各种道德心理因素在教师职业意识中的有机统一,是这些道德心理因素相互作用的结果。

在教育和教学工作中,教师道德良心对教师的行为能经常地进行道德上的自我监控。由于当今的教育教学管理大多集中于课堂教学中,对于教师的职业情感要求比较低,并且外部监督力量常常是微小的,且约束性也较弱,因此,教师道德良心的自我监控作用显得十分重要。在别人没有干预或无法干预的领域,教师道德良心是使自己内心世界去服从道德规则的自我法庭。凡是符合道德要求的情感、信念和意志就给予激励和强化,凡不符合道德要求的情感、欲望和冲动便予以制止和克服。在整个教育教学行为结束以后,教师道德良心又能对行为的后果和影响起自我评价作用。当教师看到自己的行为履行了道德义务,合乎教师道德要求,产生良好的效果和影响,有益于学生的全面发展,有益于教育事业利益时,就会在心理上得到一种满足和欣慰,从而进行道德上的自我肯定;当教师看到自己的行为没有履行道德义务,违背了教师道德要求,产生了不良后果和影响,从而损害了学生和教育事业利益时,就会在心理上产生内疚、惭愧和悔恨,从而进行道德上的自我谴责。这种自我谴责,往往会形成一种力量,促使教师自觉地纠正自己的错误,改变自己的行为。正是在这个意义上,人们把良心比喻为"道德的卫士"和"内心的道德法庭"。

有一位学生曾经很苦恼地说:"老师,我好像做什么都不行啊,我很少能成功。"于是老师告诉她:"从今天开始,老师在你的《成长之路》上开辟一个新的专栏,就是每天你都要和老师一起分享你当天最大的成功。""每月都有吗?"她有点惊讶,"要是没有呢?"老师笑着说:"不可能的,只要你坚信这是你今天最大的成功,那就是了,它可以是一次考试的成功,可以是一次作业的满分,可以是一节课上的专心致志,也可以是……很快地,老师就和她一起分享一些成功了,可能在一般人的眼中,这些成功很微不足道,但是对于她来说,却是很重要的。一段时间下来,老师把英语课代表的任务交给了她,她的任务也完成得不错。更令人惊喜的是,从此她变得自信多了,在各方面都有了很大的进步。对于这样的学生,老师主要解决这个学生的自信问题,采用的办法是成功教育法——让学生自己发现自己的成功,积累小成功增长自信,实际上这也是一种自我赏识的教育。

总之,教师道德良心是教师行为的内在指导和调节者,在教师职业劳动过程中和道德生活中起着巨大的作用。它往往左右着人们道德意识的各个方面,贯穿于行为过程的各个阶段,成为教师内心世界的重要支柱,而这种"心理自觉"更成为教师职业的一种专业道德的最高追求。

二、最基本的道德规范——道德义务

在社会生活中,个体的人要求得生存,就必须同其他人发生一定的联系,承受他人和社会的恩惠。同时,在这种相互联系中,不管个体自身是否意识到或者是否承认,客观上都对社会和他人负有一定的责任,这种责任就是义务。因此,义务就是个人对社会,个人对他人应当承担的责任,它往往同使命、职责等具有同等的意义。每个社会成员在社会生活中既享有一定的权利,也必须履行一定的义务。义务是多种多样的,有对国家、民族、阶级和人类承担的政治义务、法律义务,有对所处的团体和从事的职业承担的职业义务,有夫妻之间或对老人或对子女承担的家庭义务等。

道德义务就是个人自觉无私地对社会、他人所承担的道德责任,是一定社会或阶级的道德原则和道德规范对人们行为的要求。道德义务一般可以分为两大类:一类是个人对社会的义务,即对民族、国家、阶级、政党等所负的道德责任;一类是个人对他人的义务,即对家庭成员、亲朋、同事等所负的责任。那么道德义务是怎样产生的呢? 马克思主义认为:一方面它是客观存在的社会现实关系的反映,正如马克思和恩格斯所说:"作为确定的人,现实的人,你就有规定,就有使命,就有任务,至于你是否意识到这一点,那都是无所谓的。"社会的人必定生活在各种社会关系之中,从而也必然有一定的道德义务。另一方面,在阶级社会中人们都在一定的阶级地位中生活,同一定的阶级利益和民族利益相联系,因而道德义务是一定社会和阶级的道德原则和规范对人们行为要求的反映。

教师道德义务是教师在从事教育职业活动时对社会和他人应承担的责任。教师作为社会成员,具有多种身份,扮演着多种角色,从而承担着各种各样的道德义务。作为一个公民,他要履行爱祖国的义务;作为子女,他要履行赡养父母的义务;作为家长,他要履行抚育后代的义务;等等。而作为教师,他必须履行教书育人的义务。教师的道德义务,是教师的社会道德义务中的一个重要内容,教师直接为学生服务,就是间接地为国家、为社会、为他人服务。我国教师的道德义务就表现为在学校教学、科研等职业活动中,对国家、社会、学生及其家长、教师集体等承担一定的责任,履行一定的职责,其最终目的就是为完成教师的职业教学任务,这也是教师职业的最基本道德规范。

三、最核心的道德追求——道德公正

教师道德公正,是在教育过程中逐步形成的。在教育过程中,教师根据平等原则处事和待人接物,处理自己和他人之间的道德关系,在内心深处逐渐形成了公正这样一种道德意识和道德信念。这种公正观,既受社会总体道德公正原则的指导,又受教育职业活动特点的影响。因此,教师道德公正,就是指教师在职业活动中处理人与人之间的关系和各种事情时能做到坚持原则、为人正直、公平合理地对待和评价全体合作者。其中,公平合理地对待和评价所有学生,是教师道德公正最基本的要求。教师道德公正不但是社会、他人和学生对教师的基本道德要求,也是教师个人应有的起码的道德品质。只有具备公正品质的教师,才能正确履行教师道德义务,才会有教育教学上的威信,才能指导教育过程顺利进行。很难设想,一个没有公正品质的教师,能真正热爱每一个学生,能正确处理各种人际关系,能为教育事业作出大的贡献。

　　教师道德公正作为对教师职业行为的一项重要道德要求,对于学生成才具有重要作用。学生能否成才,一方面取决于他个人的主观努力程度,另一方面还取决于他的成才环境。教师的公正,是为学生创造良好的成才环境的重要条件。教师的教育活动,是教师和学生的一种特殊的双边活动,在这种特殊的双边活动中,如果只有教师的主导作用,而无学生的能动作用,教育效果是很难达到的。要想使自己的教育活动获得最佳效果,实现预期的目的,其中一个很重要的方面就是教师能善良正直、公正无私地对待每一个学生,这样就会激发学生的学习积极性,增强公平的竞争意识,形成良好的学风,从而促进成才环境的优化。反之,则会造成学生心理上的不平衡,难以调动学习积极性,也就难以形成良好的成才环境。

　　另外,教师道德公正对于教师威信具有直接意义。学生对教师的尊敬信赖,反映在教师身上,就体现为教师的威信。教师威信是教师成功地开展教育活动的重要条件。它的产生不外乎两个方面的原因,一是权力性影响,二是非权力性影响。权力性影响主要是传统、职位、资历三种因素,这些都是教师威信形成的外界因素。非权力性影响,则是由教师自身的素质和言行所决定的。相比之下,非权力性影响是一种更为深刻持久的影响。它主要由教师本身的品格、才能、知识、感情四种因素构成,其中品格是形成威信的本质和基础。在品格因素中,公正又是关键。教师对学生能做到办事公正,学生就会心服口服,尊敬教师的品格,佩服教师的知识、才能,进而在感情上也会信赖教师,从而确立教师威信。不然,往往就会引起学生的不满,使师生矛盾激化,也就无教师威信可言。在许多学生心目中,对教师最不能原谅的品格缺陷就是不公正。教师行为公正,才能赢得学生的信赖和尊重;教师行为不公正则会严重损害自己在学生中的形象和威信。

　　从道德品质上讲,公正是教师的一种美德,它体现了教师在教育教学过程中的一种高尚人格。这种品质对学生会起到为人师表、以身立教的示范榜样作用。学生在教师的教导和影响下,逐步培养了公正意识和公正行为,对别人、对工作、对社会也会采取公正的态度。在学生的心目中,每个教师都是社会上公正无私、正直善良等美好品行的体现,这种期望是纯洁的、宝贵的。在师生的直接交往中,如果这种期望在教师身上成为客观现实,就会给学生道德心灵的成长以极其有益的影响,激励他们追求真、善、美,培养其优秀的品质。反之,如果学生发现这种美好的期望在他们所尊敬的教师身上并不存在,就会在他们的道德心灵上投下阴影,甚至会由此怀疑公正无私、正直善良这些美好的品质是否在生活中真的存在,影响他们对美德和善行的可贵追求。

　　教师因职业而感到幸福,教师也因职业提出了更高的道德要求,这不仅仅是职业发展的需要,更是专业化发展的必须。作为教书育人的教师,传授的不仅仅是知识、技能,还有影响人一生的思想品质,这些都来自于教师的专业思想品质、专业态度、情感,在教育现代化以后,加强教育的"软件建设"和教师的思想建设已经提上日程。

第三节　人格化的道德存在

　　教师是一个古老的职业,没有哪一个职业能像教师一样获得这样多的赞誉。古往今来,人们曾把教师比喻成"圣人"、"人类灵魂的工程师"、"辛勤的园丁"、"春蚕"、"蜡烛"、"托起太阳的人"等等。这些称谓表达了人们对教师无私奉献精神的赞扬,也反映了对教师职业理想道德人格的期待,并在实际中逐渐变成人们对教师职业实际的角色期望。教师不仅在学校中要"为人师表",甚至在日常生活中也常常被期望成为"道德的象征"、"行为的楷模"。因而这实际上已经超越了一般专业伦理的要求,而成为了一种职业与生活合一的高度人格化的专业伦理。当然,这种人格化专业伦理要求也是由教育的内在需要决定的,正如乌申斯基所指出的,"在教育中,一切都基于教师的人格,因为教育力量只有从活的人格源泉中产生出来,只有人格才能影响人格的形成和发展,只有性格才能形成性格"。教师的人格魅力是一种巨大的精神感召力量,一名好的教师,其本身就是一部好的活生生的教科书,为此,从教师发展来看,必须加强教师道德人格修养,展示教师道德人格力量和魅力。

一、教师专业人格的道德修养

人格一词,有颇多歧义的范畴。在心理学中,人格是指一个人身上经常而稳定地表现出来的心理特征总和,也即个性。"人格"这个词在现代的使用中尽管包含了各种各样的含义,但基本上还是非常相似的。美国出版的研究杂志《人格》在其陈述中指出"人格"经常被用来叙述与核心价值观念有关的品质,这些品质包括"坚韧、机智、自信、宽容和忠诚",很多时候我们也会把"道德品质"与"人格"互换。

教师不仅是科学文化知识的传授者,也是按照一定的世界观、人生观塑造新一代灵魂的塑造者。因此,教师随时随地都以自身的"身教"和"言教"对学生的做人产生潜移默化的影响。教师理想人格的示范作用,较之理性的道德教化,具有某种直观的、形象的特点。19世纪德国教育学家第斯多惠认为,"教师本人是学校里重要的师表,是直观的最有教益的模范,是学生最活生生的榜样。学校的重要性基本等于学校教师的重要性。所以,教师作为学生灵魂的塑造者,其自身必须首先是品德高尚的人。"[①]教师道德修养是教师道德上的自我教育、自我提高过程,这一过程具体包括:提高道德认识、陶冶道德情感、磨炼道德意志、坚定道德信念和养成道德行为习惯等。

(一)提高教师道德认识

所谓教师道德认识,指教师在从事教育活动过程中,对一定社会或阶级的道德关系、道德原则及对本职业活动应具有的道德原则、规范、范畴等的理解和掌握。道德认识是形成道德品质的起点和基础。没有正确的道德认识,就不会有良好的道德情感和道德行为。所以,历代政府和思想家都十分重视道德修养的原因之一,就是依据一定道德原则和规范开展内部的思想斗争,从而促进道德意识水平的提高。

(二)陶冶教师道德情感

所谓道德情感,就是指教师依据一定的道德认识,在处理道德关系、评价道德行为时所产生的善、恶、正、邪的感情。一般说来,道德情感来源于教师对道德关系的认识,但是有了某种道德认识,并不一定会有相应的道德情感,要形成道德情感,必须要在具体的道德生活实践中加以切身体验才能逐步形成起来。一旦确立了强烈的道德情感,就能通过内心情绪

---

① ［德］第斯多惠.德国教师培养指南[M].北京:人民教育出版社,1990,98.

体验、对道德行为起着迅速而持久的定向作用,成为道德行为选择的一种强烈的内在动力。

(三)磨炼教师道德意志

道德意志是决定教师能否坚持正确道德信念、提高道德水平的重要条件,也是评价一个人是否具有一定的道德品质的重要内容。道德意志坚强,就能做到"富贵不能淫、贫贱不能移、威武不能屈",而道德意志薄弱的人则不能做到这一点。教师所从事的工作是一项复杂的脑力加体力劳动,其工作富有探索性、创造性,而且教师的经济待遇、教学劳动的物质条件等方面还存有很多困难,导致教师在教育劳动过程中会遭遇逆境和挫折,这一切都不能忽视教师道德意志的培养与提升。

(四)坚定教师的道德信念

道德信念不是盲目的信念,不是迷信,而是以科学认识为前提的,是深刻的道德认识,是强烈的道德情感和坚强的道德意忘在社会生活和实践基础上的有机统一。道德信念是道德品质的核心,是比道德情感更深刻的道德行为产生的内在根据和动因。只有道德信念的牢固,才会以高尚的道德要求去选择道德行为,履行道德义务。教师道德修养正是通过道德的自我教育,确立坚定的道德信念。

(五)养成良好的道德行为习惯

良好的道德行为习惯是产生在高度的道德觉悟的基础上的,它具有自觉的、一贯的、稳定的行为倾向,即达到古人所说的"从心所欲,不逾矩"的程度。道德行为习惯的养成是一个人由不自觉、自发的道德行为转变为稳定的道德品质的关键环节。培养具有教师道德要求的行为习惯,说明这种道德已经"真正深入到我们的血肉里面去,真正地、完全地成为生活的组成部分"。

在教师的道德修养过程中,道德认识是基础,道德情感和道德意志是两个重要的内在条件,道德信念是核心,道德行为习惯的养成是结果。通过教师自觉地进行自我修养的道德实践,各个基本环节相互联系、相互影响、相互制约,达到有机统一,形成并促进道德品质的发展。一个具有高尚师德的人,一定是自觉地进行道德修养的人;而高尚师德的养成,恰是自觉开展道德修养的结果。当然,这涉及的仅是完成了某一教师特定的道德修养过程。随着社会发展、文明的演进,又会在新的更高层次上赋予教师更多的道德要求。因此只有持之以桓,才能不断提高自身的道德水平,达到更高的道德境界,完成教书育人的天职。就这点而言,教师的道德修养是永无止境的。

二、教师专业人格的道德力量

教师道德直接影响学生道德品质的形成和发展,这是教师道德义重要的社会作用。教育劳动的对象是学生,他们正处在道德品质的形成、发展时期,具有很大的可塑性,因而往往是从教师的教育活动中表现出来的道德知识和道德行为中,吸取各种善恶观念的。教师的道德面貌对学生道德品质的形成和发展起着十分重要的教育和影响作用。教师的一言一行都会对学生的心灵产生影响。正如加里宁所说:"教师的世界观,他的品行,他的生活,他对每一现象的态度都是这样或那样地影响着全体学生。"为此,我们可以大胆地说,如果教师热爱教育,那么这个教师的影响就会在某些学生身上永远留下痕迹。当然,塑造教师专业人格,不仅对于学生的成长、成才具有直接现实意义,对于教师发展也有重要意义。

第一,有利于保护教师个性和发展专业特色。尊重教师的自由与个性,尊重教师的独处与独立思考,是完整意义上的教师个人文化内涵的重要组成部分,西方一些洞见力强的学者已经对其积极意义作出了肯定。哈格里夫斯曾评价说:"教师的独处其实是一种可贵的品质,它显示了智力上的成熟,表明了他们能够从工作和兴趣中获取快乐,也许重要的一点是,独处能刺激创意和想象。"①富兰也曾说:"在走向更大范围合作的时候,我们不应该看不见个人主义的'好的一面'。独立思考和独立工作的能力对于教育改革是非常重要的,最新的思想往往产生于多样性和在团体边缘的人。"②从教师专业发展的角度来看,如果在教师群体中,每个教师的教学风格、知识与能力体系、专业发展体验等都大致相同,那么教师群体的专业分享与交流就显得没有必要。而在当前教师合作文化构建中所提倡的"差异性"、"相互批判性"等核心概念,正是以教师的个性和专业特色为基石的。

第二,有利于发挥教师的主体性和专业自主权,促进教师专业自主发展。教师作为专业人员,对自己的教育教学等专业工作,不仅有话语权,而且有实际执行的权力。发挥教师的主体性,让教师行使专业自主权,提升教师的专业自信,不仅有利于促进教师专业自主发展,而且是教师个人文化建设的重要内涵。哈格里夫斯曾经从后现代社会对教师工作和文化的挑战出发,对教师个人文化的独特价值进行了分析,认为教师个人文化的优点之一便是"有利于培养后现代教学所需要的核心能力——独立判断、自主抉择和创新能力"③。教师自主发展理论认为,教师的专业发展理想和归宿是自主发展,但其前提是教师必须具有主体地位、主体意识、自我发展意愿、自我发展能力等。如果教师没有自己的专业自主权利,推动教师由被动走向主动的自主发展是不可能实现的。因此,从保护教师专业自主、促进教师自主发展的角度来说,强调教师个人文化建设,塑造教师专业人格也是非常必要的。

人的生命活动与文化息息相关,人创造了文化,发展了文化,同时又受文化的影响。文化是人本质的反映,也是人格化存在的基本方式。人的生命以文化的方式而存在,文化则以人的活动及其生存方式为展现。教师精神文化是在教育活动和教育过程中生成与发展,在教育目标中体现其生命本真价值。而教师人格力量的影响,更体现了教师专业精神与文化的重要性,也显示了教师人格塑造的必要性。

三、教师专业人格的道德魅力

美国学者傅雷曼等认为,教师人格特质是影响学生学习的最主要因素,它比教师使用的教学方法、技术设备等都重要。教师职业的幸福不仅仅意味着因物质条件的满足而获得的快乐,而且还包含了通过充分发挥自身潜能而达到的完美体验。幸福感更多地表现为一种价值感,它从深层次上体现了人们对人生的目的与价值的追问,这更多地来自于教师专业人格的道德魅力。

① Hargreaves, A. Changing Teachers, Changing Times: Teachers' Work and Culture in the Post modern Age. London: Cassell, 1994, pp.163 – 185.

② [加]迈克尔·富兰. 变革的力量——透视教育改革[M]. 北京:教育科学出版社,2001.47.

③ Hargreaves, A. Changing Teachers, Changing Times: Teachers' Work and Culture in the Post modern Age. London: Cassell, 1994, pp.163 – 185.

（一）超越功利

人生在世，要生存和发展，必然会产生对一定的物质生活资料和精神生活资料的追求，关注功利是无可厚非的。对正当功利的追求也是推动社会发展和个人人生发展的强劲动力，但是，人又不能迷失在功利之中。对功利的不同态度往往反映了人的不同思想境界。一个人稍微有点清醒的意识就会发现，一个沉醉于功利的人，会把价值归属于结果，而把行动看做是不得已的手段。而作为一名教师，若把价值的关注只落在结果上，就会把教育工作当做是一种谋生手段，而不是当做一种事业来追求，由此就会遮蔽教师的天职——育人。杨启亮教授曾在座谈会中提出，"教师的职业境界有四个层次：一是把教育看成是社会对教师角色的规范、要求；二是把教育看做出于职业责任的活动；三是把教育活动看做是出于职业良心的活动；四是把教育活动当做幸福体验。"他认为，前两个境界是一种"他律"的取向，后两者是"自律"的取向，并建议教师实现从"他律"到"自律"的转变。① 教师的工作是一种高尚的、奉献性的工作，教师的最高境界是把教育当做幸福的活动。夸美纽斯把教师看做是太阳底下最光荣的高尚职业，正如大家对教师的描述一样"教师像蜡烛、像春蚕、像燃烧的火炬，他不断地燃烧自己、照亮别人"。教师的教育工作本身是一种创造性的、充满活力的、激动人心的活动，在市场经济功利价值极度扩张的情势下，要坚守一份清醒，耐得住清贫、耐得住寂寞。

（二）超越角色

"日常意识常把生活活动分为两部分，其中一部分是形式上的、凝固的、僵死的，它属于'无人称的'社会角色世界；另一部分则是'个人的'，有感情色彩的，代表着个体不受社会条件影响的'自己本身'。"② 一个好的教师能超越角色自我和个性自我而达到两者的完美统一。

教师作为一种角色，指的更多的是由教师这种社会职业所要求的客观规范和原则，而作为一种人格（个性）则指教师这个职业由被个人所承担而必然赋予教师本人的人格（个性）特征。角色意识要求教师以某种社会观念和准则来统摄自己的内心世界，而个性意识则根植于个体的生命存在，反映了教师对自己的内在需求、情感世界加以真实地把握。一个好的教师能在这两者之间保持一种合理的张力。过去，我们太强调教师的角色意识，要求教师用社会对教师的规范要求自己，用角色意识压抑个性意识，结果教师扮演的是缺乏生命活力和个性意蕴的"无个性"的人。教育要向人还原，坚持以人为本，首先必须赋予教师以个性的魅力。这就要求教师将角色审美化、个性化、感情化、情感化和人格化。因为教师的角色意识太强，会给学生造成一种教师是完人的印象：教师是完美的，没有错误的，没有内心冲突的，这在无形之中就拉开了教师与学生的距离；不仅如此，教师的个性也容易被教师角色的圣光所吞没。教师应向生活本身回归，就要把对真善美的追求和自身对科学、社会、人生的领悟融合起来，科学的理论加上生命的底蕴，向学生展示真实的生活画卷。唯有如此，才能增进师生双方的真正理解，使他们能够进入到对方丰富细致的生活经历和生活背景中去，能够敞开心扉进行交流。

① 李志英，王戈.谈教师的职业情感[J].卫生职业教育,2011(6):13.
② [苏联]科恩.佟景韩等译.自我论[M].北京：三联书店,1986,394.

（三）超越自尊

哈贝马斯在交往理论中特别强调，人际交往要真正体现出"主体间性"，必须促进"现实关联"，人际交往中的"话语"、"言说"、"表达"、"参与"等在相互的"沟通"、"理解"、"认同"上起着重要的作用。因此，在师生交往中，有必要改变教师的单向"话语"，创设一定的情境让学生"言说"、"表达"和"参与"。这样，可以激发学生学习的主体性、有利于其思维能力的开发。但是，这会对教师的心理产生一定的压力。教师被认为是学校博学多才的代表，但师生的双向交流，冷不丁学生会提出一些猝不及防的问题，教师会不会觉得这样很容易使自己难堪，有损教师尊严而拒绝与学生的双向交流呢？马斯洛认为，"自尊需要是人继生理需要、安全需要、归属与相爱的需要之后的一种基本需要，是人达到自我实现的立足点"。自尊是对自我的一种肯定，是渴望自己有能力、有实力、有成就的一种心理需要。教师积极的职业自尊心有助于教师不断地提高和完善自己来搞好教育工作；但是，教师消极的职业自尊心则有可能使其因太看重自己的威信而压抑学生的个性，固步自封而不求革新。因为自尊与自卑只有一步之遥，一旦权威受到挑战，一个人就很容易从自尊滑向自卑。因此，教师要真正做好教育工作，还需主动地放下自己的架子，超越自身的自尊与自卑而达到自信。诚然，教师也不是完人，总有自身薄弱或有缺陷的一面；而学生也是教师的一面镜子，教师经常地、主动地"照镜子"，可以敦促自己不断提高自身的素质，反思和改进教学，促进教学相长。

俄国著名教育家乌申斯基说过："教师的人格，就是教育工作的一切。"教师人格对学生的影响是"任何教科书、任何道德箴言、任何惩罚和奖励制度都不能代替的一种教育力量"。古希腊哲人苏格拉底曾经说过：未经审视的人生是不值得过的。为此，追寻教师理性人格也应成为教师专业伦理的至高目标。所谓理想人格就是在现实中具有实现可能性的、最值得追求和向往的个人思想和行为的综合，是现实生活中的健康人格的升华。在人类奔腾不息的历史长河中，教育是一首永远谱写不完的诗篇和乐章。只要有人类，就会有教育；只要有人类，就会有教师。教育赋予人类以智慧和美德，教育赋予社会以进步和光明。教师是教育事业和人类精神生命的重要创造者，教师的理想人格像茫茫大海中的航标灯，激励着学生沿着正确的方向探索与追寻。只有用创造的态度去对待工作的人，才能在完整意义上懂得工作的意义和享受工作的欢乐，才能使教师职业真正成为令人羡慕和富有内在尊严的职业，成为充满人类智慧、人性光辉和人格能力的职业。

我们拥有同一个名字——老师！

我们做着同一个职业——教师！

我们热爱同一个事业——教育！

第六章 心理层面的教师专业道德修养

任何一项专业均具有技能和道德两个层面的标准,教师专业发展也不例外。因此,教师专业发展包括教师专业技能和教师专业道德的发展,教师专业道德修养是教师专业发展的必然要求。

第一节 教师专业道德修养的心理基础

教育工作的复杂性和教师工作的专业属性决定了在学校教育中,一个合格的教师必须经过专门的训练,符合一定专业资质的要求,才能切实履行教师基本的专业职责,遵循教师的专业道德规范。

教师专业资质包括教师专业知识、教师专业技能和教师专业精神三个层面,它是教师专业道德修养的心理基础,也是评价教师专业化的重要尺度。从某种意义上讲,教师专业资质直接决定了教师专业能力并制约教师专业道德的发展。

一、教师专业道德修养的知识基础

教师专业知识是教师专业道德发展的基础,是教师对学生行为进行专业判断与诊断以及帮助学生改进与矫正的依据。教师专业知识包括教育学知识和教学知识,其中教育学知识包括学生发展理论、教育伦理学、学习论知识、课程论知识和教学论知识。

学生发展理论包括学生心理发展和学生道德发展。教师只有把学生发展方面的基础理论知识掌握得较为扎实,懂得各年龄阶段的学生是如何学习和思考的,才能够融会其所学的教育学知识,对课程实施过程中各种问题进行专业判断、分析、反思,然后紧紧围绕如何促进学生全面发展、选择相应的教学策略并展开道德的课程行动。

教育伦理学也称教师伦理学,教师的专业伦理修养包括教师在专业活动中如何对待自我、对待学生、对待同事以及教师作为学习共同体成员应该享有的基本权利和承担的专业职责的基本理论知识。作为教师专业知识的构成,教师伦理学知识有助于激发教师专业意识的觉醒,培育良好的专业精神,促成教师进一步完善自己的专业知识结构和专业技能,具备承担教师专业道德使命的专业能力。

学习理论是课程研究和教学研究的基础,也是教师专业知识的核心组成,它是建立在学生发展心理学和脑科学的基础上,重点探究学生学习的实质、学习的过程、学习的条件以及如何促进学生的学习。

课程理论是教学研究的基础,课程理论通过对课程基础、课程设计、课程规划、课程实施和课程评价的宏观研究,结合课程政策、课程领导、课程文化、隐性课程等专题探究,明确了教师在课程实施中的地位、作用、权力和责任,有助于教师把握自我在课程实施过程中应该承担的专业责任,及时反思自身教学实践,不断改进教学行为,逐渐促成学生学习方式的改变;如果从课程的视域来审视学生的学习,一个专业化的教师必须要对"教什么"和"为什么教这些"这两个基本的课程问题,作出专业的理解和回答。事实上,这两个课程问题的实质是"学生最适宜学什么"和"学生学这些有什么用",如果课程内容与学生的学习无法建立内在的联系,即课程知识对学生的学习不具有任何实质性意义,那么课程也便丧失了伦理价值存在的合理性基础;如果针对学生可能学习的内容,课程没有提供并借助教师予以呈现,那么教师也便失去了促进学生全面发展的责任担当。

教学理论是研究教师在课堂教学活动中以教学语言、教学行为、教学情感和教学态度构成的课堂教学互动模式和班级教学管理模式,是如何促成学生学习的发生和影响学生学习效率的专业理论知识。教学理论的研究范围应该至少涵盖教学信息论和教学艺术论两个维度,二者均离不开教师对学生心理发展的规律、水平以及学生发展的个体差异的把握。

在教师专业知识结构中,作为教学知识的有机构成,一般的常识、学科专业知识和信息技术知识是教师必须掌握的知识基础。常识是学生认知世界的基本框架和知识基础,是学生"学会生存"、获得日常生活能力的必不可少的个人经验。因此,常识教育是生活教育不可或缺的一部分,也是联系家庭教育和学校教育的重要桥梁,常识教育成为学生个人知识建构的前提和准备,重视常识在学生个人知识结构中的意义是教师专业意识觉醒的标志,它必然要求教师在课程规划中有意识地建立常识和知识的内在联系,把常识纳入教学知识的范畴并作为学生追求个人发展的全面基础,教师应该掌握的学科专业知识和信息技术知识必须满足学生全面发展的需要。因此,教师必须不断扩充自己的知识视野,不断改进自己的专业技能,满足学生日益增长的求知欲以及多样化的学习需求,才有可能承担促进学生全面发展的专业责任。

二、教师专业道德修养的技能基础

教师履行专业职责离不开一定的专业技能,而教师的专业技能只有在教学实践中通过教师本人的不断体验、领悟、反思、提升而逐渐形成。因而,教师具备了一定的专业知识,并不意味着已经具备可以驾轻就熟地应对和处理繁复、琐碎的日常教学问题的能力。教师专业发展离不开教师在实际教学情境中通过批判性反思,逐渐形成的具有情境化知识的个人专业技能,这种专业技能在本质上属于教师个人的默会知识。因此,教师在实际的教育实践活动中,只有不断丰富个人的教育教学经验,逐渐完善个人的专业技能并将其提升为个人的教学实践智慧,才能促使教师专业道德发展进入新的阶段。

教师专业技能制约、影响着教师专业道德发展的水平。教师专业技能是彰显教师专业道德发展水平的标志。这是因为一个人要成为有道德的人或是想实施某一道德行为,前提条件之一是他必须具备实施这一行为的能力。

教师专业技能包括:了解学生并与学生进行有效沟通、开发和利用课程资源、教学设计、班级管理、现代教学技术运用、教学测量与评价、学法指导以及教学反思、教学研究的能力等等。在教师专业技能中,了解学生并与学生进行有效沟通是教师必备的基本能力。在师生的对话中,教师言语的真诚可以为有效沟通扫清障碍,为学生对文本意义的理解、建构和转化获得可能的教育意义。从语言伦理学的视角来看,教师言语真诚应该包括两个层面:一是教师言语行为反映教师本人的真实动机和情感真实,不虚伪,在面对有争议的教学内容时,教师有勇气面对客观事实,敢于摒弃个人利益说出事实真相,不无理诡辩、强词夺理;二是在言语交际过程中,教师出于善良的动机和责任心,及时为学生提供必要的信息,进行有效的学法指导以帮助和促进学生学习的发生、扩展学生的学习机会。教师的言语真诚一旦得到学生的认同和回应,则可以安抚学生躁动的情绪并引导学生迅速进入学习发生的情境之中。

案例 1 一个小学女生跟老师说:"老师,我们在很认真地打扫教室的卫生,但男生只知道玩儿,还捣乱,我们警告了他们好几次他们都不听。"对于这个"小告密",老师有如下四种沟通方式:

方式一,老师说:"真的吗? 我去看看,如果老师看到他们真的在玩儿,那老师肯定会批评他们的,你们只管好好打扫就行。"(会给对方理解老师为不信任自己,再加上老师的命令性的口吻,可以说是不尊重的。)

方式二,老师说:"他们可真让人头疼啊,老师日后会警告他们的。"(有部分反映理解,但没及时回应对方的要求,只强调自己的立场和看法。)

方式三,老师说:"你们在认真干活,他们却在玩儿,他们总是那么不听话,真是讨厌啊。"(把对方作为有价值的人来看待,相信对方。)

方式四,老师说:"你们警告他们,但他们还在玩儿,所以来找老师,好,老师现在就去警告他们。"(这是最有效的积极应答,热心参与并帮助对方解决问题。)

教师对课程资源的开发能力包括激活潜在的课程资源、运用现成的课程资源和利用可能的课程资源,这一技能的习得离不开教师扎实的专业知识基础。对于学生而言,课程资源的稀缺性或丰富性直接决定和制约学习的范围、广度和角度以及学习发生的可能。教师的教学设计能力涉及教师对学生全面状况的把握、教学目标的拟定、课程资源的开发、教学媒体和信息技术的运用以及对可能出现的教学情境的想象及对每一种情境的应对措施等等,一切围绕如何使教学成为学生学习的支撑,促进有效学习的发生,指导学生掌握有效学习策略和方法,实现和追求课程总目标下的教学目标现实化,使课堂教学达致最优化设计,使得教师专业技能炉火纯青,以保障课程实施的实效性、连续性和发展性。

教师专业道德修养是教师追求技能提升与个人专业发展的动力,教师专业技能的提升需要建立在专业精神的前提下,建立在专业知识学习的基础上,落实在专业实践活动中。教师专业技能具有明显的情境性和创造性,其能否在教师实际的专业实践中得到有效地发挥,除了将专业知识作为基础,还取决于教师专业态度。

三、教师专业道德修养的态度基础

任何一项专门的职业,对从业人员都有着严格的准入要求,每一位初任教师除了必须具备一定的专业知识和专业技能基础外,还须具有一定的专业态度与专业精神。而教师的专业精神有助于提高教师专业声望,通过行业自律培育教师专业精神已经成为教师赢得专业声望的有效途径,同时也从另一个层面体现了行业从业人员专业道德发展的境界。教师专业精神涵括了教师的专业意识、专业信念和专业理想。其中教师的专业意识包括教师的专业态度、专业自主和专业自律。

教师专业意识的觉醒是教师不断反思和改进教学行为的前提，是教师专业可持续发展的思想基础。教师专业意识也是教师建立专业信念和专业理想的根本前提。从课程利益主体的视角来看，随着社会经济竞争的加剧，学生和家长在学校教育中的利益诉求必然要求教师具备提供高质量专业服务的能力，因而教师的专业意识涵括教师的服务意识、课程质量意识和行业竞争意识，折射出企业精神在学校教育中的渗透和影响，从而促使学校不断改进教育实践，真正凸显"以学生发展为本"的办学宗旨和教育价值追求。

从教师专业化的发展趋势来看，教师专业意识涵括教师专业自主和教师专业自律。所谓"教师专业自主"，是指教师在其专业领域里依凭其专业智慧，自觉履行专业职责，执行专业任务，包括促进课程发展、改进课堂教学、提供学法指导、对同行观摩教学进行专业评判或为学校发展组织决策，以维持其专业品质，以及不受非专业的外界干预的状态。"专业自主性"的本质是教师专业发展的相对独立性。所谓"教师专业自律"，是指教师在专业活动中一切围绕促进学生全面发展的课程目标，严格按照专业职责的要求和规范，有意识地控制自己的言行，并悬置自己可能造成对专业活动形成负面影响的个人偏好，以保证专业生活的品质和维护教师专业声望，凸显教师复杂工作内在的专业品格属性。[①] 当然，教师专业自律和教师专业自主有赖于教师较强的专业资质予以支持和保证。

教师专业精神的发展离不开专业信念的培育和坚守。从这种意义上讲，教师专业信念是教师专业道德发展的动力，也是教师应该遵循的道德基本原则，同时还是教师专业理想形成的基石。简言之，教师专业信念是教师专业的精神支柱。

随着教育改革的深入展开，教育观的更新和重建成为教师专业信念建立的必然要求。教师的学校观、校长观、教师观、学生观、家长观、课程观、教学观和学习观不仅反映了教师的教育价值追求，而且直接决定教师的专业信念的形成以及教师对这一信念的坚守。教师专业信念的坚守离不开教师将终身学习纳入职业生涯发展规划，通过终身学习不断更新个人专业知识结构，提高对专业对象的认识，为切实地履行专业职责奠定扎实的认识论基础，进而在真正意义上致力于促进学生全面的发展。

教师的专业理想既是教师专业的必然要求，也是教师作为行业的社会承诺，它是教师追求个人生命质量不断完善求得专业道德发展的精神支柱。教师专业理想在于教育"成人"的本体功能：教育的终极目的是为了人的幸福。教师的专业理想应该是致力于帮助学生成为幸福之人的同时也获得自身的幸福。

追求幸福是人类永恒的主题，正如休谟所说："一切人类努力的伟大目标在于获得幸福"。作为对生命进行注解的、触及人的心灵的教育理应要促进学生的幸福，诺丁斯曾说过："幸福与教育具有内在的一致性：幸福应当成为教育的目的，而好的教育增进个人与公共幸福。"而功利主义价值观的盛行导致了学生学习过程的苦不堪言，违背了教育的应有之义，以至于教育结果的幸福往往是以过程的牺牲为代价的。

不同的人对幸福有不同的理解，康德曾困惑地说："幸福的概念如此模糊，以致虽然人人

---

① 钟启泉. "教师专业化"的误区及其批判[J]. 教育发展研究,2003(4).

都想得到它,但是,却谁也不能对自己所决意追求或选择的东西,说得清楚明白,条理一贯。"①教育作为一种"成人"的活动,理应要关照人的幸福,著名教育家乌申斯基说过:"教育的主要目的在于使学生获得幸福,不能为任何不相干的利益而牺牲这种幸福,这一点当然是勿庸置疑的。"所以从某种意义上讲,教育之于幸福既是一种应然追求,也是一种实然存在。教育的价值终极性决定了教育对人的幸福的关涉。

教育过程应该以学生当下的幸福生活为根基,其归宿是让学生获得幸福,体验到幸福,实现教育过程和结果的高度统一才是我们真正意义上的幸福教育。

首先,教师要做好对学生幸福感的引导,培养学生积极向上的幸福观,当个人的幸福不能以牺牲他人和群体的幸福为前提,当个人幸福和社会共同体的幸福发生冲突时要随时调节自己的幸福观。其次,教师应提高自己的专业水准,弘扬自己的专业个性,不机械重复教育内容,创设轻松、快乐的学习氛围,注重创设教学情境等一系列方式,使学生感到学习是愉快的。第三,在教育过程中,教师应坚持"以人为本",把学生当成真正意义上的"人"来看,注重创建和谐融洽的师生关系,教师要以民主平等的态度对待每一位学生,尊重学生的人格和尊严,这是教育过程幸福的重要前提。第四,在课程实施过程中,教师要认真钻研教材的教学内容以及其情感部分,激发学生的学习兴趣,学生的主动发展才能成为现实,学生现实和未来的幸福才有实现的可能。第五,在课程评价过程中,注意体现和挖掘"人"的存在,把评价的最终落脚点放在培养学生感受和创造幸福的能力上,这是教育过程幸福的重要保障。

第二节　教师专业道德的心理构成

教师专业道德由教师专业品德和教师专业职责构成,教师具备专业品德是为了更充分履行专业职责,这也是树立教师专业声望的必要条件。

一、教师的专业品德

教师的专业品德是建立在教师专业伦理和公民道德基础上,它特指教师在从事复杂的教育教学专业活动的具体情境中,教师履行专业职责时与学生相处所表现出的一种道德情感、道德理智、道德信念和道德能力。

自古以来,教师一直承担"传道、授业、解惑"的基本职责。其中,对于教师的专业伦理和规范而言,"传道"不仅蕴涵了对知识和文化传承的责任,而且还包涵了道德示范的义务以及人生信念的建立,显然这对教师的道德水准提出了较高要求。韩愈在《师说》中对教师职责的这一高度概括和论释,一方面凸显了教师师德和教师职责的同构关系;另一方面,也体现了教师专业道德的发展是一个随着社会发展和时代变迁而永无止境的长期修炼过程。教育的目的是为了人,教育是以尊重学生自然天性并在此基础上发展学生追求幸福与获得幸福的能力作为价值基础。与律师和医师的专业工作比较,教师专业工作的对象——学生具有下列显著特征:未完成性、较强的可塑性和学习潜能的无限性。首先,学生的未完成性为教

---

①　朱晓敏.教育何以关涉人的幸福[J].现代教育科学·普教研究,2010(3).

育的切入提供了可能和空间,教育在何时介入和怎样切入以激发学生内部潜能的现实化,显然成为教师最为繁难和棘手的专业道德问题;其次,学生的可塑性一方面是建立在学生的未完成性的基础上,同时也意味着学生的发展方向不能脱离学生的自然天性以及学生的个体差异和多元发展需求,尊重学生独有认知方式,引领学生尝试和体验多样化的认知途径,为学生自主判断、选择和行动营建宽容、民主、平等和自由的学习环境,凸显教师专业道德在课程实践过程中的实际意义;第三,学生阶段无疑处于人生中学习能力最强的时期。显然,能否真正有效地促进学生学习发生,不断提升学生的基础学力,促成学生在知识、道德和人格全面自由和谐地发展,教师专业品德修养对此具有特殊的价值。

一般认为,品德的心理成分包括道德认识、道德情感和道德意志或道德行为。根据品德的心理构成,我们认为心理层面的教师专业品德修养应从道德的情感层面、道德的理性层面和道德的意志层面这三个层面入手。一个专业道德发展水平较高的教师,其专业品德修养具体表现在应该具有爱和同情的专业情感、自律的专业意志、公正与公平的专业理性。

(一)情感层面的教师专业品德修养:爱和同情

1. 爱

这里的爱是指教师在专业道德实践中所具有的专业性情感。教育是人与人的互动活动,情感在教育活动中是必然存在的。夏丏尊先生于1924年在亚米契斯的《爱的教育》译者序中提道,“教育没有了情爱,就成了无水的池,任你四方形也罢,圆形也罢,总逃不了一个空虚。”可见,师爱是教师专业伦理的重要内容之一,爱与不爱学生成为衡量教师素质最重要的标准之一。但是,在专业伦理要求中,教师对学生的爱往往是抽象的、空洞的,往往远离教师内心的愿望和情感。那么,如何使教师对学生的爱体现出专业性呢? 教育爱存在于师生交往的每时每刻,是教师由真正的爱生之情所引发的一系列的思想方式、情感状态和行为体现。师爱具有理性、教育性和创造性。[①]

师爱的理性是指教师对学生的爱不仅是出于人对人、成人对儿童的自然之情,更为重要的是具有理性的自觉之爱。这种爱不是母爱,但胜似母爱,师爱是无私、“无类”、不求回报的;师爱是教师在对学生身心发展规律有了充分的认知、对教育本质有了真正的领悟、对教师职能和角色有了清晰把握的基础上形成的理性之爱。师爱的教育性源于教育自身的特质。斯宾塞曾指出:“野蛮产生野蛮,仁爱产生仁爱,这就是真理。待儿童没有同情,他们就变得没有同情;而以应有的友情对待他们就是一个培养他们的友情的手段。”教师之爱通过友善的态度、亲近的言行和期望的表情传达给学生,对学生的智力发展、学业成绩的提高都具有积极的影响。爱的创造性源于生命的特质。创造是生命的本质属性,创造能力是人与生俱来的一种潜能。但这种潜能的实现与发挥程度取决于他所得到的自由度,这种自由度包括他自身所能拥有的创造能力和他所置身于其中的环境所提供的创造能力两个方面。

在学校教育中,师爱不仅仅是教师对学生表达的一种情感,还是教师专业生活的一个基本原则,同时也是教师的一种专业道德能力和专业意识,并因此作为教师专业工作对教师专业品德修养提出的最基本要求。教师只有具备这样的专业意识,才可能培育良好的专业精神,从而全副身心地投入教学工作,切实履行“爱学生”的专业职责。

---

① 韩峰. 论教师专业道德的结构[J]. 教育理论与实践,2011(1).

首先，师爱在我国具有优良的文化传统，"亲其师，信其道"，只有教师出于一种真正爱护和关心学生的真情实意，才能打动学生并赢得学生的尊敬和亲近，从而为知识传承、理性培育、道德践履和人格教育提供一条非理性介入的可能途径。其次，师爱是可以传递、教授和感染的，爱通过教师外显的行为，传递着对学生未来幸福的深切关注，爱可以创造一种彼此相互关心的教育氛围：一方面教师爱学生可以发展学生的自我人格，促使学生珍爱自己的生命和生活；另一方面师爱能够激发学生关心同伴的内在动机，促成学生良好伙伴关系的建立，满足学生交往的需求，使学生在与同伴的交往中克服个人经验的局限性；第三，爱学生是教师天职的基本要求，是教师必须遵守的一种专业道德原则，同时还是教师履行专业职责不可或缺的一种专业意识。从常识的角度来看，教师职业的兴起和发展离不开学生学习的需要，教师是因为学生而存在的，没有学生，教师就会失业；没有教师，学生还可以自学；从教师的工作性质来看，教师不仅仅承担"传道、授业和解惑"的基本职责，而且还要履行教育学生学会关心的专业职责，只有教师真正爱学生，才会具备在繁复、琐碎、单调的日常教学工作中对学生的耐心，才会真正倾听学生的内心，才会宽容学生的过错并耐心地引导学生认识错误，并逐渐改正错误。爱学生才可能建立健康良好的师生关系，为教育的可能介入以及促成真正意义上的教育发生营造良好的氛围。

2. 同情

同情是人的一种自然天性，同时也可以通过教育予以完善进而发展为一种能力，这种能力的培育必须在一定的氛围中通过体验他人的情绪并进行相应的表达。同情的本质是一种情绪体验，而人的同情能力是有差异的。如果我们没有经历某一类似的情境，则不可能对这一情境中遭遇这一事件的某一个人的具体感受发生真正的同情。在亚当·斯密看来，"引起我们的同情与其说是因为看到对方的激情而产生的，不如说是因为看到激发这种激情的境况而产生的"。

同情指设身处地地理解、关怀，同情意味着我们必须能够了解他人及他人的世界，就好像我就是他，必须能够用他人的眼光看他的世界及他自己一样，而不能把他当成物品从外面去审核、观察，必须能与他同在他的世界里，并进入他的世界，从内部去体验他的生活方式，去感受理解对方的情感。

案例 2 一位老师说："我们教研室来了个新老师。我们想互相帮助一起努力，以良好的成绩结束这个学期，而且我们也跟他说过，但不知道他是不想跟大家合作还是怎么的，总是单独行动，我们实在是很为难。"有人可能会回答说："每个人都有自己的处事原则和立场，所以还是不互相干涉为好。"也有人可能会说"这是有点让人头痛"；或者说"你也跟他说过，他持拒绝态度，这让你感到遗憾"；又或者说"虽然你很诚恳地跟他说过，但他还是拒绝，你很为难。我想你有这样的不满情绪我可以理解"。

以上案例中我们就是用言语的方式准确地表达，让对方知道"我理解他"，这就是同情。

同情不仅是对某人产生的一种怜悯和体恤的情感，也是借助想象与某人在相同情境中获得的一种共同的情绪感受，同时也是人体验和理解这一感受的心理能力。由于我们对别人的感受没有直接经验，所以除了设身处地的想象外，我们无法知道别人的感受。因此，教师的同情能力无法通过知识传授进行培育，它必须是教师在教育实践中，准确捕捉学生的情绪变化并适时对这一情绪做出回应，并及时调整自我的情感反应以安抚和引导学生的情绪，创造一种有助于课堂教学的情境和氛围。在这一教学情境中教师对学生的同情主要表现在以下两个层面:对学生认知方式的同情以及对学生来自同伴压力的同情。首先,教师应该坚信学生的学习潜能是无限的、学生的学习能力是最强的,学生之所以出现学习障碍不是因为个体认知能力的局限,而是因为学生的学习心境迥异于他人的个人智能优势和认知方式而表现出独一无二的特殊性,他必须在有限的时间内与同辈群体在统一的教学模式中一起完成一种规定性课程的学习。因此,教师有必要运用专业知识和专业技能,选择适合的方式呈现课程,对于少数已经出现学习障碍的学生,教师必须变换课程呈现方式以适应其智能优势和认知特点。其次,教师在课堂教学中必然面对来自学生多元声音的回应,教师应该将各种声音予以呈现并进行讨论,给予每一声音表达和对话的机会,最后客观、公正、正确地评价每一声音的独特价值及其不足,引导学生体会不同视角中的问题分析与解决途径的意义,而不以相对主义作为错误声音辩护的借口。

在教学专业活动中,教师的同情能力还体现在对学生学习权利的保障和尊重上。一方面,教师要切实遵守"己所不欲勿施于人"的道德规则,在实际的课程学习中教师要为学生充分的学习自由创设宽松的自主选择环境;另一方面,教师不逾其矩,"己所不欲勿施于人",不以个人意志强加于学生,甚至为了个人私利过早地将学生导入某一狭隘的所谓"专业"的学习,导致后期发展的无法选择,妨碍学生全面自由的发展,从而避免损害学生自由学习的权利。

(二)意志层面的教师专业品德修养:自律

专业自主是教师专业发展的目标,也是教师专业属性得到社会认可的标志,其根本前提是教师自身的自律性。自律是教师专业品德在道德意志上的表现。所谓自律性,即教师所表现出的自觉自为的道德精神。教师的劳动是一种"软"任务,它不像那些物质生产领域的职业,其劳动态度上的或勤或惰,投入上的或多或少,更多地依靠于教师自身的良心而非外力的监督。学生的发展受到遗传、环境、教育等多种因素的影响,并且是一个持续不断、相互影响的过程,某一位学生在某一时期的发展是否顺利、学业是否优秀,很难说是否与当时任教教师工作的付出有着对应的关系。这既要求学校不单纯以学生的成绩甚至升学率为指标去衡量教师的工作业绩,也要求教师必须以超乎寻常的责任心、平常心和自律精神去从事自己的工作。具有自律的道德精神是教师成为一名专业教师的根本条件。

案例3 山东省临沭县教师用语十提倡与教师行为十不准

教师用语"十提倡":

1. 你一定能行;

2. 你真的很出色;

3. 你的回答很独到;

4. 只要肯下工夫,你就一定能学好;

5. 老师相信你可以做得更好;

6. 老师很愿意帮助你;

7. 你别急,再想一想,你一定能答得很好;

8. 谁都可能会有错误,只要改正了,你仍然是个好学生;

9. 你很有个性,希望你发扬长处,克服不足;

10. 谢谢同学们对老师的信任和支持。

临沭县教师行为"十不准"

1. 不准有违背教育法律法规和方针政策的言行;

2. 不准讽刺、侮辱、歧视、体罚和变相体罚学生;

3. 不准乱收费、乱罚款、乱办班、乱补课;

4. 不准训斥学生家长或向学生和家长索要或变相索要财物或办交私事;

5. 不准强迫学生购买上级教育主管部门发文确定的用书目录以外的书籍资料或其他物品;

6. 不准在各级各类考试中弄虚作假、营私舞弊;

7. 不准擅自调课、停课、和对工作敷衍塞责;

8. 不准与领导、同事打骂闹事、拉帮结伙、诬告他人;

9. 不准酒后进课堂或在课堂内抽烟、使用通讯工具;

10. 不准工作时间用电脑打牌、下棋、聊天、玩游戏、看光碟等于工作无关的活动。

我们应把自律性作为教师专业道德修养的核心要求。这里的自律是指教师在专业道德实践中所具有的专业性的意志,也就是教师进行的自觉的自我改造、自我陶冶、自我锻炼和自我培养。教师的专业道德,一方面是通过制度化的道德教育形成的,另一方面则源于教师的自律。制度化的教育是养成基本师德要求的必要条件,而自律则是丰富、完善和提升师德境界的保证。基于内在道德发展需要的自律比外在的制度化的要求更高,教师专业道德的形成虽然需要外在制度的约束,但更需要内在良心的自律,并且"制度"只有在"良心"的配合下才能真正起到教育的作用。自律具有内在性、主体性和自觉性。①

自律的内在性在表现形式上是主观的,表现为教师对"内在自我"的约束。在教师的道德实践中,教师似乎是以"内心命令"指导自己的行为。但是我们必须看到,教师自律的内容却是客观的,是对社会道德要求及教师专业道德要求这一客观存在的主观、自觉地反映和认识,是受一定社会经济、政治和道德等关系制约的。因为教师自律的内在性是只有当教师在教育劳动中深切体验和认识到这种自律的合理性,自觉产生遵循特定的教师准则和要求,并为了维护这种客观存在的、合理的道德关系时才产生的。

自律的主体性是教师道德实践中的自我意识发展的高级阶段。在这一阶段,人对自己的思想、意志产生独立感、尊严感,能自觉地以社会公认的道德准则来规范自己、约束自己,并且按照"理想的自我",力求完善自己、矫正自己的缺点。因此,教师具有自律的主体性是一个人道德成熟的标志,是健全人格的标志。

自律的自觉性是教师调节道德行为的内在尺度。教师道德教育的最终目的是将作为外在的教师规范内化为教师自身的道德品质。唯有通过教师的自觉性才能达到教育认识与教育情感的统一,也才能用道德意识去指导道德实践。这就需要教师要有高度的自觉性,离开了个人自觉,没有自我教育,就不会有教师专业道德的发展。

---

① 韩峰.论教师专业道德的结构[J].教育理论与实践,2011(1).

（三）理智层面的教师专业品德修养：公正与公平

1. 公正

与医师和律师相比，教师在教学活动中面对的是一个个复杂的、具体的、鲜活的具有个体差异和多元需求的学生，当他们在与教师和同伴群体一起活动的过程中遭遇交往的障碍时，这些学生对教师是否具有公正之心最为敏感。"什么是公正？"这个一直困扰西方哲人的哲学难题同时也成为伦理学视域关注的核心和焦点。在康德看来"一个人的意志得以同他人的意志依自由的普遍法则相统一的总和状态谓之公正；任何行为本身或者它所遵循的准则如果能使得行为者的意志自由同一切人的意志自由在普遍法则的前提下和谐共存，这一行为就是公正的"。因此，"公正的普遍法则是：对外做出的行为务必确保个人的意志自由同一切人的自由在普遍法则的指引下得以和谐共存"。[①] 在他看来，这一公正法则是确保社会和谐伦理秩序的必要而充分条件。同样，这一法则也适合于教师专业品德内在属性的规定。

对教师专业品德提出"公正的"要求，意味着教师在专业活动中必须遵守以下戒条和专业规范：首先，教师不能歧视学生，包括生理歧视、智力歧视、性别歧视以及学生所属民族、地区、语言、家庭背景的和学生认知方式、学习风格及智能优势等等引起的差异性歧视；其次，教师应该将学习机会向一切学生平等开放，当教师面对学习主体同时面临学习资源的分配时，他应该悬置个人的偏好，恪守专业自律，公平地对待每一个学生，以保障每一个学生应该享有的学习权利；第三，作为学习主体，学生具有独特的个性心理特征，教师在公平对待学生学习机会的基础上应该深刻反思如何进一步公正地对待每一个具体的、鲜活的生命，包括尊重学生各种差异的客观存在并致力于因材施教。由于每一个学生的学习动机、学习动力、认知方式和发展速度均有差异，必然造成在具体的某一学习情境中学生的学习表现不尽相同，在这种情境中教师如何对待学生是对教师专业道德的考验和锻炼。正如阿什利·蒙塔古认为的那样，"以平等的方式对待不平等，是最不公正的方式"。[②] 在教育实践的复杂情境中，教师要真正做到公正地对待每一个学生，这不仅仅是一个对公正尺度的判断和把握的问题，更是一个在实践中难以用规范的形式进行操作的十分棘手的难题。因此，它更需要教师在正义的信仰和敬畏的基础上建立一种专业精神的支柱。

从纯粹理性来看，真正的公正是不可能的。但是，人作为一种理性的存在，借助意志的自律性和对教师专业认识与把握，在具体的教学实际工作中以一种负责的专业精神审慎地对待教育这一复杂的专业活动，公正地对待每一个学生，是任何一个专业教师必须坚守的道德底线和应该坚定的道德信念。显而易见，作为教师专业品德的"公正"同时蕴涵了公平之义。但是，仅仅具备公正之心是不够的，教师在遵守这一专业道德法则的同时必须不断培育对自身无意识的教学行为导致的事实上的不公正结果的反思能力，借助专业自律及时调整自我行为，在教育实践中有意识地锻炼和提升自我的专业道德能力。

公正是教师在专业道德实践中所具有的专业理性。在教师专业化发展的今天，教师应该对教育公正有着深刻的理性认识，"教育公正"源于教师的理性。教育公正具有关怀性、策略性和独特性。教育公正的关怀性源于教育的本质。教育的本质是成就"善"的活动，教师

① 宋希仁主编.西方伦理思想史［M］，北京：中国人民大学出版社，2004 年版，第 339 页。

② 弗雷斯特.课程规划——当代之取向，谢登斌等译［M］.杭州：浙江教育出版社，2004 年版，第 132 页。

在教育中应当关怀学生心智的健全发展,着眼于学生成长的关注和帮助。但是这里的关怀不是"越俎代庖"或"拔苗助长",因为这会使本来有生命的东西失去生命。可以说,教育的关怀是一种渗透理智的情感。教育公正的策略性源于教育活动的复杂性。教育活动的开展仅仅有爱是无法进行的,当教育还没有专业化的时候,策略对于教育是可有可无的,而当教育职业专业化以后,教育的策略性就成为一种必然。随着教师专业化的推进,策略性不再是教育可有可无的性质,不再是教育可有可无的内涵,而逐渐成为教育应有之义。教育公正的独特性源于教育是塑造人类灵魂事业的独特活动。教育的独特在于它是科学性和艺术性的统一,从古到今的教育智慧思想和教育智慧事件都充分说明了这一点。比如,因材施教和启发诱导既是科学认识的结晶,又是艺术精神的体现。

案例4 一位教师在监考时发现一个学生抄袭了一道一分的题目。事后,老师在这个学生的试卷上打分为:"100－1"。这位学生接到试卷后非常惭愧,立即找到老师,承认错误,要求老师将100分改回99。老师听后,在他的试卷上批了一个"99＋1",并对他说:知错能改就行,以后要特别注意,这一分是对你能认识和改正错误的奖励……。在这一例子中,很好地体现了教师公正的策略性。

教师在教育活动中实践教育公正,至少应包括以下五个方面:

第一,公正合理地善待。

教师要平等地对待每一个学生。对不同相貌、不同性别、不同民族、不同籍贯、不同出生、不同智力、不同个性、不同关系的学生要一视同仁,不偏心、不偏爱、不偏袒、不歧视身心有缺陷的学生或后进学生;要尊重学生人格人身不受侵犯的权利,无论在任何情况下,都不能用刻薄、粗俗的语言讽刺、挖苦、嘲笑和打击学生,尤其是体罚和变相体罚学生。教师与学生要建立起一种平等民主与合作的关系,要经常与学生和学生集体平等交换意见,采纳他们合理的意见、建议和要求。

第二,公正合理地教育。

教师教育学生,必须是爱与严相结合。爱与严相辅相成,都是教育的条件、手段和动力。爱,不是出于个人的狭隘感情或"自然好恶",而是出于教师对祖国和民族未来的热爱、对教育事业的热爱,出于一种高尚的道德感、责任感;严,也不是随心所欲,而是严中有爱,严中有理,严中有方,严中有度。教育不是知识的发售,更不是单纯地灌输,教师应深入了解学生、潜心研究教育的自身规律,选择公正合理的态度和方法教育学生。

第三,公正合理地评价。

如何对学生的知识、能力、品质和长进程度给予恰当的评价,历来是一个极为复杂的问题。根据教育劳动的特点,教育公正不仅仅限于在"分数"面前"一律平等"的"外表公正",而是更注重以追求最大限度地全面提高学生素质和创新能力为根本目标的"实质公正"。恰当地处理好"外表公正"与"实质公正"的相互关系,是一个需要教师不断探索和实践的重要课题。

第四,公正合理的"赏罚"。

所谓赏罚公平,是指教师在赏罚学生的问题上,决不能为个人的爱憎亲疏所干扰,要做到"有功虽仇亦赏,有过虽亲必罚";不管是赏是罚都要经过一定的民主程序,不能个人说了算,同时要让学生明了因故,这样才称得上赏罚公平。

第五,公正合理地处理各类矛盾。

人不是生活在真空里,学生在学习和生活中,或与同学,或与学校、教师、职工,或与社会各方面偶尔产生矛盾,甚至发生冲突是在所难免的。公正原则要求教师在处理涉及学生的矛盾的时候,必须主持公道。必须调查研究,分析原因,寻求相称的解决办法,妥善处理。要做到"公平如秤",不偏袒一方,责难一方。尤其是牵涉学校或教师的矛盾,对处于"弱势"地位的学生,更应在态度、方法与结论上充分体现平等、合理与公正的要求,让学生心悦诚服。以势压人,得理不饶人,或者打击报复等,与公正要求是根本背道而驰的。

随着社会历史的发展,教育事业的进步和社会公正向理想境界的逼近,教育公正的内容和要求将不断得到充实。

2. 公平

"公平相当于是正义、至善,是不能兼顾的人类追求的最高目标。"随着义务教育的普及,教育公平的触角由机会公平逐渐向过程公平延伸,因此,教育过程公平无法回避地成为焦点。当代伦理学家麦金太尔认为:"公平是给每个人——包括给予者本人——应得的本分,并且是不用一种与他们的应得不相容的方式来对待任何人的一种安排。"现代伦理学家彼彻姆指出:"一个人如果给某人应得的或应有的东西,那么前者对后者的行为便是公平的行为。"公平就是把个人所应得的给个人,是各得其所、各得其值。而对于什么是应得的问题,标准不同,就会得出不同的结论。因此,有必要对教育过程公平给出清晰而符合逻辑的理解。[1]

教育过程公平是指在教育过程中,为了学生的差异性优化发展的需要,给予学生公平待遇。教育过程公平包括平等对待学生和差异对待学生。

平等对待学生,指人人皆应获得平等的待遇,其目的是使学生经过自我价值体验,将平等内化为一种平等的人格。这种人格是一种健康的自尊。人的尊严的平等是最根本的平等,自尊是公平分配的一个标准和结果之一。在理想的教育体系中,自我尊重是一种需要教给学生的最高级的尊重。因此,在教育目的上不能简单化为促使学生取得外在的成就,而是要为学生的发展提供持久的内部动力。建立健康的自尊关系到个体内在的发展动力问题,也是"为人的教育"更为基本的任务。平等对待,既不是一种对学生人格的简单尊重,也不是一种资源和机会的简单分配,而是在对学生人格尊重的基础上,通过资源的分配维护人的尊严,形成学生自我发展的动力。

差异对待学生,意味着响应、满足不同学生不同的学习需要,让每个学生都能接受最好的教育,使每个学生都能获得发展。教育过程公平是要肯定每个人都能受到适当的教育,而且这种教育的进度和方法是适合个人的特点的。如对于天才学生而言,意味着尽可能提供发展的机会;对于有困难的学生而言,意味着提供帮助;对于其他学生而言,意味着要满足他们不同的兴趣和需要。

平等对待与差异对待互为条件。前者是基础,没有平等的待遇,就没有学生自尊心的形成,学生的最佳发展更无从谈起,而如果不是为了每一个学生都能得到最好的发展,平等对待便失去了最终的目标。倘若存在差别对待,就应考虑这种差别对待是否以"平等考虑"为

---

① 吕星宇.教育过程公平的意蕴[J].教育理论与实践,2011(4).

基础,即是否在平等的基础上以不同的方式对待不同的对象,这种平等或不平等的待遇是否符合对象的利益。平等对待与差异对待是公平的两个方面,不能用一个取代另一个。

教育过程公平的目的是差异性优化发展。人的自由个性的发展意味着人的差异发展。人的差异发展是发展的理想状态。教育的根本目的就是促进人的差异发展。因此,只有实现差异发展,教育才可能真正成为促进每个学生发展的工具。

虽然教育公平的实施者是教师,是单个的个体,但将之归入教师的个人道德的看法是片面的。这是因为教师是一个个体,同时又是一个社会赋予的社会角色。因此,教师的行为并不单单是个人行为。当人以教师身份出现时,这个身份就被赋予这个人特定的某种社会职能,这时教师个人就是代替社会行使这一职能。教师代表社会在教育过程中实施从教育的本质、教育的职能、教育的目的等角度得出教育的公平需求,此种公平行为是社会对教育的要求,也是教育对教师的要求,虽由教师个人行为表现出来,但仍属于社会伦理范畴。在这种意义上,教育公平是个人道德与社会伦理的综合体。

总之,爱和同情是教师专业品德修养中情感层面的体现,公正与公平是教师专业道德修养中理性层面的体现,自律是教师专业品德修养中意志层面的体现。爱和同情、自律和公正与公平三者之间相互联系、互相渗透,共同构成了心理层面的教师专业品德修养的完整内涵。

二、教师的专业责任

教师专业道德的本质是教师在专业活动中的角色道德。换言之,教师在复杂的专业活动中扮演了某一角色,相应地也就带来了自身应该承担的专业责任。

(一)促进每个学生的学习利益

通过学校教育获得学习机会与发展权利,是每一个学生在学校的基本利益诉求。因此,保障学生的学习与发展权利、保护学生身心健康、促进学生可持续发展,是落实增进每一个学生利益这一教师职责的具体体现。

保障学生的发展权利首先必须以保障学生的学习权利为前提。一方面,教师要在现有可支配学习资源的基础上,力求保证学生的学习机会均等,保障每一个学生学习起点的公平;在学法指导中教师应该充分尊重学生的学习风格,鼓励学生尝试多种学习方式,并体验每种学习方式对个人学习的意义,使得学生逐渐学会对自己的学习负责。另一方面,教师必须保证学生自由学习的权利。首先,必须要有足够的课程让学生有课可选,保证不同学习需要与学习能力的学生学习自由;其次,在充分利用学校现有课程资源的基础上,教师有责任指导学生如何选课;第三,学生有权利选择任课教师,而且可以自由选择课程学习的时间、地点和学习方式。只有在有机会选择、而且无法回避选择的环境中才能逐渐培养一种判断和选择的能力,而且学生在学会选择的同时也才能学会对自己的学习负责。

在学习过程中,教师应该有意识地保护学生身心健康,增进每一个学生的利益。而增进每一个学生的利益也意味着教师不能伤害任何一个学生。在教学专业活动中,教师必须具备这样的专业意识,即教师的言语、行为、态度随时可能造成对学生无意识的伤害,一旦出现有损学生尊严的言行,教师必须及时采取补救措施,避免对学生造成更大的伤害,对此教师应该及时反思自身的教育教学实践,不断改进自身的教学行为,致力于切实履行"一切为了学生"的专业职责,承担起自己应该承担的专业责任。一方面,教师针对学生的作业练习要适应学生的身体和心理,尊重学生的天性,保证学生充分的休息、娱乐或游戏的权利;此外,在日常教学活动中,教师必须遵守常识性的专业规范:诸如教师不能泄漏学生的秘密,教师不能利用自身的专业活动谋取私利,教师不能因为学生性别、家庭背景、民族和语言等等原因歧视学生或对学生厚此薄彼。在学校组织的校内外一切教育活动中,教师有责任保护学生的人身安全,避免可能危害学生安全的一切因素。

(二)帮助学生获得道德能力

"传道、授业、解惑"是教师工作的基本职责。其中,"传道"意味着教师不仅承担知识传承的责任,而且要在专业活动中通过对学生言传身教和道德示范彰显自身专业精神;"授业"则要求教师教给学生应对实际生活的技能和真本领;"解惑"是对教师专业水平的最高要求,教师必须充分运用自己的专业知识揭示和阐释教学文本意义的多种可能性,使学生通过意义的解读产生领悟,最后完成知识意义的建构和转化,从而回归教学和学习的本体内涵。教师职业和任何一项可以称做专业的职业都同时具有技艺和道德两个层面的要求,在教学活动中,当教师出现在学生面前,教师的一言一行无不处于学生的"监视"和无意效仿之中。教师如何对待自我、怎样对待学生、如何与同事相处以及教师在学习共同体中怎样应对和处理突发事件等等,是对教师专业道德能力的考验。作为教师专业道德规范的核心要求,教师与学生相处的一言一行无不对学生产生深刻的影响和道德示范作用。因此,教师在教学专业活动中应该承担对学生进行道德教育和品格教育的责任,帮助学生获得道德能力。

教师对学生的道德教育要贯穿于日常教育教学生活中。一方面,教师可以立足于班级层面的课程,实施道德教育计划,通过优质课堂教学赢得学生的信赖和尊敬,与学生建立良好的师生关系。学生则在自身学力获得增长的过程中不断体验学习的乐趣,在内心接纳并愿意接受教师的说教且对教师的说教心悦诚服;另一方面,通过对当下发生的道德问题的归纳和提炼,借助学科课程作为媒介和载体,结合道德教育的规律,有意识地、有目的地进行道德困境或道德问题的讨论与评价。诸如作文抄袭与知识产权问题;信息技术教育、人性迷失与网络伦理问题;科学教育中的实验数据作假、对科学家的道德评价问题;化学实验中的环境污染、自我保护与公共安全责任问题;生物实验中的动物伦理和自然伦理问题,克隆人的伦理困境;体育竞赛的公平原则和"黑哨"裁判;综合实践活动中的自主和自律等等。毫无质疑,教师良好的公共道德意识、专业道德能力以及教师的个人信仰和人格力量无不对学生道德行为起到潜移默化的濡染作用。

由于学校属于教师和学生的公共生活空间,作为公民,教师在专业生活中除了履行专业道德职责外同时还要遵守公民道德规范,教师有责任帮助学生获得道德能力。因此,教师自身必须具备基本的道德意识、道德判断、道德评价和道德实践能力。为了获得一种道德能力,教师必须学会应对和处理道德多元的困境。教师必须避免在生活中成为道德自负、道德虚无和道德冷漠的人,避免将学生中间发生的心理问题与道德问题混为一谈。实际上,教师和学生都不可能生活在道德真空中,学校道德教育的目标中蕴涵的对人的基本道德品性的要求,是每一个人在单独或集体生活中不可缺少的"朴实的道德",诸如尊重别人的人格、自律或自我控制、责任感、乐于助人;共同体精神、耐心、勤劳、敬畏、利他、公正、诚实;热爱家庭、家族和家乡、自由民主的态度;热爱国际社会、致力于世界和平事业。因而,要帮助学生获得道德能力,教师还须承担对学生进行人权教育的专业责任。权利意识的觉醒使真正意义上的道德教育发生成为可能,个人权利的保障必须以他人或社会实体切实地履行基本义务或职责作为基本前提。因此,在人权概念中,"义务"与"道德义务"具有内在的同一性。承担道德义务的实质不仅仅是对别人权利的尊重,而且是积极行动捍卫别人的权利,以使所有的人都可以行使自己的权利。因此,培育真正的合格公民只有在"做"公民的过程中学会。

(三)促进学生人格健康发展

促进学生人格健康发展与促进学生能力发展、帮助学生获得道德能力是教师专业责任不可或缺的构成部分。

"成人"是教育的本体功能,帮助学生成为合格的社会公民与促进学生成为其理想的人,保护学生身心健康和人身安全是教师首先应该承担的专业责任。一方面,教师通过专业知识的学习和专业技能的提升不断提高教学教育质量,培养或引发学生的学习兴趣,减轻学生的心理负担和课业负担;另一方面,教师应该尊重学生的自然天性,恪守"己所不欲勿施于人"、"不能伤害任何学生"的道德信条,在学习共同体中作为长者和成年人承担起保护未成年学生的责任。

促进学生人格发展还包括促进学生意志力、想象力和创造力的发展,教师明确这一专业目标,有助于避免在实际专业生活中将学生心理问题和道德问题混为一谈的尴尬和无措。教师健康的人格是促进学生健康人格发展的前提和根本保证,而且只有建立在这一基础上,教师才有可能承担这一专业职责,从而使个人的专业工作真正服务于学生人格的发展,让学生在宽松、民主、自由、发展的氛围中乐于创造、敢于创造和体验创造,并享受因自我创造带来的生活乐趣,从而体验自我存在的价值,不断建构独立、自信和乐观豁达的人格。

第三节 教师专业道德修养的心理归宿

有人说"做幸福的教师,是目标;幸福地做教师,是践行;做教师的幸福,是成功"。只有当教师从其职业中感悟到幸福、收获了幸福时,才有可能真正实现自身的专业发展。在教师的专业发展过程中,任何有效的发展途径,首先有赖于教师产生相应的发展愿景,并形成发展的内在动力。倘若无法做到这一点,则无论多么尽善尽美的发展途径,都可能最终成为形式主义的摆设,并不能带来教师专业水平的实际提升。为此,要真正实现教师的专业发展,其首要问题是促使教师成为身心愉悦、精神解放的生命个体,使教师拥有职业幸福感。[①]

教师的职业幸福是教师身心的一种主观体验,是教师从自身的教育职业中所收获的满足和愉悦。

案例5 记得有一次,可能因为连着几天没有休息好,太累太忙的缘故,嘴边长了几个水泡。早上来到教室,天真活泼的林敏小同学就喊了:"老师,你长口疮了。""是啊,这些天有点儿累。"我笑着说。"老师是缺少维生素C,我妈妈说多吃点维生素C就会好的,我家有的,你吃点儿就没事,我明天给你带来。"第二天,林敏同学真把泡腾片带来了,看着那黄色的圆

① 刘国燕.职业幸福:教师专业发展的起点与归宿[J].辽宁教育研究,2006(8).

柱包装,望着那淡粉色的泡腾片,嗓子眼有股涩涩的味道涌上来。虽然是个小小的泡腾片,可那是孩子的一片心意,作为一个老师有什么比得到孩子的关心和爱护更让你感动呢? 那一刻的我,是世界上最幸福的人。①

教师职业幸福意蕴有两个方面:首先,教师作为人类社会的普通一员,其所从事的教师职业是他们赖以谋生的手段,教师有从职业中获取物质利益的需求。对教师而言,物质幸福感源于能否获得与教师对社会的奉献相等值的物质利益,只有在付出与回报大体一致的情况下,教师才可能产生对物质幸福的认同。其次,教育承载着社会和个人的理想与期望,教师是面向未来的特殊职业。作为人类社会中的特殊群体的教师,其职业幸福也有其特殊性。这种特殊性主要表现为教师是具有较高身心素养的智者、是人之师,他们在育人过程中所体验到的精神上的愉悦是其职业幸福的主要来源。对教师来说,精神幸福的重要性要远甚于物质幸福。古往今来,有多少从事教育职业的教师淡泊名利,甘于坚守三尺讲台,就在于他们从教育职业中得到了精神上的幸福。

教师专业道德修养与人类的幸福和自我完善亦即个人的幸福密切相关。如果教师道德修养只是要求教师片面遵守专业伦理规范而感受不到职业幸福,这样的道德生活本身就是不可取的。因而,教师的职业幸福是教师的专业道德修养的心理归宿。

一、教师职业幸福的特点

教师职业幸福就是教师在自己的教育工作中自由实现自己的职业理想的一种教育主体生存状态。对自己生存状态的意义的体味构成教师的职业幸福感。教师职业幸福有以下几个主要特点:②

(一)教师幸福的精神性

教师幸福的精神性首先表现为劳动及其报酬的精神性。教师的报酬实际上不止于物质生活。学生的道德成长、学业进步,进而对社会做出的贡献,都是教师生命意义的确证。师生之间的精神交流、情感融通都是从事其他职业所难以得到的享受。

正是因为教育劳动的精神性,在人们的心目中,教师始终有着崇高的地位。在其他各民族的文化中也存在着同样的对于教师的尊重。从世界范围来看,除了对教师劳动的普遍尊重的规定之外,一般都有对教师人格和尊严保护的严格的规定。同样,对尊严或人格的侵犯,在教师问题上往往会有更严厉的处罚规定。原因之一也在于教师劳动的精神性,决定着必须确保对教师的崇高地位的尊重。由于教师及其劳动的崇高地位,决定着教师有可能在这一特殊的尊重中收获职业的意义即体会自己的幸福。

案例6　有一次班上的一个学生过生日,一开始我并不知道,因为这里都是住校生,在中午的时候,我看他从校门提了一袋焖饼,我就问:"谁给你送来的? 怎么不去伙房吃啊?""老师,今天是我的生日,我妈妈刚给我送来的。""那就祝你生日快乐了。"我真诚地对他说。"今天是2月22,我们的生日还是同一天呢,我的是3月22。"我不经意地说。日子一天天平淡的过去,有一天我到刚才那个学生的班上课,学生起立问好后,没有坐下。正当我纳闷的时候,

---

① http://www.jxteacher.com/blog/topic.aspx? id = d37fe6f2 - fefa - 4b68 - 91f2 - 49a2770b0e50
② 檀传宝.论教师的幸福[J].教育科学,2002(1).

学生齐声喊道:"老师,生日快乐!"当时我的眼睛湿润了,这是我收到的最珍贵的生日礼物,不经意的一句话,我自己已经忘得一干二净,我的学生却把它刻在了心里。扪心自问我送给了学生什么?而我收获了学生这份无价的礼物!①

(二)教师幸福的给予性与被给予性

教育幸福的给予性与被给予性特征的表现有两点:第一,学校教育中教师的使命是给予而非索取。教师希望倾其所有、无条件地教育学生。作为人梯,所有的教师都希望自己的学生有卓越的表现。第二,教育劳动的成果必须建立在交流之上,必须通过对方才能肯定自身,即教师的幸福是被给予的。教师只有全身心地将自己对学生的热爱给予学生,才能进行有效的工作。教师也只有进行了富于热情和智慧的给予才能从自己的教育对象身上看到自己的劳动成果,进而体验幸福。当然被给予也包括那种直接来自于学生的积极反馈。教师幸福的给予性本身倒过来也能够说明为什么教师的幸福具有精神性。

(三)教师幸福的集体性

任何一个学生的成长既是教师集体劳动的结果,也是学生集体劳动的结果。因此,教师的幸福及其体验既具有一般幸福所具有的个体性,更具有集体的性质。

一般说来,教师在教育工作中至少直接存在四种合作关系,即:教师个体与学生个体之间、教师个体与教师集体之间、教师个体与学生集体、教师集体与学生集体之间的合作关系。一个优秀的学生,我们可以说是某某老师的学生,也可以说是某某学校、某某班级的学生。因此,教师的幸福具有合作与共享性,也具有超越性。说共享性是指属于一个集体的成员都可以享用同一个幸福;说超越性,是指教师由于劳动的集体性质,必然具有与人积极合作而不是恶性竞争的特点。因此,教师的幸福建立在超越个人打算或个体利益计较的基础之上,教师的劳动与幸福都具有在境界上相对崇高的特征。

(四)教师幸福的无限性

教师的幸福具有效果上的无限性,表现在时间和空间两个维度上。时间上,教师的幸福是无限的。教师对学生在人格与课业上的影响具有终身性质,通过学生教师的劳动与生生不息的人类文明联系在一起。因此教师所收获的幸福也是超越时间限制的。一个教师即使退休了,或者停止了作为教师的职业生涯,丝毫不妨碍其学生对他永远的尊敬,也不影响他本人对所从事过的这一事业以及所取得过的劳动成果的美好回忆。教师幸福无限性与教师劳动的精神性、给予性有密切的联系。空间上,由于教师的劳动产品与社会网络联系起来,教师的劳动效果就远不会局限于某一个校园之内。一代一代的伟人、一代一代的普通劳动者都是由于教师的劳动而对世界的进步做出伟大的贡献的。教师因而可以通过自己的劳动对整个世界的影响而理解工作的意义,体会自己的成功。所以教师的幸福具有空间上的无限性。

二、教师职业幸福能力及培养

并不是所有人都能够创造和感受幸福。幸福是一种能力,幸福能力就是接受幸福的能

---

① http://www.jxteacher.com/blog/topic.aspx? id = d37fe6f2 - fefa - 4b68 - 91f2 - 49a2770b0e50

力,是一种有关实现幸福的主体条件或能力,教师职业幸福能力及其培养实际上就是教师幸福的实现问题。

(一)狭义幸福能力的培养

幸福能力可以划分为狭义和广义两类。狭义的幸福能力,主要是指主体必须具有健康向上的人生观、价值观,具有品味人生意义的价值性条件。

幸福能力之所以需要培养,最主要的原因在于幸福与主体的联系。人人都向往和追求幸福,但并非人人都能获得幸福。由此可见,获得与感受幸福是一种需要磨砺和培养的能力。根据马斯洛的理论,人类有一种追求精神价值的超越性需要,即所谓"似本能"。马斯洛认为,似本能极微弱,因而极易被忽视从而走向萎缩。因此人的超越性需要只是一种类似本质的潜能和可能性。假如人的生活或教育过程忽视这一方面,则人的价值需要本身就会萎缩,个体也会因此而走向心理病态(无意义、枯燥、狂暴等)。由于幸福本身的精神性和社会性,没有健康的价值需求与追求的人必定是远离幸福的人。幸福不是物质欲望得到满足的自然性、即时性的快感。幸福是人之为人意义实现所给予主体的精神性愉悦。因此,主体要具有的幸福能力至少有以下三个方面:

1. 主体必须有人生目的。没有目的的人生就是漂泊的人生,使命感的失去就是意义感的失去,幸福就无从获得。

2. 主体必须有一种走向最终目标的创造性活动。创造性对于幸福的意义在于:一是唯有创造才有合乎人类自由本质的合目的性的活动过程;二是唯有创造,主体才更全面深入地参与生活,获得幸福的感受性就愈强。没有创造性的人往往是不幸或难以获得较高强度的幸福的人。

3. 主体的合目的的创造性活动本身必须合乎人的道德法则。正如亚里士多德所言的:"幸福即是某种德性","幸福即是合乎德性的现实活动"。幸福与德性的联系实际上意味着实现人性价值目标的手段也必须是体现而非背离人的本质。通俗地说:一个人不能采取卑下的手段去追求崇高的幸福。因为手段与目的的冲突会削弱甚至取消目的及可能带来的人生意义。所以人的幸福能力需要通过修养、教育,特别是道德修养与教育去获得。

罗素曾在《走向幸福》一书中指出:"种种不幸的根源,部分在于社会制度,部分在于个人心理。"个人的不幸"很大程度上由对世界的错误看法、错误伦理观、错误的生活习惯所引起,结果导致了对那些可能获得的事物的天然热情和追求欲望的丧失"。因此,教师幸福能力的培养的基本要求应当至少有以下几个方面。

首先,教师要充分认识自己的职业意义,并将自己的生命意义与之联系起来。教师要了解自己的"天命"何在。换言之,没有对教育事业神圣性的体验的人,无法体味教师的幸福。

其次,教师必须有较高的德性水平和人生境界。我们知道,幸福能力的大敌是对生活的享乐主义或庸俗理解。一个没有较高精神追求的教师、一个缺乏起码道德水平的教育工作者都极有可能像芸芸众生一样沉溺于感官生活,习惯于病态的幸福,从而失去对真正幸福的感受力和创造力。

第三,教师要有自己对教育活动的主体实践能力。道德主体的能力不仅包括正确价值观念的确立,更包括将自己的价值理想付诸实践并取得成效的能力。一个因为业务能力在自己的岗位上无法进行创造性劳动并无实际收获的教师无法体味教育劳动的乐趣,当然也就不会具有幸福的能力。教育活动主体具体的实践能力实际上就是我们要讨论的广义幸福能力。

(二)广义幸福能力的培养

幸福能力是指对幸福的感受力、创造力。如前所述,它首先需要教师具有良好的精神品位和德性。但是创造幸福的能力却不仅取决于精神品位和德性(也可叫师德),它还要求创造或实现幸福的其他条件。这一条件当然也包括客观条件。不过我们这里主要着眼于教师的主观条件方面。除了以上谈到的主体创造和体味幸福的价值性条件之外,幸福的创造与感受所需的一般性条件我们称之为广义的幸福能力。幸福实际上是主体目的性实现的自由状态。因此幸福能力就是主体实现目的和自由所需的主观条件。

那么,要做一个幸福或实现教育幸福的教师,应当具有的广义的幸福能力应当有哪些呢?

首先,教师应当具有良好的知识结构。这一知识结构主要包括本体性知识、背景性知识和条件性知识三类。本体性知识是指教师所教科目的学科专业知识。背景性知识实际上是教师应有的综合性的文化涵养。条件性知识是指教育学、心理学知识,包括对教学过程规律性的认识,对教育对象的了解等等。在我国,随着教育事业的发展,教师的本体性知识已经渐渐不是最主要的问题。相关研究也表明,教师的本体性知识与学生的学习成绩之间不存在统计上的高相关。因此,制约教师成功的知识瓶颈主要是文化性(背景性)知识和条件性知识。我们知道,教育家的知识不同于科学家的知识的一个重要特征是一种重新组织起来易于为学生接受的知识。

其次,教师必须具有高超的教育能力。这里的教育能力是教育劳动的实践能力,包括教学能力、语言表达能力、教育观察能力、注意分配能力,思维的系统性、逻辑性和创造性,教育想象能力和教育机智。也有学者认为是"教师的自我监控能力",包括对教育活动的计划安排,对这一活动的监察、评价、反馈,以及对教育过程的调节和校正能力。我们知道,教育不仅是一个严谨的知识授受过程,也是一个充满灵活性、创造性的艺术过程。没有包括自我监控能力在内的实际工作能力的教师就不会收获教育的成功,更不会体验教育幸福。

最后,教师还应当具有审美的素养。幸福能力从某种程度上讲就是一种对主体自由的审美能力。幸福感就是一种生活的美感。因此缺乏美感的人也一定缺乏幸福感。要收获教育幸福,教师既要有较高的精神境界、创造性的教育能力,还应当具有对教育活动过程以及教、学双方的审美能力。这一审美能力既是乐教、乐学的中介环节,也是激发进一步创造性的重要因素。教师应当自觉掌握教育的审美评价尺度,学会以审美的心态看教育、看学生、看自己。审美是发现幸福、创造幸福的重要法宝。①

国学大师王国维用宋词表达的人生三境:从"昨夜西风凋碧树,独上高楼,望断天涯路"式的明确方向,到"衣带渐宽终不悔,为伊消得人憔悴"式的执著追求,最后到"众里寻她千百度,蓦然回首,那人却在灯火阑珊处"的终有所获,其实也就是追求做一个幸福教师,追求幸福教育过程的三种境界。

追求幸福是人类永恒的目标。幸福感不是来自生活经历本身,而是来自我们面对生活

---

① 檀传宝.论教师的幸福[J].教育科学,2002(1).

的态度。人生道路上的每一个境遇都给了我们一个积极应对或消极应对的机会,正是我们选择的应对方式决定了在事情结束后,我们所感受到的幸福和不幸福的程度。

教师要给学生以幸福,自己首先应成为一个幸福的人,一个懂得如何创造幸福生活的人。那么我们怎样才能成为幸福的教师呢?

善待自己——别跟自己过不去。教师首先是个人,放下我们心中的"师道尊严"的架子,学会以平等平和的方式与人相处,与人交流。保持心理平衡是维护身心健康的基石,有医学专家称心理平衡的保健作用超过了其他一切保健作用的总和。只要注意并做到心理平衡,就掌握了开启健康与幸福之门的金钥匙。

善待学生——努力做一个成功的教师。对学生真诚无私的爱是获取教育成功的原动力,没有学生的合作,教师的工作绝对不会有成效。可以这样说:教师工作的成功程度取决于教师调度学生与自己合作的兴趣与能力的程度,使学生感受到学习快乐与成长幸福的教师是最幸福的教师。

善待同仁——做一个与人为善的人。教师间公共的人际关系无外乎合作与竞争。正确处理这两种关系,使之有利于事业发展,有利于身心健康,是一个人情商高的反映。合作是第一位的,只有在与同事有效的合作中,才能体现出我们的职业价值。

带着幸福感做教师,正如揣着理想上路,不仅在做的过程中使幸福变成目的,而且必然会带来一个副产品,使教育教学变得精彩。孔子说"知之者不如好之者,好之者不如乐之者",当一个人"知"教育、"好"教育,当然不会厌烦、不会疲倦,不仅效率高、效果好,而且心情愉悦!

对于幸福的教师来说,教育不是牺牲,而是享受;教育不是重复,而是创造;教育不是谋生的手段,而是生活的本身! 幸福应成为教师追求的重要目标,让我们一起享受教育的幸福!

第七章 法规层面的教师专业伦理修养

　　道德和法律都是调整个体行为的规范。道德关注内在的动机和信念,具有内在的约束性;法律关注外在行为,具有外在的强制性。教师作为一种社会工作,其行为要受到法规和道德的双重约束。在前面各章从伦理角度论述教师专业伦理规范的基础之上,本章试图从法规层面阐述教师职业的道德修养。

　　从法规层面来考察,教师首先具有"现代公民"的身份。教师既应该通过独立的思考和对真理的追求,以身作则地践行公民规范;也应该通过与学生的对话,引导学生成长为现代公民。其次,教师专业伦理与法规具有内在的一致性,教师也应该是守法的典范和法规的捍卫者。因此,本章拟从教师职业与公民素养的关系、法规与师德的关系、基于法规的师德修养三方面出发,探讨法规层面的教师专业伦理修养。法规与师德的关系并不仅仅是一个重要的理论问题,更是一个严肃的实践问题。转型期的社会普遍面临道德失范的难题,教师作为学生人格上的引领者,理应肩负起"道德重建"的重任。然而近年来教师歧视乃至体罚学生的报导屡见报端,引发了社会各界的广泛热议,也给教师形象带来了负面影响。本章将结合具体案例,对师德建设作一些有针对性的探讨。

第一节 教师职业与公民素养

一、公民社会的历史趋势

　　公民社会的概念,最初萌芽于古希腊城邦;然而其最终的形成,是与近代资本主义经济的蓬勃发展密不可分的。亚里士多德在《政治学》中阐述了古典的"公民社会"观念。在古希腊城邦中,"国家"和"社会"是浑然一体的;而到了后续思想家(如洛克、黑格尔、马克思、葛兰西、哈贝马斯等)那里,"公民社会"逐渐从"国家"中剥离出来了。

　　古希腊政治家伯利克利在一次著名的演讲中,盛赞了雅典的民主政体。认为雅典的政权在全体公民手中,每个人在法律上都是平等的。政治生活是自由而公开的,每一个人所关心的,不仅是他自己的事务,而且也关心国家的事务,人人都从参与公共事务中塑造自己的德性①。亚里士多德奠定了古典市民社会理论的基础,他首先提出"political society/community"的概念,是指政治共同体或城邦国家,具体来说是指自由和平等的公民在一个合法界定

---

① 修昔底德.伯罗奔尼撒战争史(上册)[M].谢德风译,北京:商务印书馆,1960,130-137.

的法律体系之下结成政治共同体①。由此可见,由于市场经济和社会契约理念尚未出现,"市民社会"和"政治国家"在古希腊是没有明确区分的。

英国资产阶级革命标志着西方近代历史的开端,由此现代意义上的公民社会理论逐步形成,"社会"也得以从"国家"中剥离开来。其中尤其值得一提的,是洛克与黑格尔对"公民社会"的诠释。洛克认为,为了克服自然状态所产生的不便与不正义,人们通过相互协议,自愿将个人的一部分自然权利让渡出来赋予国家,这样国家就产生了。即社会先于国家或外在于国家,而且是社会高于国家并决定国家。黑格尔则将市民社会的研究重心转向了经济领域。他所理解的市民社会是指由契约关系而将独立的个人联结起来的市场交往体系及其自我保障机制,是各个社会成员作为独立的单个人的联合体,是个人依照自己的意愿而行事的联合体。市民社会的核心价值是社会成员之间的相互需要和契约关系。对于黑格尔来说,市民社会是伴随着西欧商业经济的发展而出现的、与国家相分离的社会组织状态,只有被商品经济关系联结起来的社会才能称之为市民社会,因此市民社会只能存在于现代国家之中,即国家早于并高于社会②。后来,马克思对黑格尔的市民社会概念进行了创造性的完善和发展,纠正了被黑格尔颠倒了的政治国家与市民社会的关系,指出家庭和市民社会都是国家的前提;绝不是国家制约和决定市民社会,而是市民社会制约和决定国家。③

如果说黑格尔是从商品经济角度切入"社会"与"国家"的分离的话,那么葛兰西则是从"文化领导权"的新角度深化了对该问题的讨论。在探讨俄国十月革命成果的经验和西欧各国无产阶级革命的失败时,葛兰西敏锐地意识到了东西方社会在结构上存在着的巨大差别。他认为,西欧社会的上层建筑可分为两个阶层:一个可称做"市民社会",即通常称做"私人的"组织的总和,另一个是"政治社会"或"国家"。这两个阶层一方面相当于统治集团通过社会行使的"霸权"职能,另一方面相当于国家和"司法"政府所行使的"直接统治"或"管辖职能"。市民社会是制定和传播意识形态特别是统治阶级意识形态的各种私人的或民间的机构之总称,包括教会、学校、新闻舆论机关、文化学术团体、工会、政党等,是资产阶级意识形态领导权得以实现的根本途径和载体。无产阶级革命之所以在西欧失败,主要原因在于:资产阶级已经不再是简单地利用国家机器进行武力强制,而是成功地运用意识形态的优势来获取大多数人的"同意",获得了统治"合法性"。在对"社会与国家"独特理解基础上,葛兰西提出了无产阶级必须掌握意识形态文化领导权的思想④。

如果说洛克、黑格尔和葛兰西提出了"国家 - 社会"的两分图式的话,那么哈贝马斯在《公共领域的结构转型》中,则进一步将其发展为"国家 - 社会公共领域 - 私人领域"的三分图式。在哈贝马斯那里,"真正意义上的公共领域"是"由私人组成的公共领域",是介于私人领域和作为公共权力机关的国家之间的一个领域,是一种非国家或非官方的公共领域。它既不同于以个人和家庭为核心、以为生存而从事社会劳动和经济生活的完全自主的经济个体所组成的纯粹私人领域,也同国家这种以代表和行使公共权力为特征的公共权威领域有严格区别。公共领域不同于私人领域的最主要的标志,即是它能够形成公共舆论。公众

---

① 张立.试论"市民社会"理论及其在现实中国的实践[J].理论导刊,2009(2):45-46.
② 曾远英.西方公民社会理论的历史嬗变述评[J].前沿,2008(11):22-26.
③ 张立.论"市民社会"理论及其在现实中国的实践[J].理论导刊,2009(2):45-49.
④ 张一兵,胡大平.西方马克思主义哲学的历史逻辑[M].南京:南京大学出版社,2003.

舆论的内容具有社会公共性,所涉及和指向的是公共问题或公共事务;它是通过公众的辩论和协商达成的共识,其作用和功能在于同公共权力相抗衡,公民通过对国家事务的批评、影响、监督和控制,以防御和抵抗公共权力的滥用及其对公民个人和社会权利的侵蚀。这是公众舆论亦即市民社会公共领域的核心价值①。

综上所述,国内外学者对公民社会的概念一直存在着两种不同的理解。"二维观"论者将社会划分为政治社会和公民社会。政治社会主要是指政府或政党及其部门所主导的领域,而公民社会则是排除了政治社会的广大非政治领域。"三维观"论者则将社会分为公共领域、私人领域和公民社会,或分为政治社会、经济社会和公民社会②。但无论如何,学界普遍都认为,公民社会是一个与政治国家不同的领域,它通过文化传播、社会舆论等手段达成对国家公权力的监督与制衡。"公民社会"的含义可以从两个方面来界定。政治学意义上主要强调公民社会的"公民性",即公民社会主要由那些保护公民权利和公民政治参与的民间组织构成;社会学意义上强调公民社会的"中间性",即公民社会是介于国家和企业之间的中间领域③。

就中国的现实情况而言,公民社会是相对于强调国家权力忽视个人权利的社会结构而言的。有学者提出,成熟的公民社会应该具有的要素是:(1)个人主义:即对个人的权利和利益的尊重和保护;(2)多元主义:在一种提倡宽容和妥协的文化下,达成个人生活方式、社团组织和思想的多样性;(3)公开性和开放性:政务活动的公开化和公共领域的开放性是公众在公共领域进行讨论和进行政治参与的前提条件;(4)参与性:强调公民参与社会政治生活和制约国家权力,是公民社会的一项重要内容;(5)法治:公民社会强调要从法律上保障公民社会与国家的分离,把国家的作用严格限制在宪法和法制规定的范围之内;(6)社会自治:公民社会最重要的特征就是它相对于国家的独立性和自主权。只有保持这种独立性和自主权,公民社会的上述结构特征和文化特性才能得以维持④。教育工作者需要大力加强公民意识的教育,树立公民权责、民主法制的理念,培育积极参与公共事务、且具有批判精神和道义担当的现代公民。

二、教师职业的公民意识

现代意义上的公民社会的建立,有赖于健全自律的公民有机结合而形成自由人格的联合体;而要建设健全自律的公民社会,就必须培育出无数健全自律的公民,这就需要学校教育做出自己的贡献。教育必须是一种"公民教育",教育的社会目标,就在于培育出健全的公民,既能承担起建设一个健全自律的公民社会的历史重任,也能参与现代国家的政治生活。只有完成了个体人的现代化,国家和社会才能实现现代化。

公民意识是公民个人对自己在国家中地位的自我认识,也就是公民自觉地以宪法和法律规定的基本权利和义务为核心内容,以自己在国家政治生活和社会生活中的主体地位为基础,把国家主人的责任感、使命感和权利义务观融为一体的认识。现代公民意识的核心理

① 付建明.论哈贝马斯市民社会论域中的公共领域[J].四川行政学院学报 2007(1):20-22.
② 张平、杨建伟.20 世纪 90 年代以来中国公民社会研究述评[J].理论与改革,2006(4):157-160.
③ 王骥.高等教育与公民社会的构建[J].高教探索,2008(1):26-29.
④ 郜爱红.我国公民社会的兴起与公民意识的培育[J].中国特色社会主义研究,2004(6):37-40.

念包括独立自主、自由平等、民主法治、公共精神等。公民意识教育不仅仅是公民知识的识记、公民技能的锻炼,更重要的是通过一种公共生活来形成公民意识。教师在公民教育过程中要尊重学生的主体性、独立性,鼓励学生在教学过程中的参与、合作、对话,以此来形成学生过公共生活的公民意识。也就是说,培养学生公民意识的教师首先必须具有公民意识①。

在公民社会中,学校的民主化对社会的民主化是至关重要的。学校民主化就是以民主的精神去改造教育、重建学校。学校和教育的民主化需要每一个人的参与,因为教育是与每一个人的利益密切相关的;每一个人在教育诸问题上都有自己独特的看法或利益诉求;尽可能多地表达和尽可能丰富地交流这些看法或利益诉求,有助于形成教育共识;尽可能一致的教育共识有助于形成更加稳定和更加可行的教育政策,从而满足绝大多数人的教育利益诉求,更好地体现公民社会的民主精神。公民社会赋予教育的是一种解放的权利,赋予教师的是自主性的、参与的权利,因而教师在学校民主化中扮演着重要的角色②。教师必须首先解放自身,成长为现代意义的公民,才可能解放并启迪他人。

从理论上讲,教师作为公民教育的实施者,应该具有较好的公民素养;然而从已有的对"中小学教师的公民教育观"的多项调查结果来看,实际情况却不尽人意。一项旨在了解"四川藏区中学教师如何认识和理解公民教育"的调查揭示:(1)有少数老师表示没有听说过"公民教育",有教师"表示是在学校课程表上知道'公民教育'这一说法的";(2)很多教师本身未接受过公民教育,对"公民"概念的认识模糊不清;(3)少数民族聚居区存在"处理国家与民族的关系问题"的特殊困难③。另外一项旨在了解"福建省中学外语教师公民意识现状"的调查揭示:(1)98.37%的受访者了解自己应享有的基本权利和应尽义务或责任。但因相关知识缺乏,致使自己在面对权利受损时,表现出无能和无力;(2)受访者的法治意识较为薄弱,面对违法之事,形成了敢怒不敢言的现状;(3)受访教师有较强的平等意识、尊重意识与公平意识,但在民主意识方面也存在着从众心理和臣民意识;(4)47.5%的受访教师认为从未接受过相关公民意识教育,特别是权利意识,86.7%的受访教师否认其有过相关的教育或培训④。

通过以上的调查问卷与访谈数据分析可以发现:教师虽具有一定的公民意识,但他们在理论认识上与实践行为中有着不小的差距,表现在他们公民意识不强、认识不清和知识不足。而且由于受到我国传统臣民思想和从众心理的影响,多数教师虽然有较高的思想认识,但民主实践不足。其中,他们的权责意识、法治意识、民主意识、祖国意识和国际意识最为薄弱,文化知识比较欠缺,这与现代社会对教师的要求是有较大差距的。提高公民意识是一项系统工程,教师唯有在教学、生活中成长为成熟及具有批判意识的现代公民,才能真正担负起公民社会中教化之责任。

三、法规对于教师职业的道德要求

自古以来,教师都是人们心目中道德的标杆。"春蚕到死丝方尽,蜡炬成灰泪始干",无

---

① 翟羽佳.公民意识:政治教师的精神底色[J].中国教育学刊,2011(6):90-91.
② 贺撒文.公民社会与教师赋权[J].山西广播电视大学学报,2006(1):81-82.
③ 郑富兴.中学教师公民教育观的调查与分析[J].中小学教师培训,2008(12):58-59.
④ 张小红.中学外语教师公民意识现状调查与研究[J].沈阳师范大学学报(社会科学版),2011(2):97-101.

数诗歌、篇章都以春蚕、蜡烛、人梯等来歌颂教师伟大的奉献精神,鼓励教师为教育事业勇于自我牺牲。然而随着商品经济大潮的来袭,社会价值观念也发生着深刻的变化。与计划经济相适应的依附单位的观念、平均主义的观念、甘做"螺丝钉"的观念正让位于自主观念、竞争观念、自我设计观念,与农业社会相适应的安贫思想、自足思想、保守思想正被致富意识、创业意识、开拓意识所取代,与封闭社会相关联的闭锁心理、排拒心理、狭隘心理正被开放意识、协调意识、全球意识所替代。在此过程中,教师的价值观也不免受到冲击,他们不再安于贫困,有的为了保住饭碗而在教学上敷衍塞责,有的下海,有的在外兼职,有的开办辅导班、进行有偿家教,更有甚者滥收罚款、向家长索贿。这些现象引来了社会的不少非议,"在线调查显示,7.4%的公众感觉师德在下降"。为提高中小学教师专业伦理水平,2009 年 9 月教育部再次修订颁布了《中小学教师职业道德规范》。然而在当前价值观日益多元化的社会背景下,师德规范在实施中也正面临着越来越多的困境①。

　　教师的专业伦理,是教师和一切教育工作者在从事教育活动中必须遵守的道德规范和行为准则,以及与之相适应的道德观念、情操和品质②。教师专业伦理规范,如同其他道德标准一样,都强调对社会集体履行义务、承担责任,主要凭借社会舆论、内心观念、宣传教育等手段产生约束力量,缺乏具体的制裁措施,是对教师的较高要求标准。而法律规范的内容主要是权利与义务,设定了行为模式和法律后果,并由国家的强制力保证实施,是对所有公民的基本要求。法律所约定的教师行为,主要是公民的基本准则或曰行为下限。下面结合教师职业中常见的几种失范行为,谈谈法规对教师职业的基本要求。

(一)体罚学生

　　体罚是教师针对学生的学习失误和不良行为,用粗暴的方式惩处学生身体,强迫学生服从,以达到教育者期望目标的一种教育手段。在现代教育中,体罚的形式多种多样,如揪耳朵、脚踢、罚站、罚晒、罚冻、罚抄作业、罚钱、罚扫地以及辱骂、讽刺、嘲笑、挖苦等。青少年儿童正处于身心发育的关键时期。体罚不仅容易对学生没有完全发育成熟的身体造成伤害,而且极易使学生的自尊心受到伤害,对社会产生敌意,甚至导致学生的人格缺陷。

　　体罚行为屡禁不止,其原因主要有:应试教育影响下,学校和教师片面追求升学率;教育行政部门监督检查力度不够;界限不明确,有的教师分不清体罚和适当惩罚的区别;有些教师缺乏教育学、心理学和法律方面的知识,不能认识到体罚对学生的伤害;有些教师专业伦理水平低下,自私自利,对学生缺乏爱心;受封建主义教育思想和传统教育学思想的影响,社会对体罚行为的危害性认识不足,关注程度不高;等等③。

　　从法律上看,体罚是一种教师实施的、侵犯学生正当权利的违法行为。教师通过体罚或变相体罚学生,侵害了学生的生命、健康权。它只要造成学生生命、健康被损害的事实结果,就构成侵权行为的要件;但由于被侵害结果的不同,其承担的责任也应不同。如果行为人的行为造成了被害人的死亡、重伤,则根据行为人当时主观罪过分别定之为故意杀人罪、故意伤害罪、过失杀人罪、过失伤害罪,将受到刑罚的惩罚。如果由于行为人的主观上的故意造

　　①　崔素芹. 对我国《中小学教师职业道德规范》的思考及建议[J]. 基础教育研究,2009(12. a);9 – 10.

　　②　师德 – 百度百科:http://baike.baidu.com/view/20254.htm.

　　③　师莹,杨明. 教师体罚行为及其对策浅析[J]. 河南职工医学院学报,2006(1);61 – 63.

成被害人的轻伤,被害人及其监护人依法可提起刑事附带民事诉讼,这是刑法所调整的范畴。如果行为人的行为造成被害人的轻微伤,行为人也应承担民事责任①。

(二)侮辱或歧视学生

有的教师对学生使用侮辱性的词汇,在他眼里学生不是笨蛋、懒汉就是傻瓜、小丑,他会利用学生身上的缺陷贬损学生,脱口而出的绰号往往使学生无地自容,从而畏惧上学而被迫逃学。而所谓的后进生经常受挖苦、谩骂,有时连学生家长也难逃其责。教师的这种行为侵害了学生的人格权,造成了学生一定的精神利益损害。教师在实施这些行为时如果是恶意的,并且采用侮辱、诽谤的方式从而使学生的精神状况造成严重损伤的,应以侮辱罪、诽谤罪来定罪处罚②。

2011 年 10 月,西安市某小学的老师称学习、思想品德表现稍差的学生没有红领巾,为教育其上进,该校便为这部分学生发放了绿领巾。这引起了家长和部分孩子的不满,认为这是一种歧视。但学校进一步解释这一做法是为了“激励上进,并非歧视”,他们也是借鉴外地学校的做法③。此事在网络上引起了广泛的讨论,许多网友认为,戴绿领巾虽不是差生的标识,客观上已变相给孩子划分了等次,是对“差生”的歧视和侮辱,这容易让孩子幼小的心灵产生自卑感,侵犯学生价值取向和人格尊严。这种行为如果造成学生精神损害的,校方也应参照相关法律规定承担相应责任。

(三)收受钱物

罚款作为我国行政处罚的手段,依法应由相关国家机关来实施,但有些教师却拿来作为惩罚学生的手段,而且对学生滥收罚款的名目繁多。例如据媒体报导,武汉某高中一班主任出重拳,对补课期间迟到的学生处以重罚,学生迟到一分钟要罚款一元,小组成员还要连坐受罚④。此举引来家长乃至社会各界的争议。更有甚者,有的学校把学生作为获取办学经费、改善教师收入待遇的对象。少数教师借补课、家访、排座位、安排班干部以及招生、保送、推介参考书或教具等事务,公然收取好处,甚至向学生和家长索贿。民众私下里虽怨声载道,当面却敢怒不敢言。对于教师滥收钱款、伸手索贿的行为,除让其退回非法所得外,还应在行政上对教师给以一定的处罚。

(四)侵犯学生隐私

由于法律观念淡漠,教师侵犯学生自由或个人隐私的事情屡有发生。当学生不完成作业或上课不遵守纪律时,有的教师将学生拖到办公室强行关押,不让其回家;有的教师规定下课后不许离开教室甚至是座位;有的教师为杜绝学生早恋,私拆、隐藏、毁灭学生信件,或公开学生信件内容⑤。对于这些侵权行为,如果情节较重造成学生精神损害,教师也应参照《侵权行为法》的相关规定承担相应的责任。

综上所述,教师的日常行为,不仅是一个道德规范的问题,同时也是一个法律问题。我

---

① 洪华芬.正确区别教师的职业道德与违法行为[J].中国计量学院学报,2003(4):328 - 330.
② 同②
③ 西安一所小学给“差生”佩戴绿领巾.http://news.163.com/11/1018/07/7GKP56PU00011229.html.
④ 武汉高中老师规定学生迟到1分钟罚1元.http://edu.ifeng.com/news/detail_2012_01/17/12022573_0.shtml.
⑤ 洪华芬.正确区别教师的职业道德与违法行为[J].中国计量学院学报,2003(4):328 - 330.

们在倡导教师高尚道德的同时,也要严守教师行为规范的法律底线。对于少数教师对学生实施的侵权行为,不仅要从道德上加以谴责,而且也应该从法律上给予相应处罚。

第二节　法规视野下的教师专业伦理规范

一、教师专业伦理与公民法规的关系

教师专业伦理,是教师在从事教育劳动时所应遵循的行为规范和必备的品德的总和。按照《中小学教师职业道德规范》的表述,师德规范的主要内容包括:(1)爱国守法;(2)爱岗敬业;(3)关爱学生;(4)教书育人;(5)为人师表;(6)终身学习。

法规指国家机关制定的规范性文件,是法律、法令、条例、规则、章程等法定文件的总称。法规既包括国家机关制定的规范性文件,也包括省、自治区、直辖市人民代表大会及其常委会制定和公布的地方性法规等,它们都具有法律效力。法规规定了公民所享有的各项基本权利,和对他人、对社会所必须履行相应的法定义务。公民的权利和义务具有一致性,公民个体既是享受权利的主体,又是履行义务的主体。因此,公民不仅要增强权利观念,依法行使权利、维护权利,而且要增强义务观念,依法履行义务。

就师德与法规的关系而言,两者首先具有内在的一致性;其次法规为教师日常的教学行为提供了保障,并规定了教师行为的底线;再次教师的师德行为是公民履行法规的楷模。

(一)法规为师德提供了制度性保障

法规规定了教育经费的来源,对挪用或克扣教育经费、未能保障校舍安全等行为制定了相应的责任追究机制。《教师法》明文规定,教师享有进行教育教学活动,从事科学研究和学术交流,评定学生的品行和学业成绩,按时获取工资报酬,享受国家规定的福利待遇以及寒暑假期的带薪休假,对学校的工作提出意见和建议,参加进修或者其他方式的培训等七个方面的权力①。这些法规保障了教师作为教育主体的合法权益,也保障了教师日常行为的正常开展。

当前多数家庭只有一个孩子,加之因孩子承受不了批评而走向极端的事件屡见报端,导致部分老师战战兢兢,不敢批评学生,更不敢惩罚学生。其实按照法规,教师具有对学生进行合理奖惩的权力,教师有权对违纪学生进行批评教育和纪律处分。如果教师完全没有这些权力,日常的教学将难以进行,更谈不上教师以高尚的师德育人了。

(二)法规为师德提供了行为的底线

法规在规定教师权力的保障措施的同时,也规定了教师必须履行的义务,这些义务是教师行为的底线。《教师法》规定的教师应当履行的义务包括遵守宪法、法律和专业伦理,为人师表;执行学校的教学计划,完成教育教学工作任务;关心、爱护全体学生,尊重学生人格,促进学生全面发展等六个方面的内容。未能达到这些行为标准的,不仅触犯了法规,更远远

---

① 中华人民共和国教师法. http://www.gov.cn/banshi/2005-05/25/content_937.htm.

谈不上践行了师德。

当前在少数教师中存在体罚学生、歧视差生的行为,这违反了《教师法》中"关心、爱护全体学生,尊重学生人格"的规定,更与教师应有的师德相去甚远。

(三)师德行为是履行法规的楷模

师德是教师应有的道德和行为规范,是青少年学生道德修养的楷模之一。"师爱为魂,学高为师,身正为范",这是对师德行为最凝练的概括。具有高尚情操、渊博学识和人格魅力的教师,会对其学生产生一辈子的影响,故而师道完全应该高于普通的道德标准,更应该高于法规的基本要求。所以教师的师德行为,也理应成为社会公民履行法规的楷模。

2012 年 1 月 17 日晚 11 时许在广州市白云区金沙洲社区礼传二街,三名驾驶摩托车的劫匪飞车抢夺一名 19 岁女大学生的皮包,得手逃跑时,被一小学体育老师张先生驾驶一辆小型起亚越野车追赶,使得劫匪未能得逞。教师见义勇为的可敬行为,不仅保护了公民的正当权利,更为学生和全体市民树立了捍卫法律的榜样,给周围的个体带来很好的引导和示范作用,弘扬了社会正气。

(四)师德与培养公民、遵守法规具有内在的一致性

如上文所述,法规为师德提供了制度性保障和行为的底线,而师德行为是公民履行法规的楷模,所以师德行为与遵守法规具有内在一致性。而与此同时,未来教育要培养学生的独立性和创造性,必须以尊重学生人格,建立平等的师生关系为前提。这些都要求教师必须形成民主平等的教育观念,克服管理中的形式主义和唯意志论,改变教学内容和教学方法上的教条主义,客服教育过程中的权威主义、命令主义和无视学生人格的观念,形成一种平等相处、相互尊重的新型师生关系①。唯有在这样的氛围下,教师才能培养人格健全的现代公民。所以教师的师德行为,本身就示范着公民的形象,师德与公民的培养同样也具有内在的一致性。

二、教师专业伦理中的法规内涵

(一)教师专业伦理的内容维度

当前国内的师德研究、理论研究多而实证研究少,研究多停留在理论探讨上,缺乏相应的实证调查;而且关于师德意义和结构探讨较多,缺乏具有操作性的评价量表。一位学者在对某高校教师师德进行调查时,根据文献资料和专家访谈,将师德结构分为六个维度:热爱教育、关爱学生、为人师表、精通业务、遵纪守法、团结协作②。这是对教师专业伦理结构研究的有益尝试。

有学者对美国高校的师德规范建设进行了相关研究,认为美国高校教师师德规范不仅表现在教师与学生、教师与同事之间的关系上,也包括教师对待职业、对待学术的态度上。具体而言,美国高校师德规范包括以下三个方面的内容:1."尊重"和"平等":教师与学生关

① 钱焕琦.高等学校教师职业道德概论[M].南京:南京师范大学出版社,2007,40.
② 潘永芝,章潮晖,张凯.北京体育大学教师师德现状调查研究[J].北京体育大学学报,2006(9):1235 – 1237.

系;2."协作"和"尊重":教师与同事关系;3."诚实"和"进取":教师对待职业的态度①。

（二）《教师职业道德规范》文本的法律意蕴

为规范教师的职业道德行为,教育部在 2008 年 9 月颁发了《中小学教师职业道德规范》,并在 2011 年 12 月颁发了《高等学校教师职业道德规范》。这两部文件是关于教师职业道德的基本规范性文件,文件内容体现了"师德与法律相一致"的法规内涵。两个文本不仅在行文的第一条上都特别地提到了"自觉遵守《教师法》等法律法规,依法履行教师职责和义务"和"遵守宪法和法律法规",而且在具体的文本内容上都突出了教师职业道德规范的法律意蕴。

1. 爱国守法

《中小学教师职业道德规范》的第一条是"爱国守法",内容为"热爱祖国,热爱人民,拥护中国共产党的领导,拥护社会主义。全面贯彻国家教育方针,自觉遵守《教师法》等法律法规,依法履行教师职责和义务。不得有违背党和国家方针、政策的言行"。

《高等学校教师职业道德规范》的第一条也是"爱国守法",内容为"热爱祖国,热爱人民,拥护中国共产党领导,拥护中国特色社会主义制度。遵守宪法和法律法规,贯彻党和国家教育方针,依法履行教师职责,维护社会稳定和校园和谐。不得有损害国家利益和不利于学生健康成长的言行"。

两个文本都突出了"爱国守法"的重要性,都强调了拥护社会基本制度,遵守法律法规,体现了国家法律强制力对师德的基本要求。

2. 尊重学生

《中小学教师职业道德规范》规定,"关心爱护全体学生,尊重学生人格,平等、公正对待学生。对学生严慈相济,做学生的良师益友。保护学生安全,维护学生合法权益,促进学生全面、主动、健康发展。不讽刺、挖苦、歧视学生,不体罚或变相体罚学生"。

《高等学校教师职业道德规范》则规定,"真心关爱学生,严格要求学生,公正对待学生,做学生的良师益友。不得损害学生和学校的合法权益"。

尊重学生人格,尊重学生的合法权益,这既是教师职业道德的基本要求,也是法律对保障公民权的要求。

3. 为人师表

《中小学教师职业道德规范》规定,"不以粗鲁言行对待家长。廉洁奉公,自觉抵制有偿家教,不利用职责之便谋取私利"。

《高等学校教师职业道德规范》则规定"模范遵守社会公德,维护社会正义,引领社会风尚。言行雅正,举止文明。自尊自律,清廉从教,以身作则。自觉抵制有损教师职业声誉的行为",并在"严谨治学"的条目下规定"秉持学术良知,恪守学术规范。尊重他人劳动和学术成果,维护学术自由和学术尊严。诚实守信,力戒浮躁。坚决抵制学术失范和学术不端行为"。

"不利用职责之便谋取私利"和"在学术上诚实守信"是法律的基本要求,而"为人师表"则是在法律基础上对教师职业道德的较高要求了。

---

① 杨华,吴俊.美国高校师德规范建设对我们的启示[J].中国高校师资研究,2006(6):43－46.

（三）教师专业伦理的法律化途径

有关调查显示,在中小学教师中,详知《义务教育法》、《未成年保护法》、《教师法》内容、要求的并不多。有相当一部分教师不了解自己和学生应享受的权利和义务。更不了解其他有关教育的法律、规章。至今确实仍有一些教师认为学校、教师与法律没有关系。当前,教师专业伦理中出现的问题充分说明,人们思想观念落后,对教师专业伦理问题认识有偏差,对法律和道德的关系不够清楚。教师对自身职业的定位还不够正确,还不够明确自己在实施教育、维护、保障学生权利实现方面必须承担的义务和职责。可以说,中小学教师中不学法、不懂法的现象比较普遍,教育法制观念的淡薄,是教师体罚、变相体罚学生现象长期存在的主要原因,是当前我国教育教学工作顺利开展的一大制约因素。

为了学生的健康成长,为维护学生的合法权益,我们必须把坚持依法治教,用法律约束、规范教师教育教学的行为,提高教师专业伦理作为当前我国师资队伍建设中的重心来抓,因此亟须将教师专业伦理法律化。[①]

1. 依法规范教师专业伦理的法律依据

《宪法》是我国的根本大法。《宪法》第三十八条规定,"中华人民共和国公民的人格尊严不受侵犯。禁止用任何方法对公民进行侮辱、诽谤和诬告陷害"。第四十六条规定,"中华人民共和国公民有受教育的权利和义务"。"国家培养青年、少年、儿童在品德、智力、体质等方面全面发展"。《义务教育法》规定"禁止体罚学生"。《教师法》规定教师应"遵守宪法、法律和专业伦理,为人师表",要"关心、爱护全体学生,尊重学生人格,促进学生在品德、智力、体质等方面全面发展"。《教师法》第八章三十七条规定教师有"体罚学生,经教育不改的"或"品行不良、侮辱学生,影响恶劣的"情形之一的,将由所在学校、其他教育机构或者教育行政部门给予行政处分或者解聘。情节严重构成犯罪的,依法追究刑事责任。《国务院关于基础教育改革与发展的决定》中提出"将依法执教与以德治国紧密结合",教师要"不断加强专业伦理建设",做到教书育人,服务育人。这些都是新时期对教师专业伦理的基本要求。

除以上法律、规章、决定中对有关教师责任、专业伦理等方面的要求,我国各地政府教育部门也都制定了相关条例、规章、措施办法。这说明在我国已初步形成教育法律的体系,依法规范教师专业伦理已具备一定的法律基础。

2. 依法规范教师专业伦理的现实性与紧迫性

教师普遍反映,现在管理学生很难,最大的困难是在管理学生时不好把握轻重（即"度"）,觉得管得"轻"一点儿,学校领导、家长、学生都会认为你不负责任,放任自流;管得"重"一点儿,又容易失"度",甚至会给自己带来一些不必要的麻烦。其实加强法律的规范和监督是解决该问题的最好方法。即坚持依法治教,可较好地防止教师行为失度现象,也是学校教育工作任务如期完成的有力保障。

针对教师当中出现的冷漠、粗暴、不公平等行为,法律规范十分重要。依法规范教师专业伦理,有利于法律法规知识在教师中的普及,有利于增强教师法律意识,提高教育水平。事实已证明,教师素质的高低与教师的教育水平关系紧密。教师学法、知法、懂法,就会在工作中自觉依法行教,认真履行义务,维护自己权益,行使监督权利。同时,教师工作具有很强

---

① 陈巍.教师职业道德的法律思考[J].青海师专学报(教育科学),2004(2):106-108.

的示范性、复杂性,它关系到千百万青少年一代的健康成长,具有更深厚的社会意义。总之,教师法律素质的提高,有助于我国依法治教工作的顺利展开。

依法规范教师专业伦理不仅有很大的现实意义,而且具有相当的紧迫性。当前我国教育面临着诸多挑战,教育必须全面适应市场经济改革和国际教育新秩序的需要,走向科学化、法制化。教师道德法律素质是教育适应时代发展的关键,法律的规范是我们解决当前教育教学工作中种种教师道德行为偏差问题的有效手段,而且社会经济、文化、教育的多元化发展也对教师专业伦理提出了更高、更紧迫的要求。当然,在我国依法规范教师专业伦理作为依法治教的一项内容,目前还需要一个逐步发展的过程,还需要一定的制度、环境、政策等方面的保障。

(四)推进师德建设法制化

当前改革开放正在向纵深发展,而法制建设则相对滞后,各种不良的社会风气对学校的师德建设带来了新的冲击,迫切需要我们推进师德建设的法制化。①

所谓"师德建设法制化"是指把原本属于教师专业伦理范畴的行为规范以法律的形式固定下来,使之成为全体教师普遍遵守的行为准则。为逐步规范教师的职业行为,我国《教师法》、《教育法》和《高等教育法》等都对各级各类教师提出了最基本的专业伦理要求,即"遵守宪法和法律,热爱教育事业,具有良好的思想品德","执行学校的教学计划,履行教师聘约,完成教育教学工作任务","组织、带领学生开展有益的社会活动","制止有害学生的行为或其他侵害学生合法权益的行为,批评和抑制有害于学生健康成长的不良现象"等。概言之,高校师德建设法制化的核心应包括以下三个方面:

1.坚定的政治立场,良好的政治素质

教师必须不断提高自身政治素质,不断提高自身的理论素养和政治水平,坚决贯彻党的教育方针,忠诚于人民的教育事业。

2.以身作则,爱岗敬业、关心爱护学生

首先,教育者要为人师表,以身作则,做遵纪守法和遵守社会公德的表率;并教会学生如何面对现实,怎样做人,做一个什么样的人。被誉为"爱满天下"的霍懋征老师就认为,教师的一举一动对学生都是潜移默化的教育。其次,教书育人是教师的本职工作。教师必须摆正自身的位置,正确处理本职工作与兼职工作、眼前利益与长远利益的矛盾。再次,教师要关心、爱护学生。教师必须在注重教书的同时,更要重视育人,要学会关心学生,全心全意为学生服务,及时了解和掌握学生的所思所想,所作所为。要引导帮助学生健康成长,使其树立正确的人生观和价值观,真正懂得做人的道理,树立做人比成才更重要的思想意识。

3.努力学习,不断提高业务水平

学高为师、德高为范,学校教育是一项专业性很强的工作,教师必须具备较高的教育教学水平。社会在进步,科技在发展,知识在更新,学生的心身特征也在不断变化。教师也要不断学习,及时把握知识的脉搏,调整自身的知识结构,按照学校的培训计划,采取各种方式学习进修,努力提高自身的业务素质。

---

① 巫修社.论高校师德建设法制化[J].安阳师范学院学报,2006(6):40-42.

三、教师专业伦理的法规导向

教师专业伦理是教师日常行为的规范，它不仅符合普通的法规要求，更高于法规。教师的专业伦理超越法律之处，就在于它倡导更高的行为准则，并不断从他律走向自律。

（一）师德的层次

教师职业的特殊性决定了师德规范既要有理想性又要有现实性，因此，西方国家比较注重区分师德规范的不同层次，以对教师整体与个体提出不同层次的专业伦理要求。有研究表明，美国的师德规范主要分为师德理想、师德原则、师德规则三个层面的内容。[①]

1.师德理想，这是对教师专业行为的最高要求

这种师德理想体现了教师应该努力的方向，即教师要"相信每一个人的价值和尊严，追求真理，力争卓越，培养民主信念"。就师德理想规定而言，不仅美国重视这个层次的要求，联合国教科文组织提出的师德理想也体现了这个方面的要求。例如，联合国教科文组织提出的师德理想是应该以人类个性的全面发展，以集体精神的、道德的、社会的、文化的和经济的进步，以及对人权和基本自由极大尊重的谆谆告诫为目标；将最主要的注意力集中于教育对于和平以及对于各民族、种族或宗族集团间的了解宽容和友谊所做的贡献上。

2.师德原则，也即教师职业伦理准则和中级要求

师德原则受师德理想的制约，是指导教师的行为准则，它主要包括"奉献学生"和"献身职业"两个方面。在奉献学生上，要关心和热爱自己的教育对象，要力争帮助每个学生实现自身的潜能，使他们成为有价值的社会成员。这是教师专业伦理的一个根本性原则；在献身职业上，要求教师树立教育事业的崇高理想，履行职业责任，尽力提升专业水平和道德水平。

3.师德规则，它属于对教师专业伦理的最低要求或者是教师个人必须达到的基本要求

这也是师德规范的核心部分，规定得更明确、具体，具有操作性，直接影响与限定教师在课堂内外的表现和教学行为。它包括，第一，教师对待学生要做到：不得无故压制学生求学中的独立活动；不得无故组织学生接触各种不同的观点；不得故意隐瞒或歪曲与学生有关的材料；必须做出合理的努力以保护学生不受对于学习或者健康和安全有害的环境影响；不得有意为难学生或贬低学生；不得根据种族、肤色、性别、原有国籍、婚姻状况、政治或宗教信念、家庭、社会或文化背景或者性别取向，不公正地排斥任何一个学生参加任何课程，剥夺任何一个学生的任何利益，给予任何一个学生以任何有利的条件；不得利用与学生的专业关系牟取私利；如果不是出于令人信服的专业目的，或者出于法律的要求，不得泄漏专业服务过程中获得的有关学生的信息。这方面，美国的教师行为守则更为严格和细致。比如优秀教师必须做到：记住学生姓名，对学生不持偏见，处事充满信心，热爱学生，富于幽默感，认真备课，合理布置作业，善于研究如何根据学生需要和水平进行课堂教学，衣着整洁等等。第二，教师在对待自己所从事的专业上要做到：不得在申请某一专业职位时故意作虚假的陈述，或者隐瞒与能力和资格有关的重要事实；不得出具不符合事实的专业资格证明等等。

上述划分一方面说明，师德规范不是空洞的师德理想，而是具体的行为规则，它可以直接制约教师个人的从教行为与教师群体的道德修养；另一方面则体现出师德规范的不同结

---

① 王颖.国外教师职业道德规范建设概况及启示[J].教学与管理，2009（5）：78－80.

构将发挥不同的功能:理想发挥激励功能,原则发挥指导功能,规则发挥约束功能。

师德规范的师德理想、师德原则和师德规则的三个层次内容是互相联系的。师德规则是中小学教师道德行为的底线,是教师必须遵守的规定,具有约束性;师德原则是教师应该并且能够遵守的规定,而师德理想则是教师对教育事业不懈追求中所表现出来的崇高的敬业精神和无私的奉献精神[①]。尽管我国的情况与美国存在较大的差别,但师德存在理想、原则、规则三个层次,这是具有普适性的,也是我们在研究师德时必须注意的。师德的规则层面上接近于法规,而理想、原则层面则是高于法规要求的。

(二)师德超越法律

师德的超越性体现为:师德规范的要求高于法律的要求。下面仍然以教育部颁发的《中小学教师职业道德规范》和《高等学校教师职业道德规范》两部文件为例,探讨具体的文本内容上师德的法规导向。

1. 敬业精神

《中小学教师职业道德规范》对中小学教师的要求是"爱岗敬业。忠诚人民教育事业,志存高远,对工作高度负责,勤勤恳恳,兢兢业业,甘为人梯,乐于奉献。认真备课上课,认真批改作业,认真辅导学生。不对工作敷衍塞责"。

《高等学校教师职业道德规范》对高校教师的要求是"忠诚人民教育事业,树立崇高职业理想,以人才培养、科学研究、社会服务和文化传承创新为己任。恪尽职守,甘于奉献。终身学习,刻苦钻研"。

可以说,两部文件都对教师的敬业精神提出了较高的要求,希望教师能够具有奉献精神,对工作兢兢业业、一丝不苟。这种要求不仅高于法律规定,也高于普通职业。

2. 社会楷模

《中小学教师职业道德规范》中关于教师"为人师表"的具体要求是"知荣明耻,严于律己,以身作则。衣着整洁得体,语言规范健康,举止文明礼貌。谦虚谨慎,团结协作"。

《高等学校教师职业道德规范》的要求是"学为人师,行为世范。淡泊名利,志存高远。树立优良学风教风,以高尚师德、人格魅力和学识风范教育感染学生。模范遵守社会公德,维护社会正义,引领社会风尚。言行雅正,举止文明。自尊自律,清廉从教,以身作则。自觉抵制有损教师职业声誉的行为"。

两部文件都认为,教师的行为举止不仅应该符合社会规范,而且应该引领规范;教师的日常行为应该成为社会规范的榜样和楷模。

3. 尊重人权,促进公正

《中小学教师职业道德规范》提出"关心爱护全体学生,尊重学生人格,平等、公正对待学生",《高等学校教师职业道德规范》则提出"尊重学生个性,促进学生全面发展",两者都体现出了教师在职业规范中需要尊重人权、促进学生全面发展的思想。

《中小学教师职业道德规范》和《高等学校教师职业道德规范》都提出"公正对待学生",这也是促进教育公平的重要方面。教师在日常工作中要做到主持正义、办事公道、对学生一

---

① 崔素芹. 对我国《中小学教师职业道德规范》的思考及建议[J]. 基础教育研究,2009(12. a):9-10.

视同仁,这既是社会公平总体原则在教育领域中的反映,也是正确处理师生关系的要求[①]。

由以上论述可知,师德是超越法律的,师德规范的要求远远高于法律的要求。教师不仅应该"模范遵守社会公德",而且要"引领社会风尚"。

(三)师德:从他律走向自律

在我国,教师的违法行为是通过法律渠道解决的;但教师道德失范的行为,却缺少相应的监管部门。在美国,师德行为的失范主要是通过行业协会来调整的,而且规范措施具有很强的地方性和行业性色彩[②]。我国当前正处于社会转型期,教师的职业行为亟待规范,而很多行为缺乏明确的法律规定。例如部分教师从事有偿家教、暗中推销教辅书等行为,虽然不触犯法律,却不符合教师道德规范,社会上的反映也比较大。对于这样的行为,在当前"他律"性的法律不能约束、"自律"也很难做到的情况下,也亟需行业协会的社会力量。

法律的作用体现为公权力控制下的他律,道德自制力表现为个体人的道德感知和自律。我们有理由相信,教师职业道德规范的深化,最终必然表现为师德规范从他律走向自律的途径。

第三节　基于法规的教师专业伦理修养发展

教师的发展既包括教师专业发展,也包括教师专业伦理修养发展。前者指教师在专业思想、专业知识、专业能力等方面不断发展和完善,从专业新手转变为专家型教师;后者则指教师不断提高自身师德修养,成长为具有高尚情操和人格魅力的教师的过程。从法规层面来考察,教师专业伦理修养的完善,表现为以下三个方面:(1)教师将法规内化,成为法规的模范遵守者和捍卫者;(2)教师以身作则地践行公民规范,并通过教育引导学生成长为现代公民;(3)教师将法规的捍卫和公民的践行,润物细无声地渗透进自身的日常教学中。

一、教师是法规的捍卫者

"教师作为法规的捍卫者"不仅意味着教师应该是法规的模范遵守者,也意味着教师应该敢于与他人的违法行为作斗争、捍卫法律的尊严。

作为法规的模范遵守者,教师自身应该遵纪守法。当前在部分教师中,依然存在着体罚学生等不尊重学生人格的行为。例如广州市荔湾区新晖学校某老师,因为学生坐车迟到,让两个学生互相扇耳光;山东枣庄一中学,根据学生成绩好坏分别发放红、黄、绿三色作业本;浙江慈溪某小学,学生上课讲话被罚脱裤跑步;江西进贤二中某教师,安排差生寒风中在教室外考试;江苏无锡某老师要求家长带成绩差的孩子"测智商"……这些事件都是对学生个人的严重侮辱,可能导致学生产生自卑、厌学乃至逆反心理。而个别老师有聚众赌博的恶习,甚至有教师因赌博输钱铤而走险,因挪用公款和信用卡诈骗而走上了犯罪的道路。这些都是与教师形象格格不入的违法行为,虽然比例非常小,但社会影响很恶劣。

①　钱焕琦.高等学校教师职业道德概论[M].南京:南京师范大学出版社,2007,40.
②　杨华,吴俊.美国高校师德规范建设对我们的启示[J].中国高校师资研究,2006(6):43－46.

在自身遵纪守法的同时,教师还应该敢于与他人的违法行为作斗争。上文提到的2012年1月17日晚广州某地,女事主遭到三名歹徒抢劫之后,刚好路过的张老师驾车协助,主动追截犯人,途中发生交通意外,汽车与歹徒的摩托车出现碰撞,歹徒一死两伤。后来广州市见义勇为基金会作出认定,张老师的行为属于见义勇为。面对歹徒嚣张的气焰,教师见义勇为的行为,为全体市民树立了捍卫法律的榜样,弘扬了社会正气。

"教师作为法规的捍卫者"还意味着教师应该捍卫自身的合法利益,与侵犯自身利益的违法行为作斗争。教师有按时获取工资报酬、参与学校的民主管理等方面的权利,而且《教师法》还规定"教师的平均工资水平应当不低于或者高于国家公务员的平均工资水平,并逐步提高"。然而实际生活中,教育主管部门可能会拖欠、克扣教师(尤其是农村教师、代课教师等)的工资与福利,上级主管部门或校领导也可能会搞"一言堂",学校的重大事务缺乏教师的参与。当教师的这些权利受到侵害之时,教师应该挺身而出。这既是在争取自己的合法权利,也是在捍卫法规的严肃性。

二、教师是公民的践行者和教化者

教师专业发展不仅意味着教师需要通过终身学习,不断提高自身专业水平和教学能力,也意味着教师应该垂范地践行公民规范,并引导学生成长为现代公民。当前我国正处在公民社会的发育期,教师的公民意识也在不断地学习和提升之中。只有教师在教学和生活中成长为成熟的现代公民,才能真正担负起公民社会中启迪和教化学生的责任。下文从"公民教育的内涵"、"教师作为公民的可能性"、"教师在教育民主化中的角色"和"教师作为模范公民"四个方面,简要探讨教师如何成为公民的践行者和教化者。

(一)公民教育的内涵

现代意义上的公民社会的建立,必然有健全自律的公民。健全自律的公民,必须是个性自由发展的人、必须具有强烈的自我选择和自我负责意识和能力、必须具有强烈的公民参与意识和能力。这三个方面是相互联系在一起的:个性自由是前提,自我选择和自我负责是关键,参与意识和能力是结果,人格独立则是健全自律的公民之根本要求和体现。

为了培育健全自律的公民,"教育"就必须是一种"公民教育"[①]。公民教育中贯穿的指导思想,应是公民权利与责任的有机统一观念;公民意识的核心内容,就是公民权利与责任相统一的意识。公民教育的具体内容,应该包括公民意识、公民智慧、公民道德和公民法治等方面。

(二)教师作为公民的可能性

教师之所以能够成为公民,是因为教师在学生面前具有示范、导向和辐射的三大功能。[②]

1. 示范功能

教师对学生的教育不但要靠自己的专业知识,而且要靠自己的道德品质、言行风范、治学态度。因此,教师的工作方式对学生的学习和生活产生无穷的表率和示范作用。

---

① 葛新斌. 公民教育:我国现代化历史进程中的深切呼唤[J]. 清华大学教育研究,2000(3):106-112.
② 丁文胜. 高校教师理应成为公民职业道德建设的首善者[J]. 萍乡高等专科学校学报,2003(3):33-35.

2. 导向功能

教师一般都具有较强的政治敏锐感和社会洞察力,并具有较强的说服力和感染力,再加上学生也特别乐于听取和接受教师对当代社会问题的剖析和评论,因此,在教师道德品质影响下的言传身教,会对学生的价值导向、目标导向和行为导向产生重大的作用。

3. 辐射功能

一方面,随着知识分子的社会地位不断提高,教师在社会上的影响越来越大,其师德状况自然会对社会风气产生一定的影响;另一方面,学生走上工作岗位后,也会对周边人员和整个社会带来直接或间接的辐射作用。

(三)学校具备公民教育的三大优势

1. 科研优势

科研是教师(尤其是高校教师)的重要职责,而且高校学科众多、门类齐全,师资力量雄厚、图书资料丰富,有利于我们探讨道德问题,开展道德研究,提高对道德品质的认识,增强对道德修养的自觉性。

2. 对象优势

尽管教师的工作对象在专业方面是学生,但由于学生有过不同的人生经历,甚至在专业伦理方面可能会有过杰出的表现,因而,他们的道德意识、道德情感和道德行为也有可能对教师产生重大的反作用,并促进教师专业伦理水平的不断提高。

3. 校园文化优势

学校一般都有丰富的校园文化,如:精美的工艺建筑和大片的绿色校园等物质文化,大量的学术讲座和及时的宣传资料等精神文化,广大师生强烈的学习欲望和纯洁的人际关系等行为文化,都能使教师从中深受道德启迪、陶冶道德情操,也为师德建设营造了浓厚的文化氛围。从上述功能和优势看,教师成为公民专业伦理建设的首善者,不但具有客观的必然性,而且具有现实的可能性。

(四)教师在教育民主化中的角色

在公民社会中,学校的民主化是社会民主化的基础。学校民主化就是以民主的精神去改造教育、重建学校。学校和教育的民主化需要每一个人的参与,学校的民主化需要有更多的人参与教育管理,教育必须重新建立。而教师在学校民主化中扮演着重要的角色,因此教师的责任很明显地处于辩证的紧张关系中,一方面他必须致力于社会的稳定性,同时必须创造社会转化的诸种条件,促进社会整体的演化。

在公民社会中,要加强学生的主体性,首先就要解放教师,让他们充分发挥主体性与创造性。教育工作是一个充满社会实践意义的伦理性事业,因此每一个教育实践者对于其行为主体的身份定位、价值认知与伦理规范都应有根据理性思索的明确出发点。更重要的是在现代社会中,教育实践的任何作为都与其复杂的体系制度息息相关,因此教育实践行动,不论从微观或宏观角度来看,其实都同时具有伦理性及公共性的含义。因此,"教师不应只关切自身的工作权益,而要提升整体教育工作者对于教育事务的公共性、政治性与伦理性的自觉意识,在社会整体结构脉络下,不断反思教师身份与角色的定位认同"。① 教师要想致力于整体社会文化的转化改造,唯有先寻求自身定位的转化,才能负起最终的教育责任。

(五)教师作为模范公民

公民是自然享有政治、经济、文化、教育权利的个人意义上的社会成员,公民对国家具有责任和义务,同时也向国家要求权利和利益。依据教育本身的规律性,教师依然应当是"人之模范",就是要以一个模范公民的形象出现。②

教师首先是独立的、可以自主判断并且能够对自己的工作做出最佳判断从而做出适当行为的公民,其次才是教师。这样,无论教师们对某种观点是赞同的、反思的、批判的或是抵制的,都是可以光明正大地、理直气壮地提出自己的主张、发表自己的见解的。这种社会形态下,教师身份是统一的,不是分裂的,不是悖论性的"半支配阶层代言人、半公共知识分子"角色。另外,教师作为和学生一样的公民,在教学过程中或与学生的其他交往活动中,自然会给予学生最大的尊重:尊重学生的人格,尊重学生的选择。

据媒体报道,武汉市新洲区邾城街第六小学五(1)班的班规由老师和学生共同制定、民主表决通过,125条班规洋洋洒洒6000余字,试行已经一个月了。除了管理学生外,还有3条专门是管老师的:必须公平公正地对待每个学生,尽职尽责做好自己的教书育人工作,不得无故打骂学生,违反罚向学生道歉;不得无故迟到旷课,违反罚扫地一次;不得无故拖堂,占用其他课程,违反罚唱歌一首。

班主任刘晓琳说,制定班规时,她邀请了20多名同学座谈,同学们对老师"不公,迟到旷课,拖堂"有看法,于是立下三条规矩。班规要经过班会讨论、表决、公示的环节,按惯例,班规试行一月后,还有次小调整,调整内容由学生决定。这份班规中,明确了老师违规可以自省受罚,也可由师生监督。如果老师违反班规,他会将老师违反的过程写在纸条上,递给老师,督促改正。师生共订班规、互相监督,这也是学校管理民主化的一种有益尝试。

而同在武汉市,洪山区鲁巷实验小学五(2)班某同学说,为了满足学生"人人当官"的愿望,今年班上由原来四大组划分成了七大组,每个小组都有一套独立的"领导班子"。

专家认为,小学生"人人争做官"反映出"官本位"思想从社会上蔓延到中小学,很多人没有从传统社会的价值观中走出来,以为当官就是"统治者",并以当官为乐,这种思维方式与现代公民观念背道而驰,若从小形成,非常可怕③。

三、教师是专业的教育者

(一)教育劳动的特点

教育劳动是一种特殊的生产劳动,它是以脑力劳动为主的创造性的培养人、塑造人的高级劳动。教育劳动的目的不是为了直接生产某种物质产品或精神产品,而是由教育者根据一定社会的要求和人的身心发展的规律,对受教育者施加的一种系统影响的活动。④ 与其他

---

① 贺撒文.公民社会与教师赋权[J].山西广播电视大学学报,2006(1):81-82.
② 李翠珍.论教师作为模范公民[J].宁波大学学报(教育科学版),2005(8):50-53.
③ 教育培养公民 而不是臣民.http://zj.sina.com.cn/edu/jyjx/2012-09-28/07111767.html
④ 钱焕琦.高等学校教师职业道德概论[M].南京:南京师范大学出版社,2007,27-36.

职业劳动相比,教育劳动具有其特殊性,表现为:1.教育劳动的目的是培育人,教育劳动的产品也是人;2.教育劳动对象具有复杂性;3.教育劳动工具具有特殊性,教育劳动方式具有创造性,劳动过程具有复杂性,劳动效果具有特殊性;4.教育劳动中的人际关系具有复杂性。

(二)教师作为专业的教育者

教师和医生、律师都是典型的专业技术人员,必须有较强的专业伦理和较高的专业知识以及专业能力。在很多国家,从事这三种职业都需要较长时间的专业训练,并持有从业资格证书。然而当前在我国,很多人认为具有一定的专业知识就可以担任教师,"教师作为专业的教育者"[①]的观念并没有深入人心,这就迫切地需要我们进一步推进教师的专业化。

教师专业化是指教师在整个职业生涯中,通过专门训练和终身学习,逐步习得教育专业的知识与技能并在教育专业实践中不断提高自身的从教素质,从而成为一名合格的专业教育工作者的过程。它包含双层意义:既指教师个体通过职前培养,从一名新手逐渐成长为具备专业知识、专业技能和专业态度的成熟教师及其可持续的专业发展过程,也指教师职业整体从非专业职业、准专业职业向专业性质进步的过程。

20世纪80年代以后,很多国家都加快了教师专业化的建设步伐,提出了不同的建设标准和目标,归纳起来主要包含这样几个方面:首先是专业自身的成熟程度、分化程度,这包括专业知识、技能成熟程度,专业组织、制度成熟程度和专业精神水平;其次是专业的经济待遇、社会地位和专业声望以及由此形成的职业吸引力。

对于教师群体而言,教师专业化的主要目标有:教师任职有规定的学历标准;教师具有双专业性(学科专业和教育专业);教师职业有公认的专业伦理标准和行为规范;教师职业有专门的学习机构、专门内容和措施;教师职业有资格认定制度和管理制度;教师职业成立自治组织机构对教师个体进行监控。

对于教师个体而言,教师专业化的主要目标有:教师承担起为他人提供教育服务的责任和义务;教师应掌握某种学术和理论;教师应具有熟练的教学实践技能;教师能恰当应对不确定的教学情境;教师在教学实践活动中产生自我专业发展的需要;教师接受专门机构或团体监控教学质量和自我发展。

(三)网络时代的教师角色

传统意义上,教师一直都充当着教学的支配者角色。互联网时代的来临,给教师原有的知识权威地位带来了巨大的冲击。互联网时代是一个信息爆炸的时代,网络本身就是一个巨大的信息资源库。网络实现了信息的共享,在网络社会中,信息资源超时空的传递交流,消除了跨地域沟通的时滞,使处于地球上任何一个角落的人在同一时刻都可以直接进行交流。学生也可以利用互联网,汲取自己所需的信息,构建自己的信息体系。并且由于互联网海量信息存储的特点,学生通过互联网所能够获取的知识,可以远远超过教师的知识量,这必然给传统的教师角色形成冲击。而且由于互联网具有"天生的平等派"性质,在网络环境中长大的孩子对自我和民主非常重视,他们敢于质疑,敢于表达自己的意见,敢于尝试,有创新精神,这也给师生关系带来了新的挑战。

---

① 张行涛,郭东岐.新世纪教师素养[M].北京:首都师范大学出版社,2003.

随着互联网时代的深入,网络时代的师生交往也将日益平等化、普遍化。如果今天的教师仍固守于传统的角色,将自己简单地限定为知识学习的指导者、文化知识的传授者、课程教材的执行者和教育教学的管理者,那教师就无法满足网络时代对学生发展提出的新要求。在师生教学交往中,教师应从传统教学的传道、授业即信息直接提供者的位置上退下来,教师主体和学生主体均应能充分自由地展现自己的丰富性,以各自的知识经验、情感、个性投入教育活动,相互影响,相互交融,相互促进。交流、对话、感染成为教育活动发生发展的基本方式。交往权威趋于模糊或消退,交往关系更趋平等、宽容与和谐,教师不再是至高的权威,而是以自己的学识、能力、人格魅力等去感染学生,建立起自己的崇高威信,与学生建立民主、平等、普遍交往的关系。因此,新型师生关系的塑造成了时代发展的必然。

随着教师的角色由课堂教学的主宰者,转变为学生学习的辅导者,教师的讲课方式也相应地由"传授式"变为"合作式",师生交往也将更加平等、宽松,这也正是教育民主化最好的孕育环境。

第八章 教师专业伦理的自我修养

教师专业伦理的自我修养是教师专业发展、提升自身素质的重要内容。长期以来,由于对教师职业的专业性认识不到位,学术界对教师专业伦理的内涵和特征缺乏深入研究,导致对教师特有的专业性工作所决定的教师专业伦理规范不够明确,使教师的专业伦理自我修养等同于一般的道德修养。理论上和实践中的缺失,直接影响了我国教师队伍素质的提高。因此,有必要对教师专业伦理的自我修养进行探讨,这对于促进教师专业发展、提高教师专业素质具有重要的理论和实践意义。

第一节 高尚的道德情操追求

一、教师专业伦理是对高尚道德情操的追求

(一)教师高尚道德情操的重要功能

首先,教师的高尚道德情操对教育对象有教育功能。

教师高尚的道德能够影响教师的道德人格。学高为师,身正为范是教师伦理对教师的道德诉求。"近朱者赤近墨者黑",教师的一言一行影响着学生,具有良好师德的教师所表现出来的敬业精神和生活热情会感染学生,有利于学生形成正确的人生观和价值观,有助于学生形成积极的生活态度和对学习的热情。反之,一个缺乏敬业精神和高尚道德情操的老师,会对学生产生许多负面的影响。[①]

心理学中有一个著名的效应被称为皮格马利翁效应,皮格马利翁效应又称作期望效应或者罗森塔尔效应,这个效应指出了教师的期望对学生的重大意义。"罗森塔尔效应"产生于美国著名心理学家罗森塔尔的一次有名的实验中:他和助手来到一所小学,声称要进行一个"未来发展趋势测验",并煞有介事地以赞赏的口吻,将一份"最有发展前途者"的名单交给了校长和相关教师,叮嘱他们务必要保密,以免影响实验的正确性。其实他撒了一个"权威性谎言",因为名单上的学生根本就是随机挑选出来的。8个月后,奇迹出现了,凡是上了名单的学生,个个成绩都有了较大的进步,且各方面都很优秀。由此可见,教师对学生的热爱、期望等会使班级有一个良好的心理氛围,有利于学生树立较高的学习目标,有利于学生正确的认识自己,产生学习上的自信,取得更好的成绩。

---

① 檀传宝著. 教师伦理学专题 教育伦理范畴研究. 北京市:北京师范大学出版社, 2000.

其次,教师高尚道德情操对教师集体具有调节功能。

教师在保持自身高尚道德情操的同时,也要维持同事之间、学校内部良好的关系,更要处理好自身与社会的关系。良好的职业道德和高尚情操能够使集体形成一种良好的教育氛围,也会在每一个教师心中以高尚道德情操追求和自我信念的规约形成一种监督的机制。教师的高尚道德情操的养成氛围由此形成。

张丽莉是佳木斯市第十九中学的一名教师。2012年5月8日,一辆客车在第四中学门前等待师生上车时,因驾驶员误碰操纵杆致使车辆失控撞向学生,本可以躲开逃生的张丽莉奋不顾身将学生推向一旁,自己却不幸被碾到车下,造成大腿、骨盆粉碎性骨折,以至生命垂危。张丽莉用柔弱的身躯谱写了一曲英勇奉献的大爱之歌。2012年教师节前夕,教育部、人力资源和社会保障部作出决定,授予张丽莉同志"全国模范教师"荣誉称号。教育部号召全国广大教师和教育工作者要向张丽莉同志学习,学习她对党和人民教育事业的无限忠诚和热爱;学习她临危不惧、舍己救人的崇高品质;学习她勤奋敬业、关爱学生的高尚情操;学习她坚强乐观、积极向上的人生态度,在教育战线形成学习先进、崇尚先进、关爱先进、争当先进的浓厚氛围。[①]

张丽莉的事迹感动了无数教育工作者,作为一名人民教师,要把教育关爱学生,无私奉献作为教育生涯中时刻要遵循的重要原则。

第三,教师道德对教学水平具有提高功能。

教师在不仅做一个会教学的老师,还要做一个会研究的老师。教师的成长和发展离不开自我反思和潜心研究。反思在教育教学过程中是十分必要的,只有通过反思,教师才能对自己的工作过程和结果进行审视和分析,升华自己平时的教学能力,觉察到可以提高的空间,提升自己的教师水平专业化,专业化的成长同时也提升了教师的幸福感。

教师不能只用填鸭式的教学方法把知识传授给学生,要时刻注意教学活动的反思,把自己当成一个有思想、有见解、有独立判断和决策能力的人,关注自己专业教学的新进展。苏霍姆林斯基说过:"如果你想让教师的劳动能够给教师带来乐趣,使天天上课不至于变成一种单调乏味的义务,那你就应当引导每一位教师走上从事研究这条幸福的道路上来。"因此对于一个教师来说,研究反思自己的教学过程,自我评价教学效果,思考教学内容对于学生的接受程度,是十分必要的,教师在研究反思和实践中才能获得真正的提高和进步。

教师要做一名终身学习的典范。教师只有不断的自我教育、终身学习,才能更好地适应急速变化的世界,分析汇总所有的信息。俗话说教学相长,教师只有在教育教学过程中,和学生一起学习,当学生提出的问题难以解答时,当遇到极有天赋的学生时,不仅要鼓励学生自己解决难题,更要和学生一起努力,不断学习,提高自己的专业化素养。只有不断学习、不断提升自己、不断进步的老师,才能成为一个专业化水平高的老师。

(二)教师专业伦理的具体要求

教师专业伦理是随着教育的发展而发展的。教师专业伦理在不同时期有着不同的体现。在我国古代时期,主要表现为在几千年来形成的传统的教师高尚道德。比如,热爱教育,终生授徒,有教无类,文行忠信,以身作则,学而不厌,诲人不倦等。

春秋以前,教师专业伦理虽然已经出现,但很不系统,往往夹杂于政治道德之中。春秋

---

① 教育部人社部授予张丽莉"全国模范教师"称号. 中国教育新闻网,2012 – 09 – 05.

时期,孔子办私学,广收门徒,创立了许多有关教师专业伦理方面的理论,并以《论语》一书集中反映了出来。其中较为著名、对后世影响较大的有:"默而识之,学而不厌,诲人不倦,何有于我哉?"体现了一种有关"学"、"诲"的师德。其身正,不令而行;其身不正,虽令不从。不能正其身,如正人何?体现了一种"以身作则"、"言传身教"的师德。此外还有热爱学生、有教无类、不耻下问、知过而改、因材施教,循循善诱等有关教师专业伦理方面的著名言论,形成了我国教育史上的第一个教师专业伦理规范体系。孔子而后的百家争鸣时期,荀子、墨子、孟子等对教师专业伦理体系进一步发展,如荀子在强调教师要以身作则的同时,又提出教师须具备的四个条件:"尊严而惮"、"耆艾而信"、"诵说而不陵不犯"、"知微而论",实际就是在德行信仰、能力、知识等方面对教师提出了更高的要求。汉代的董仲舒把"三纲五常"作为教师专业伦理的核心要求,又说"善为师者,既美其道,有慎其行",指的是教师的道德品质、知识才干、言谈举止等。唐代韩愈将师德列于对教师要求的首位,云"弟子不必不如师,师不必贤于弟子,闻道有先后,术业有专攻,如是而已"。宋元明清又对教师的专业伦理作了进一步的发展。如朱熹提出把"博学"、"审问"、"慎思"、"明辨"、"笃行"作为教师的道德规范。明末清初的王夫之则认为"德以好学为极"、"欲明人者必须先自明"。[①]

新中国成立后,我国为进一步加强教师队伍建设,全面提高中小学教师队伍的师德素质和专业水平,在广泛征求意见的基础上,对1997年国家教委和全国教育工会联合印发的《中小学教师职业道德规范》进行了修订,于2008年9月1日由教育部颁布实施,共计六条。新颁布的《规范》基本内容继承了我国的优秀师德传统,并充分反映了新形势下经济、社会和教育发展对中小学教师应有的道德品质和职业行为的基本要求。这六条规范分别是:爱国守法、爱岗敬业、关爱学生、教书育人、为人师表、终身学习。[②]另外,我国对于高校教师的专业伦理规范也做出了相应的规约。2011年10月,教育部会同中国教科文卫体工会全国委员会研究制定了《高等学校教师职业道德规范》(征求意见稿),列出了高等学校教师的职业道德规范共计六条,分别是爱国守法、敬爱学生、教书育人、严谨治学、服务社会、为人师表。[③]

二、高尚道德情操与教师职业专业化的关系

首先,教师高尚的道德情操是教师专业素质结构中的重要组成部分,对教师职业专业化起到"方向性"的指导作用。教师职业专业化需要教师具备专业素质,而高尚道德情操是教师专业素质之一,而且是非常重要的要素,它对其他专业素质起引领作用,是"基石"和"方向"。

其次,教师的高尚道德情操需要在教师职业专业化发展中逐渐形成,两者相辅相成,共同发展。高尚的道德情操有一个渐进的养成过程,随着教师职业专业化的程度越高,教师的道德情操就越加高尚;同时,教师的道德情操越高尚,教师的职业专业化程度也越深。最后,教师职业专业化中的高尚道德情操的基本要素有:人格力量、爱与关心、责任、公平公正、幸福感等。

其中,教师的人格力量是教师专业化的重要要素之一,也是学生成长的重要精神源泉。

---

① 王建军.中国教育史新编[M].广州:广东高等教育出版社,2003,23.
② 中小学教师专业伦理规范.教育部,2008.9.1.
③ 高等学校教师专业伦理规范(征求意见稿).教育部,2011.10.12.

高尚的道德情操,是对学生最生动、最具体、最深远的教育。教师的人格力量表现在很多方面,比如在遇到难以解决的问题时,对困难不放弃,勇攀高峰的勇气和毅力;在教育过程中自己的学生遇到挫折与困难时,教师对学生的鼓励与帮助。

三、高尚道德情操的自我追求

胡锦涛在"全国优秀教师代表座谈会"的讲话中殷切希望所有教师爱岗敬业、关爱学生,希望教师刻苦钻研、严谨笃学,希望教师勇于创新、奋发进取,希望教师淡泊名利、志存高远,努力成为爱岗敬业的模范,成为青少年学生健康成长的指导者和引路人。这几点希望精辟地阐述了新时期教师专业伦理的重要意义,是新时期新阶段塑造德才兼备教师队伍的工作方向。这就要求教师具有自我追求高尚道德情操的意识。

教师应深刻认识自己所肩负的神圣职责和重要使命,树立远大的职业理想,胸怀祖国,热爱人民,爱岗敬业,创新奉献,教书育人,为人师表,努力成为无愧于党和人民的人类灵魂的工程师。

教师应该自觉坚持社会主义核心价值体系,带头实践社会主义荣辱观,不断加强师德修养,把个人理想、本职工作与祖国发展、人民幸福紧密联系在一起,树立高尚的道德情操和精神追求,甘为人梯,乐于奉献,静下心来教书,潜下心来育人,努力做受学生爱戴、让人民满意的教师。

教师应该志存高远,做有高尚的道德情操和精神追求的教师。因为师德是教师的灵魂。只有师德高尚,才会敬业、律己、爱生;也只有师德高尚,才有人格的力量。教师的人格力量是学生成长的重要精神源泉。高尚的师德,是对学生最生动、最具体、最深远的教育。

教师应该有崇高的精神境界,积极献身教育事业,热爱自己的学生,为人师表,默默奉献,积极热情爱护自己的学生。爱学生应是教师多种素质中最为重要的一种。教师对学生的爱会使学生备受感动,教师的爱心具有强烈的示范性,学生会争相模仿教师的行为,从而把这种爱心在潜移默化之间传递下去。教师的爱心沟通了与学生的心灵,架起了一座心与心的信赖桥梁。

很难想象,一个没有高尚品德的老师能教出拥有高尚情操的优秀学生;一个缺乏敬业精神的老师能带出对祖国、对未来有高度责任心的学生;一个人格不健全、心灵不美好的老师能培养出身心健康、德智体美全面发展的学生。[①]

有人说:"如果一个教师把热爱教育和热爱学生结合起来,他就是一个完美的教师。"反过来说,如果我们只知道教书而不知道育人,那么,只能称其为"教书匠",所谓"人类灵魂工程师"也是空有其名。由此看来,"德"是赋予人类灵魂的基石,道德的培养和提高,不管是对教师自身还是对学生都是尤为重要的。只有热爱学生,才能去关心他们的成长,才能去教书育人,才能尊重学生人格、引导学生成才。谁爱孩子,孩子就爱他,只有爱孩子的人,他才能教育孩子,教师应用自己博大的爱去温暖每一位学生。这里有一件简单而又平凡的小故事,从作者朴实无华的文笔中,我们就可以了解一个具有崇高道德情操的老师应如何对待学生了。

"她很平凡,平凡得就像那大海中的一滴水,没有光辉的历程,没有显赫的业绩,但就是

---

① 胡锦涛.在全国优秀教师代表座谈会议上的讲话.新华网 2007 – 08 – 31

在这些平凡的日子里,她的心却实实在在感到了前所未有的满足与充实。如果说非要找出什么原因的话,我想,那便是因为心中有爱。

她便是浦江一小的陶蓉玉老师。陶老师是个非常爱学生的,很少严厉地批评过谁,性格温和的她,说话时总是面带微笑,同学们都很爱她,她也特别爱学生。

说到爱学生,我这里还有一个关于她的小故事:在我们班有一个女孩子叫遥遥,非常的聪明可爱,我刚来时陶老师就跟我说了遥遥的情况:孩子很聪明但是很内向,她的父母离异,现在大多数时间都是跟着奶奶过。遥遥对紫菜过敏,只要是吃紫菜汤陶老师总是及时提醒我,有时她会把自己的菜分给遥遥。

陶老师在学习上和生活上关心着每位同学。我们班吃饭时,全班同学的饭菜都要给老师看了以后才能出去,开始时我还不知道陶老师的用意,每天中午孩子们总会把吃剩下的饭菜拿过来,说:老师我吃不下了,陶老师总是看后说再吃两口,那么多,再吃点,要不然下午会饿的。简短的对话每天重复着,随着时间的推移,我渐渐明白了她的用意,陶老师是在用她的爱心、她的热情关心着这些孩子,关心他们的生活,像妈妈一样关爱着孩子们。

记得有一次下着小雨,我们班的小胖墩俊俊的爸爸因为临时有事没能来接孩子,于是陶老师就亲自送他回家,可是自行车没气了,一路上就推着小胖墩,自己却淋着雨。"

这位老师的故事很平凡,但她用行动述说着对学生的爱。"爱"源于高尚的师德,"爱"意味着无私的奉献。教师对学生的爱,不是出自个人的感情,而是出自社会的需要、教育的需要,这种爱是稳固的、深厚的,是与教师所肩负的社会责任紧密相连的,这种责任和爱能超越一切,汇聚成一股无可阻挡的力量,创造出我们光辉和伟大的事业。

由此我们可以发现,教师要拥有高尚的道德情操,应时刻注意做到以下几点。

(一)要正确认识自己

教师应该自我反思,正确认识自我,在不断对自己的否定和再次否定中,建立新的观点,用反思过的认识,指导自己的实践。要注意以党的教育方针政策、教师的职责、教师的道德行为规范、教师的专业修养要求自己,做一个让党和人民都放心满意的老师。要注意主动寻找差距,根据教学信息的反馈,调整自己的言行,总结经验,取得更大的进步。

(二)要有创造精神

创造性思维是创造力的核心内容,教师在教育过程中,要有创造精神,根据自己的教学情况,根据每个学生的不同,因材施教,每个学生都有自己的特点和学习方法,学习的优势和天赋。根据每个学生的不同,创造性地提出不同的教学方法,是取得教育成功的一个保证。在班主任管理工作中也要有所创新。

(三)要不断自我激励

教师在漫长的职业生涯中,会遇到各种各样的困难和挫折,会遇到职业倦怠和教学技能的高原期,教学水平可能长时间停滞在一个水平上。在遇到各种困难的时候,当工作不顺心的时候,要时时刻刻鞭策自己,激励自己,要有毅力和克服困难的勇气,要树立为教育事业献身的理念。

(四)君子"慎独"

"慎独"一词源于我国秦汉之际的儒家著作《礼记?中庸》:"君子戒慎乎其所不睹,恐惧乎其所不闻,莫见乎隐,莫显乎微,故君子慎其独也。"所谓"慎独",意思是说,在独自一人无人监督的情况下,自己要小心谨慎,自己监督自己,不做任何违背道德的事。作为人民教师,一定要言行一致、表里如一,方可为人师表,若离开慎独境界,在无人监督的时候,又如何能规范自己的行为呢?

这里还有一个在汶川地震中使大家众所周知的例子,即"范跑跑事件"。

"范跑跑",原名范美忠,四川省隆昌市人,1997年北京大学历史系毕业,任职于四川省都江堰光亚学校,5·12地震发生时正在上课,丢下学生一个人跑出了教室。5月22日他在天涯网站上发帖《那一刻地动山摇——"5·12"汶川地震亲历记》,细致地描述了自己在地震时所做的一切以及过后的心路历程。

据描述,范美忠当时正在都江堰光亚学校上语文课,课桌晃动了一下,范根据对地震的一些经验,认为是轻微地震,因此叫学生不要慌。但话还没完,教学楼猛烈地震动起来。"我瞬间反应过来——大地震!然后猛然向楼梯冲过去。"后来范美忠发现自己是第一个到达足球场的人,等了好一会儿才见学生陆续来到操场,随后他与学生有一段对话:

范:"你们怎么不出来?"学生:"我们一开始没反应过来,只看你一溜烟就跑得没影了,等反应过来我们都吓得躲到桌子下面去了!等剧烈地震平息的时候我们才出来!老师,你怎么不把我们带出来才走啊?"范:"我从来不是一个勇于献身的人,只关心自己的生命,你们不知道吗?上次半夜火灾的时候我也逃得很快!"接着,范美忠对一位对他感到有些失望的学生说道:"我是一个追求自由和公正的人,却不是先人后己勇于牺牲自我的人!在这种生死抉择的瞬间,只有为了我的女儿我才可能考虑牺牲自我,其他的人,哪怕是我的母亲,在这种情况下我也不会管的。因为成年人我抱不动,间不容发之际逃出一个是一个,如果过于危险,我跟你们一起死亡没有意义;如果没有危险,我不管你们,你们也没有危险,何况你们是十七八岁的人了!"范美忠写道:"这或许是我的自我开脱,但我没有丝毫的道德负疚感,我还告诉学生,'我也决不会是勇斗持刀歹徒的人!'"这些话如一石激起千层浪,在论坛上引起了网民的铺天盖地的批评与漫骂。范美忠最后也被学校开除。

韩愈在《师说》中云:"师者,所以传道授业解惑也。"后两者是技能传授,前者是人格培养。三者中,韩愈更强调"传道",认为"道之所存,师之所存也"。又有云:学高为师,身正为范。可见老师的个人形象包括道德形象表现是包含在教师这个行业的规范之内的。换言之,即使其他行业对从业者不见得有道德意义上的规范约束,但是教师这个行业有。因此,范跑跑事件也从侧面说明了,有一些老师并不能深刻的理解教师应有的专业伦理修养,把自己的利益放在了第一位,而不顾学生的安危。这种做法是违背了教师的专业伦理精神和高尚的道德情操的要求的,实不可取。

第二节 严格的教育教学追求

一、教育教学与教师专业伦理修养的关系

教师专业伦理是教师教育教学中必不可少的专业素养之一。高尚的教师专业伦理能够促进教育教学工作的顺利开展,而缺乏专业伦理修养的老师可能会导致教学质量的下降,影响学生各方面的发展。

教师专业伦理修养和教育教学活动是密切联系、相辅相成的。

首先,提高专业伦理修养对提升教育教学水平具有重要作用。专业伦理修养的提高有助于教师增强责任感,增进师生交流。专业伦理修养的提高使教师立志为学生的成长成才提高教育教学水平。

其次,教师专业伦理修养对教育教学活动起着重要的影响作用。一是教师专业伦理修养对教育教学起着调节和教育作用。所谓调节作用,指教师道德具有纠正人的行为和指导实际活动能力;所谓教育作用就是教育教师正确认识和对待教师的职业,认识自己对他人、对集体、对社会的利益关系应尽的责任和义务,以及在此基础上形成的道德观念和判断力。二是教师专业伦理修养对学生起榜样和带动作用,在道德行为上,师德比其他专业伦理有着更加强烈的典范性带动作用,包括教师所起的带头作用、纽带作用和思想政治品质的教育作用。

二、教育教学中的专业伦理内涵

教师在教育教学中传播知识、传播文化、传播道德,影响着学生文化知识的获得、综合能力和素质的提高,影响着学生人生观、价值观、世界观的形成,影响着学生思想道德修养的养成,所以教师自身的专业伦理修养、行为规范和教师的素质对教育活动十分重要,是必须重视的。[①]

在具体的教育教学活动中,教师的专业伦理体系庞大,内容庞杂,教师体现出的良好的专业伦理内涵也有其丰富的体现,而其在教育教学过程中言传身教、爱护学生和尊敬学生显得尤为重要。

(一)言传身教

近朱者赤,近墨者黑,作为人民教师,应当时刻注意自己的言行对学生的影响。对学生特别是青少年的学生来说,由于身心发展不成熟,性格也正处于形成时期,因此教师应时刻注意自己的言行对学生的影响。当一个老师经常当着全班同学的面批评一个成绩不好的学生,那么就会对这个学生造成很大的伤害和心理阴影,班里其他同学也会不同程度地受到影响;反之,当一个学生做了好事,老师在全班同学面前表扬这位同学时,就会给这个学生带来正面的影响,其他同学就会模仿这位同学做好事,期待获得老师的表扬。

由于教师的言行举止强烈的示范性,作为教师就应该时刻提醒自己不要忘记自己是人民教师,是人类灵魂的工程师,我们肩负着重要的使命。要求学生做到的,自己必须先做到,率先垂范。如果言行不一致,前后不一,只能引起学生的反感,失去学生的信任。

俗话说"学高为师,身正为范",教师只有具备高尚的人格品质,具有良好的专业伦理素养,才能得到学生的敬重,树立良好的榜样,并在学生之间形成威信,班级才会更有凝聚力。

(二)爱生如子

教师对学生的爱是一种超越血缘和亲情关系的无私的爱。教师有着宽阔的胸怀,他们以培养天下学生为己任,把自己所知都教授给学生,毫无保留。教师不仅教给学生知识,更教授给学生研究治学之道和做人的道理。

教师对学生的爱是无私的,对每个学生的爱是完全平等的。教师的爱是教师的精神财

---

① 黄正平,刘守旗.教师专业伦理新编[M].南京:南京大学出版社,2010.

富,也是人类的宝贵财富。教师爱学生,也要求学生能体会到教师的这种深切的关爱,希望学生能用同样的爱,回报自己的父母、老师、同学、社会。

教师对学生的爱,教师海纳百川的博大胸怀,能够感染学生,改变学生,使品质优良的学生笃定自己的良好品质,使品行有瑕疵的学生在老师的影响下行动更加符合标准。教师使自己的爱放射耀眼的光芒,帮助学生克服学习上的坏习惯,帮助学生克服自卑,获得自信,更好的学习,更好的生活。

(三)尊重平等

只有相互尊重才能平等,平等是尊重的前提。师生之间的尊重平等是新的教育理念的具体体现。尊重是平等的桥梁,在现实生活中,师生之间相互尊重,才能真正的平等。师生关系中,我们强调师生之间人格上的平等、尊重和相互理解。教师是教育教学工作中的主导者,只有在尊重平等的情况下,学生才能更好地跟老师交流,学习起来才能更好地发挥主观能动性。

教师对学生在人格、思想、情感、兴趣、习俗、爱好等方面的尊重,能够让学生感觉到学生和教师不单单是简单的师生关系,更是一种朋友的关系,在这样的氛围下,更好地接受学习,认识自己,取得更大的进步。不同的学习方式,因材施教,根据每个学生的具体学习情况,老师给每个学生制定不同的培养方案,根据每个学生的喜好和性格,制订不同的学习方案,这样一来,更有利于学生个性的养成。

现今,教育事业发展越来越完备,学校软件、硬件设备不断完善,教师的专业素养不断提高。很多优秀的教育教学者,从他们的身上散发着教育工作者的"爱心、恒心、责任心",在他们的教学生涯中指导、引领着学生。

爱心。"爱的教育,是教育力量的源泉,是教育成功的基础。"老师要将学生视如己出,把爱洒给每一个学生。对于优等生,引导他们不骄傲,培养他们各方面能力;对于中等生,引导他们认真塌实,一步一个脚印;对于学困生,耐心辅导,找出学生发光点,引导学生学习兴趣。优秀教师要懂得尊重学生,对学生有亲近感,能走进学生心灵。洞察孩子的变化,懂得呵护孩子的自信,懂得用不同的尺子来衡量孩子,发现孩子的亮点,长处和不足。

恒心。俗话说,"行百里者半九十"。许多人跋涉至成功的边缘,却又功亏一篑。在这样的放弃中,信心磨灭了,成功擦肩而过了,一个也许会成就大器的教师星光暗淡了。所以说,"对一个教师的成长来说,坚忍不拔的意志力非常重要。"老师要具有这样的恒心,对调皮的学生不要袖手旁观,也不要直接去批评他,指责他,而是尊重每一个学生作为"人"的价值和尊严。尤其是能尊重那些有过错的学生,有严重缺点的学生,尽管有时也会批评,但绝对不要采用过激的言辞,要能动之以情、晓之以理让学生接受,以至于学生心服口服。

责任心。苏霍姆林斯基说过,孩子在离开学校的时候,带去的不仅仅是分数,更重要的是带着他对未来社会的理想的追求。老师对班级学生不仅仅注重学生的名次、分数,而且注重培养学生的社会责任感。在学校生活学习中,从一点点

小事出发,培养学生的责任心。让学生体会到在生活与学习中,我们都应有责任心,应以积极的态度学习、对待生活。

陶行知说:"捧着一颗心来,不带半根草去。"老师教育生涯中要以身作则,时刻以行动表明自己对教育事业的热爱。

总之,教师专业伦理内涵应通过各种途径体现到教育教学工作中来。教师应注重教师

专业伦理的培养和提高,把自己培养和造就成态度端正、思想合格、人格健全、业务过硬、师德高尚的优秀教师,为国家和社会培养更多的栋梁之才。

三、教育教学中的伦理道德反思

由于经济和社会的发展,市场经济体制的不完善,教师在自身专业伦理发展过程中往往会遇到多种多样的问题,这与社会对教师的期望发生了巨大冲突,也会给教师自身带来巨大的压力。教师的价值观在外界的冲击下会发生变化和动摇,有的老师的行为不可避免地与伦理道德相背离。

我国师德建设存在着很多问题,是随着经济发展、社会发展不可避免出现的。在不同的社会环境下,教师对社会发展的预见性差,不同的价值观的冲击,导致教师选择的两难和矛盾,导致教师工作的积极性下降。

教育教学中存在的较为突出的伦理道德问题包括:"教师讥讽,歧视、侮辱学生,体罚和变相体罚学生的行为";"向学生推销教辅资料及其他商品,索要或接受学生、家长财物等以教谋私的行为";"在科研工作中弄虚作假、抄袭剽窃等违背学术规范、侵占他人劳动成果的不端行为";"在招生、考试等工作中的不正之风和违纪违法行为";"败坏教师声誉的失德行为"等。现今有的教师不注重自己的言行,缺乏教师应具有的道德修养。例如,有的青年教师在自己结婚之际给班上每位学生的家长发了一份请柬,让学生带给自己的父母,其意不言而明;还有的教师充分利用班主任权力,"启发式"地甚至公开地向学生索要纪念品、礼品及钱物;也有的教师借为学生订学习资料为由,吃"回扣"、"捞一把",以此增加收入。这样的举止行为怎么能成为学生表率、楷模? 一些教师由于"商业意识"很浓,"下海"经商,离开了神圣的教育事业;有的教师边教学边从事一些副业,耗费了许多精力,又怎么能上好课呢? 更有甚者,有的教师肩扛冰棍箱、手提各种装小食品的塑料袋走入课堂,随时叫卖。这些现象的存在严重地影响着教学秩序和教学效果,损害教师的形象,污染学生的心灵。[①]

以上种种现象与师德要求相差甚远,有些行为甚至是背道而驰,虽然是个别现象,但其影响很坏并且不可忽略,它关系到教师队伍的健康与发展,关系到下一代人的健康与成长,所以说当前加强教师专业伦理教育是十分必要的,也是非常重要的。

因此,作为新时代的教师,恪守新的教师职业道德规范也是教师应尽的义务。只有德才兼备,才能为人师表,作为一名教师必须时刻以高尚的师德为标准来衡量自己,加强师德修养,使自己具有高尚的职业道德。只有这样,才能做到以坚定的信念激励学生努力好学习,以高尚的情操去陶冶学生的心灵和情感,以巨大的力量去鼓舞学生天天向上;也只有这样,才能尽自己最大努力去培养学生,尽到教师的责任。

除了教师自身要恪守专业伦理道德规约之外,在行政管理方面,各级教育行政部门对教师专业伦理规范也进行了不断地细化和量化,列出了具体的处罚意见。有如下案例值得借鉴:

合肥市出台了《中小学教师专业伦理建设方案》,其中规定:各校要建立师德建设目标责任制,层层鉴定师德建设目标责任状;建立教师学年度考核、职务评聘专业伦理"一票否决制",凡师德考核不合格者,学年度考核等次直接为不合格。凡师德考核不合格或违规搞有

---

① http://unn.people.com.cn/GB/channel188/189/1152/200012/07/15945.html.人民网联报网新闻,2000.12.07.

偿家教,收费或变相收费集体补课者,造成不良影响的,现职低一级,两年内不能参加高一级职称晋升。凡因违法违纪受到行政警告以上处分的,三年内不能参加高一级职务评审。对违反职业道德的教师要严肃处理,情节严重的,要依据有关规定解聘相应的教师职务,调离教师岗位,坚决撤销"品行不良、侮辱学生、影响恶劣"者的教师资格。①

济南市对中小学教师履行职业行为立下规矩:济南市教师的专业伦理评价每年进行一次,一个教师的师德评价要广泛在教师之间、学生和学生家长之间展开,分为"优秀"、"合格"和"不合格"三个等次。教师师德评价连续两年不过关者,学校应予解聘。该市教育局日前出台教师师德评价意见,以此作为教师考评的重要依据之一,直接与教师职务的评聘、评优、奖惩等挂钩。②

2004年11月,郑州市教育局向社会公布《中小学教师职业道德建设十项规范和违背教师职业道德行为十条惩戒》,其中规定,老师能否继续上岗、校长是否继续任职,将由学生和家长说了算。在每年开展的学生、家长评教师活动中,连续两年综合评价不合格票数占年度票数20%的教师,将按待岗处理。不合格票数达20%的教师人数超过教师总数10%的学校,校长应引咎辞职或予以撤职。③ 同年12月,北京市出台新的《首都教师专业伦理规范》,把对教师专业伦理的要求与岗位职责挂钩,师德状况纳入到教师的工作考核、职务聘任和奖惩当中。其中给自班学生做有偿家教、上课接听手机、发短信、校长频繁出访、在课堂上"不着边际"乱讲等行为将被明令禁止和加以规范。

南京设立教师职业道德投诉专线,对于违反该市对教师提出的"五不准"中任一条规定的教师,一经查实,实行校内待岗,并视情节轻重按有关法律法规给予处理、处罚、处分;对道德失范以致违法犯罪的教师,坚决清理出教师队伍,并视情节送司法部门追究刑事责任;对学校有纵容包庇现象的,将追究领导责任。

各地分别出台有关规定:天津河西区对全区教师发出"五不"禁令;浙江省宁波市教育局决定推行中小学教师个人信用十项承诺制度;青海省的《中小学教师专业伦理"十禁"要求》;福建省的中小学校行风建设及教师专业伦理"六要六不准"规定;四川省宜宾市的"四个严禁"。④

第三节　无私奉献的人格追求

一、教师人格与教师专业伦理修养的关系

首先,教师人格是教师专业伦理修养的一面镜子。教师的专业伦理修养反映着教师的人格品质。教师的专业伦理修养是一种内在的根本的道德价值观念,在人的整个人格品质中,具有重要的地位。其次,教师的专业伦理修养是教师人格的一个方面。教师的专业伦理修养的提高有利于人的人格品质的全面提高,提高教师专业伦理修养是教师人格升华最重要的途径。

---

① http://www.hefei.gov.cn/n1070/n304590/n309481/n310186/13517106.html．"中国·合肥"门户网站,2009.11.18.
② http://news.xinhuanet.com/newscenter/2003－12/28/content_1251517.htm.新华网新闻中心,2003－12－28
③ http://news.sina.com.cn/c/2004－11－14/07234231677s.shtml.新浪网新闻中心,2004－11－14
④ http://hi.baidu.com/maldiniymx/blog/item/6ca59d1056c73702213f2ec9.htm.百度空间－个人博客,2007－09－10

最后,教师作为一种职业,对从事教师工作的人格具有特殊的要求。教师具有怎样的人格是很重要的事情,它应该是教师心理素质的一个重要组成部分。教师具有的人格特征与教师专业伦理修养的各个方面有着密切的广泛的深刻的关系。

二、教育实践中的教师人格价值

在不断的教育实践中,教师的人格由各个方面汇集表现出来,教师的教育内容、教育方法、教育手段、教育机智等方面的教学能力组成了一个教师独特的人格特质。有的人格特质是教师必须具备的,教师上好一堂课,不仅要有自己的特色,更要具备教师的基本素养,在教态方面要大方,声音要洪亮,要勇敢站在讲台上面对每一个学生。这些良好的素养,影响着每一个学生。教师的人格魅力,让学生如沐春风,更能在心情愉悦的情况下学好文化知识。教师在教育中的人格具有巨大的价值。教师人格在教育中的价值有如下层面:

(一)评价——激励

教师的人格的评价激励价值是指,在一个课堂中,教师对教育过程的评价反馈。一个教态良好、热爱学生、工作积极的教师,通过有力的讲授,通过与学生在上课期间的良好交流互动,会起到很好的教育效果。学生在教师的鼓励和感染下,会很快投入到上课的内容中来,一个积极讲授的老师,比一个消极冷漠的老师具有更大的吸引力。在课堂中,当遇到表现好、回答问题积极的学生,要给予及时的鼓励,赞扬他们学习积极主动;当遇到胆子比较小,不敢回答老师问题的学生,要鼓励他们勇敢的回答问题,不要怕错误,在这样的反馈和调控下,教师的人格魅力得到了体现。

(二)身教——陶冶

教师在课堂上,要言传身教,在进行德育的过程中,要注意陶冶学生情操。教师是一部活的教科书,教师只有有高尚的道德,才能以自己的言行举止教育学生。教师在教育中,注意创设情境,注意用榜样的作用来教育学生。在遇到道德难题时,要引导学生做出道德选择,摒弃错误的道德观念,树立正确的价值观。教师通过陶冶学生的思想品德,教育学生成为道德高尚的人。俗话说:"其身正,不令而行。其身不正,虽令不从。"因此,教师只有身教,才能收到良好的教育效果。教师人格在身教方面的感染力量,是德育取得工作实际效果的关键。

(三)机智——启迪

教师必须具有优秀的教学技能,具有启迪智慧的能力。教师在与学生的互动中,在教学过程中,如何根据实际情况作出合理的决定,对事物的发展动向保持必要的分寸感,具有教育机智。教育机智是教师必备的人格之一,是教师人格的重要组成部分。著名教育学家乌什斯基说过,不论教育中怎么研究教育学理论,只有具有教育机智才能真正成为一个优秀的教育实践者。教育情境是复杂的、瞬息万变的,面对突发情况作出机智的判断,才能掌控好课堂和教育过程。学生往往不可避免地犯一些错误,或者遇到一些突发情况,教师如何运用教育机智,如何启迪学生,就成了一个重要的教育素养。孔子主张不愤不启,不悱不发,教师对学生进行教育的启迪,从而使学生自己解决问题,甚至能发现新的方法、新的思想、新的主张。

（四）威信——感染

教师威信是指教师在教育教学活动中表现出的学识水平、思想意识和人格特质等在学生心目中引起的佩服、尊重等情感反应。教师威信在于他独特的感召力，一个没有感召力的教师，是很难取得学生的信任和信服的。教师的威信不是通过严酷的纪律和不近人情的体罚获得的，而是通过教师对学生的关爱，通过教师严格要求学生，关爱学生学习进程，关心学生身心健康，关爱学生成长变化的动态过程中建立的。有威信的教师对学生的表扬，或者对学生的批评，只要是善意的，只要是对他们身心健康成长有利的，都会唤起学生良好的情感体验，更能强调老师的威信感。教师威信能够唤醒学生的心灵，打开真诚的心扉。

（五）态度——期望

教师对学生的态度，以及对学生的期望，能影响一个学生学习效果和性格的形成。举个例子来说，教育学家罗森塔尔的期望效应是众所周知的，教师对学生适当的期望，会使学生的学习态度发生转变，从而影响学生的学习成绩。教师对学生期望值的提升，会使学生学习成绩提高。因此我们认为教师的期望对学生的发展具有巨大的作用。学生学习成绩优劣，不仅跟老师的教学技能有关，很大一部分还与老师的期望有关系。老师对学习差的学生也抱有一视同仁的态度，会使这些学生看到希望，努力学习，回报老师的殷切希望。对于学习好的学生，老师的鼓励和赞许，更能是他们有更大的进步的劲头。

三、教育实践中的教师人格魅力

（一）教师人格魅力的内涵

教师的人格因素，对学生的心理发展具有重要影响。[①] 一切师德都基于教师的人格，人格是人的性格、气质、能力等特征的总和，同时也是个人的道德品质。人格魅力良好人格对他人的吸引力，是在人们的社会生活中和社会关系中形成的。人格魅力并不是一项单纯的性格或特质，而是多方面的综合呈现，它是通过长期的教育实践而形成和发展的独特的感染力、影响力与号召力之总和。教师人格魅力是教师对学生、事业以及自己的态度在其言行中的反映。优秀教师具有非凡的人格魅力，因为师德的魅力主要从人格特征中表现出来。

（二）教育活动中的教师人格魅力

形成教师人格魅力的途径应该是教育实践活动。教师在教育中的人格魅力体现在以下四个方面：

1. 知识和智慧

当今世界，知识更新日新月异，教师作为知识的重要传播者和创造者，只有不断学习，才能掌握最新学术动态，更新、优化自身的知识系统，使自己在教学和科学活动中更具主动和优势，才能为学生的发展提供最优的精神食粮。正如著名教育学家叶圣陶先生所说的："唯有教师善于读书，深有所得，才能教好书。只教学生读书，而自己少读书或不读书，是不容易收到成效的，因此，在读书方面，也得要求教师多读书多学习。"所以教师也要加强自身学习，不仅要拓宽学习领域，也要使自己所学的专业更加精深，成为一个全能的教师，不仅具有专业知识，也具有灵动的智慧。

---

① 李晓文.人格发展心理学［M］.杭州:浙江教育出版社,2008,1.

2. 高尚的品德

这是教师人格魅力构成的根本。"师者，人之模范也。"高尚的师德是教师人格魅力的重要组成部分，在复杂多变，充满诱惑的世界中，保持自己的高尚道德需要更大的毅力。一个好的老师，必然师德高尚，桃李满天下。魅力崇尚高尚的操守，他需要一身正气和傲然不俗的风骨，需要站得直、走得正。所以，身为教师更要淡泊明志宁静致远，积善成德。尤其是在纷繁复杂的社会中，从事教师这样一个特殊的清贫职业，保持平和的心态尤为重要。

3. 无私的爱

这是教师人格魅力构成的前提。教师对学生的爱是一种超越血缘和亲情关系的无私的爱。教师有着宽阔的胸怀，他们以培养天下学生为己任，把自己知道的所有的知识都教授给学生，毫无保留。教师不仅教给学生知识，更教授给学生学习的方法，研究的方法和做人的道理。作为教师，如果不为教育事业奉献自己的光和热，如果不甘做人梯，甘于牺牲，又怎么能有桃李不言，下自成蹊的独特人格魅力呢？又如何能对学生产生巨大的感染和震撼，让学生也跟着老师学习呢？

4. 人文修养

人文修养不仅影响着一个教师师德水平的高低，也影响着一个教师学识水平的高低。良好的人文修养，影响着学生能不能爱岗敬业；在岗位上乐于奉献，影响着一个老师能不能真正的做到教师育人的责任。具有较高的人文素养的老师，不仅能够很好地掌握本专业的知识，更能够对本民族人文精神有深刻的理解，更好地了解民族文化的内涵。教师有较高的人文修养，更能够了解社会发展趋势，教育学生面对世界瞬息万变做出正确决策，保持自己的立场和价值态度；教师有较高的人文素养，能够给学生美好感受和启迪，教师能够多方面教育学生。

（三）教师人格魅力的培养

1. 要加强教师自身的修养

内在的精神世界和外在的言行举止都是教师高尚专业伦理的体现。教师一定要不断加强自身的专业素养，培养自己的魅力不是一朝一夕的，要在不断的教育教学过程中，通过不断的检验反思自己而获得，要在对学生的爱和耐心中获得，要在与教育教学专家的学习交流中，在不断的教育实践中获得。教师加强自己的专业修养，积极把自己打造成一个人民喜爱学生欢迎的新型教师。

2. 要丰富教师的文化底蕴

活到老学到老是新时期的学习观。教师不仅要巩固自己的专业知识，更要丰富自己的文化底蕴，知识不仅要专精更要广博。丰富的知识使老师具有独特的文化素养，这样的教师更受到学生的欢迎，更容易影响学生价值观和人生观的发展，一个好的老师，学生容易从他身上看到智慧之光，学生也会在老师的陶冶下更有智慧。

3. 教师要有平常心

教师在教育过程中，不以物喜不以己悲，以平常心对待得失，懂得接纳他人，以诚信对待每个人，与同事建立良好的人际关系，良性竞争，培养自己良好个性，热爱自己的工作，努力提高教学水平，对学生的期望要合理，设置的目标也要合乎学生当下的水平，一步一步地落实进步。对待学生要有自信，坚信自己能够教育好学生，坚信学生能够成功。

4. 教育学生身教重于言传

在教育过程中，教师的品质和行为对学生心灵的影响，是任何其他教育手段无法代替的，它作为一种巨大的教育力量潜移默化地影响着学生的人格。

一位老师曾这样描述他的一次经历："一次，我带领几个学生乘公交车去市体育场参观航天科技展，途中上来一位老人，我赶紧起身让座。这本是一件极普通的事，却被学生们看在眼里。有位学生在日记中写道：邵老师是我们以身作则的榜样。站在一旁的我看到站起来的邵老师，心里感到骄傲、自豪！如果有人认为这是一件极普通的事，没什么好说的，那他就一定错了。这不仅仅是让不让座的问题，而是对一个人道德品质的考验。批改日记时，我的感触很深，我没有想到这件小事会给学生童稚的心灵里留下如此强烈的震撼。试想一下，如果我当时没有让座，学生们又会做何感想呢？"

正如苏联教育家加里宁所说："教师的世界观，他的品行，他的生活，他对每一现象的态度，都这样或那样地影响着全体学生。但还不仅如此，可以大胆地说，如果教师很有威信，那么这个教师的影响就在某些学生身上永远留下痕迹。"因此，作为一个教师不要忽视那些看来似乎微不足道的小事，也许正是这些小事，直接影响着教师在学生心目中的形象；也许正是这些小事对学生的品德养成起到巨大作用。

5. 教师要对学生倾注真正的爱

教师的爱是学生身心发展的必要环境因素。人都有爱的要求，即爱别人和被别人爱。正如前文提到的"皮革马利翁效应"，教师对学生真挚的爱和暗含？的期待可以产生巨大的感召力、推动力，它不仅能诱发学生积极向上的激情，而且影响着学生的智力、情感和个性的成长。有人说：教育的事业是爱的事业。

教师的爱还可以使学生产生模仿的意向。心理学关于模仿的研究证明：人总是趋向模仿爱他和他所爱的人，学生亦然。如果学生热爱某位教师，那么他不仅喜欢这位教师的课，而且连这位教师的一举一动都可能是他模仿的内容，这时教师的身教更重于言教。故而，英国哲学家洛克强调"教师本身的行为千万不可违犯自己的教诲……毫无疑问，坏榜样比良好的规划更容易起作用。所以他应该时时留心……"孔子说"其身正，不令而行；其身不正，虽令不从。"可见，教师对学生的影响是广泛而深刻的。由于学生具有模仿的意向，所以教师应注意用自身的榜样去影响和教育学生。一个充满爱心的教师对学生健康人格的形成至关重要。

6. 不断强化自身的教育者意识

教师要认识到自己视为国家教育工作者的代表，把自己所从事的教育工作视为国家所交付的重托，这样一来，就有利于教育者从更深层次上把握教育工作的意义，也有利于教育者从更高的高度上认识自身的职责。例如，对于教师而言，当他意识到自己是在代表国家对学生进行教育时，他就不再是把教师职业作为一种谋生的手段，不再将教育工作视做纯粹的公务性劳动，不再忽视甚至无视自身的言行举止对学生素质形成的重要影响，而是将自身的工作与祖国的前途和命运紧密地联系在一起。对于家长而言，当他意识到自己是在代表国家对子女进行教育时，他对子女教育目的就会超越小家庭利益的考虑，就不会仅仅把对子女教育视为个人的私事，就会在对子女的发展目标定位时综合考虑小家庭和国家的需要。

第九章 教师专业伦理修养的现实反思

作为专业化的职业工作者,教师面临的最大问题不是专业伦理的认知,而是在具体实践中的困惑、挑战,即理论式、规范的专业伦理与教育、教学实际中的道德修养之间的矛盾。这种基于现实的矛盾不仅是理论指导实践或实践丰富理论的简单问题,而且是教师职业所特有的伦理观念和道德操守问题。也就是说,所谓的教师专业伦理是以实践的方式和内涵来呈现和发展的,因此,站在教育、教学实践的角度来认识、反思教师专业的道德修养必须从系统的、全面的、生成的层面来对待教师专业伦理。

反思教育现实中的教师专业伦理和道德修养矛盾,主要从以下三个方面来展开。首先是教育现实和教育理想之间的矛盾,挑战专业化教师的道德认识和实践;其次是制度性束缚和自主性教育的矛盾,使教师反思自己的制度环境,以及基于制度基础的伦理规范;再者是教师作为专业工作者和普通人的矛盾,考验教师的人性道德和专业伦理诉求。

第一节 教育现实与教育理想的矛盾

作为人,无论老师还是学生,都是一个现实与理想的矛盾统一体,人的这种历史性矛盾存在对教师职业的道德提出的挑战主要表现在:学生成长和社会规范之间的高的矛盾、传统文化和时代呼唤之间的道德矛盾。为此,追求教育理想的专业化职业教师必须恪守自己的教育理念,促进学生的健康成长。

一、学生成长与社会规范之间的道德矛盾

教育是指向学生发展的,以帮助学生身心的健康成长为目的,而教师则是主要的教育工作者。但是,在教师面对自己的教育理想和教育现实时,学生成长却不是一个简单的教育、教学问题,而首先表现为学生成长和社会规范的矛盾问题。

学生首先是一个自然存在,他有自己作为人的追求和作为"这一个人"的人格,并因此体现出鲜活的生命力和潜能。作为人的类代表,每个学生都昭示着人类的发展方向和多元内涵。诸如学生身心所张扬出的真诚、交往、创造的天性,是人类的独特性所在;而每个学生对人类的不同解读和诠释,则又体现了人类的丰富内涵,是人类发展的方向所在。同时,每个学生又是以"这一个"而存在,他的人类符号是以个体、个性来承载的,在其生命实践中,学生总是表现出自己不同于他人的理念、方式和追求,体验、创造自己的人生之路。也就是说,学生是一个自由、自主的生命体,具有鲜明的个性色彩,"儿童的个人欲望和意向——这种个人

欲望和意向可能使他与其他人有所不同,是不被强调的"。①

学生成长的自我追求不是在真空的自然之境完成的,而是生活在具体的社会现实中。"个人自然生长、成熟的过程,同时是个体的社会交往过程,并在这个过程中显示出各个个体之间的差异,即'个性',而现实的'个性'大都是具有一定社会文化内涵的稳定的心理品质。"②历史的、背景性的社会体现出自己的既定规范和特征。社会是以追求理性的秩序为存在前提的,以维护各个阶层、群体的利益,满足权力的分配和维护。因而,社会在一定程度上总是体现出控制、保守、规范等价值倾向。在对待青少年成长问题上,社会追求将自然的人社会化、将生命个体工具化的导向,即将"人"当做"人才"来培养。这样,社会控制下的教育就压抑、否认人的自然生命天性,而以一套系统、全面、科学的价值体系和生活方式来要求青少年,使之成为既定社会的维护者和生产者,教育成为社会的再生产部门,而非人的生成机构。

具体到学校教育中,学生的成长和社会的规范矛盾主要表现在思想观念、生活方式等冲突层面上。就思想观念而言,社会要求学生接受主流的价值观,即基于意识形态的内容,以灌输的方式维护社会的正常秩序,而这些思想观念大多是抽象的、普遍的,以彰显统治者的科学、深刻,使学生产生敬畏、服从;而学生自身所追求的思想观念,与社会规范的观念相比,往往是超前的、鲜活的,体现了人自身的本然追求,是和学生的身心特征相吻合的,具有具体、多样、生成等特点。特别是学生天生所具有的"反社会"倾向,更为社会所不容。就生活方式而言,社会要求按意识形态规范的程序、模式来生活,进而捍卫社会自身价值的正当性,从生活层面来控制学生,培养未来的建设者和接班人;而学生自我的生活方式却是新潮的、另类的、个性的,洋溢着生命的活力和风采。

学生成长和社会规范之间的矛盾给专业化的教师带来的专业伦理冲突在于,教师基于专业化的伦理规范应该站在谁的立场上,维护谁的价值。一般而言,社会总是以尊重、保护学生成长的监护人身份来出现的,与教育、教师的立场从表面上看是一致的,但在具体性教学过程中,外在的一致恰恰是考验教师专业伦理的症结所在。以校服为例:处于好奇、探索、叛逆、创新旅程中的青少年对衣服有着自己的理解和选择,但代表着整齐划一、控制引导的"校服"却以各种冠冕堂皇的教导垄断了学生在学校对自己身体穿着的选择权,并潜移默化地影响学生整个身心的自主、自由发展。对此,稍有常识和良知的教师能意识和判断出谁是谁非,自己应该维护谁的主张。但是,作为专业化的老师,其专业伦理更多地承载着社会的价值选择和目的追求,结果是,教师只能站在社会规范一边,成为社会的替身来监督、控制学生,但在教师内心深处,总有一种道德上的拷问:社会和教师共同来压抑、否认学生的自主追求道德吗,教师职业本身道德吗?

教师在面临学生自主发展与社会规范时应该怎么做,下面的案例给我们以启示:

市一中张惠莉所带的班中,曾经有这样一名叫小黄的花季女孩,她个性张扬,留着当年"超女"的发型,戴着流行的黑框眼镜,不仅学习懒惰,和同学的关系也非常不融洽,是班里出了名的"问题学生"。

---

① [英国]彼得斯. 邬冬星译. 道德发展与道德教育[M]. 杭州:浙江教育出版社,2000,139.

② 陈桂生著:《中国德育问题》[M]. 福州:福建教育出版社,2006年版,第43页。

　　为了找到"症结"，张惠莉多次与小黄面对面聊天，甚至找到小黄的小学同学和班主任。通过交流，张惠莉发现，小黄的基础很好，曾经是个很优秀的孩子。

　　为了呵护好这朵美丽脆弱的"小花"，张惠莉找到小黄父母，希望他们不要再说类似"对你彻底失望"的话，学习上多肯定她，生活上多关心她。同时，在学校的时候，张惠莉还尽量把一些小黄能完成的工作交给她做，并在学习上鼓励她。

　　当时距离中考只有一个月时间，小黄信心不足，甚至想放弃。张惠莉勉励她，拼搏一个月，一定有希望考上重点高中。接下来的一个月，小黄一改往日懒散的状态，每天拼命读书。结果让人惊喜，却也在张惠莉的意料之中：小黄考上了市一中高中部。

　　在张惠莉的教学生涯中，像小黄这样的案例还有很多。在张惠莉看来，没有一个学生是"差生"，一名合格的班主任，应从学生的个性出发，培养学生的独立人格，发展学生的个性才能，从而使学生自觉、充分、主动地提高自身的整体素质。只要充分地认识并认真对待每一个学生，"差生"也能变成"优生"。

——2011 年 9 月 1 日《惠州日报》

　　所以，面对学生成长和社会规范之间的矛盾，教师的专业伦理挑战主要表现为如何在学生成长和社会规范之间取舍，以及教师如何提出自己的价值观。作为专业化的教师，这些矛盾首先挑战教师的专业认知，即是否符合教育的规范和要求；其次是挑战教师作为人的道德良心，是否真正为学生的健康成长服务。因此，"一旦我们把教师在课堂上给予所有学生机会来回答问题的努力看做为对公平的寻求，而不是一种娴熟的教育策略，我们就能意识到教学道德的复杂性"。① 具体而言，当学生的发展不符合教育的要求时，教师怎么来引导？当社会的呼吁还学生身心健康时，教师怎样来应对？当学生和社会的要求超出教师的能力所及时，教师应该做什么等？这些都是教师在具体工作实践中遇到的挑战，并不断生成教师的专业伦理。

二、传统文化与时代呼唤之间的道德矛盾

　　中国是一个文化大国，并有着悠久的文化传统，教育则承载着传承文化的使命。但是，文化有时也会成为发展的负担，尤其是传统中的糟粕，更是制约教育发展的障碍。而教育又是置身当代社会中，时刻受到最新社会气息的影响，并以培养时代新人为己任。这样，对教师而言，传统文化和时代要求就不可避免地胶着在一起，考验着教师的教育智慧和道德选择。教师职业生涯中，传统文化不仅表现在家庭、学校和社会的方方面面，更体现在我们的教育体制中左右着教师的价值和思想；而时代的生命又流淌在教育的机体中，要求教师站在时代的前沿，以引领学生成为时代的弄潮儿。不同的价值、不同的机制和要求，对教师的专业伦理造成挑战。

　　就教育价值而言，传统文化与时代呼唤的冲突主要表现在教育的独立性层面。传统文化认为，教育的职能就是教化，其目的是为维护既定的统治秩序服务的，教育活动自身是国家意识形态的一部分，体现了执政当局的意志。因此，无论是教学的内容还是教育目的，教育自身都没有主导权和决定权，而是取决于政府的方针、政策，是意识形态的再现。所以，在

---

　　① ［加拿大］坎普贝尔. 王凯，杜芳芳译. 伦理型教师［M］. 上海：华东师范大学出版社，2011 出版，第 23 页。

传统文化视野中,教育仅仅具有工具价值,而没有独立价值、主体价值。"学生是否害怕和顺从教师,竟成了衡量教学效果的标准,应试教育成了学生自觉遵守纪律的工具。"①时代呼唤则不然,历史发展到今天,人们已经开始意识到,教育是指向人的,以人类的发展和个体的尊严为指向,无论对社会还是对个人,教育具有本体论价值,有它自己独特的目的和内容,而非被政府所垄断。因此,教育是社会的重要组成部分,是和意识形态并列的,有自己的人性论、价值观,进而推进社会不断文明、进步。传统文化与时代呼唤对教育要求的矛盾表现在如下问题的认识上:教育的主导权是谁? 教育应该为谁服务? 教育中的人由谁来界定等。

就学生认识而言,传统文化和时代呼唤的矛盾主要表现为学生的价值如何理解。传统文化认为,儿童的未来就是现在的成人,因此,儿童或儿童期没有独立价值,只是工具性的,为将来服务的,在人生的历程中,只有"成人"才是人,拥有人的价值和尊严。因此,在教育过程中,儿童不能享受自己的体验和追求,而必须按成人社会的价值观和目标学习、生活,逐渐走向成人。这样,儿童就被当成"小大人",家庭、社会和学校以成人的标准来评价、引导儿童发展,压抑、否认儿童基于人生命自身的兴趣、探索和创新。时代呼唤则追求儿童自身的发展价值,现代儿童观认为,儿童和成人一样,拥有平等的生命权和社会权,儿童期不是成人的附庸,它自身拥有生命的独特价值和魅力,社会的未来是成人和儿童共建的,只有儿童的参与,社会才充满生机和活力。所以,社会、成人应该尊重儿童和儿童期,他们不是社会的负担和累赘,而是社会的源泉和未来,社会不是成人垄断的机体,而是和儿童共生的生命存在,只有尊重、张扬儿童的价值,社会才有价值和意义。不难看出,传统文化和时代呼唤在儿童认识的分歧在于,儿童的价值是否拥有独立性? 成人社会和儿童的存在意义何在? 儿童在教育中的角色怎样?

就教师职业角色而言,传统文化和时代呼唤的矛盾体现在教师职业的专业化和独立性层面。传统文化中,教师是以"官"为导向的,自古就有"官即师"的传承,教师是官方文化的代言人,承担着"传道授业"的教化职能,自身不具有独立的专业素养,是按照官方的意志来教书育人的,也因此被尊重。所以,传统文化中的尊师重教是有条件的,即教师只有承载传道的义务才会受到尊重,得到相应的政治、经济待遇;反之则会被鄙弃,甚至成为"臭老九"。时代呼唤的教师职业定位则不然,其中,专业化是最有代表性的教师职业规范,从教师职业发展史的角度分析,专业化诉求是职业独立的标志。教师专业化就是要求教师自身拥有教育、教学行业的话语权,进而摆脱社会对教师的束缚。教师专业化的核心是对每个人价值的尊重和尊严的呵护,只有基于人性的理解、尊重、张扬才是专业化的教师行为,否则,就是非教育的。因此,传统文化和时代呼唤所折射的教师矛盾就表现为:教师是独立的还是服从的,教师在教育、教学中的地位和角色如何来认识,专业化的教师价值导向何在?

值得深思的是,传统文化和时代呼唤在现实中并不是截然分离、对立的,而是以糅合的方式相互交错地存在、发展的,对教师的专业伦理提出了挑战。以教师的专业伦理规范为准则,面对陈旧的、负向的教育目的、教育内容、教学方法等,教师面临着两难的道德困境。这是因为,由于教育过程的生成性,教师很难及时判断问题的性质,但基于道德、良心和专业伦理,又时刻感受到学生的无奈、痛苦甚至压抑,需要教师作出选择,付诸教育实践。

---

① [美国]杜威.姜文闵.我们怎样思维·经验与教育[M].北京:人民教育出版社,2005,43.

三、在理想与现实的追求中成为有道德的教师

无论是学生与社会,还是传统与现代,教师都是在矛盾、挑战中开展自己的教育、教学的,所以,为确保教师职业的专业化伦理的实践,教师别无选择地是要成为一名有道德的老师。

成为有道德的老师,要求教师以促进学生的健康成长为目的,自觉地保护学生免受外在消极因素的影响。在当今的学校教育中,社会会以各种各样的"正当"理由对学校、学生提出非教育、非教学的要求,对此,教师就应从教育专业的角度,合理分析,据理力争,维护教育的尊严,捍卫学生的利益。例如,一些社会行政部门为了所谓的面子、政绩,往往在一些会议场合中让学生来陪衬,装潢门面,让学生为官员服务,学校成为行政的御用工具。对此,教师就面临道德的困惑和挑战,本应是简单、明了的是非伦理,学校领导慑于行政的权威大多只能服从,但对直接对学生负责的专业化教师则不然,他应和学校相关部门交涉,从学校、学生利益出发,拒绝这种荒唐的行径,即使不能说服学校,也应和学生讲明事情的真相和事理,让学生作出选择。在此,教师面临着的道德困惑表现在:拒绝领导的安排,可能面临被解聘的危险,不拒绝,则背离教师的专业伦理,使学生任由社会蹂躏;和学生说明真相、阐明事理,又有转嫁问题,让儿童承载社会负担的责任,但不说明问题的来龙去脉,教师就和社会、学校一样,对学生任意宰割。因此,从专业伦理的角度来讲,教师虽然无意中要将自己置身不同程度的危险之中,但既然是专业化的教育工作者,教师就有义务、有胆识、有智慧以捍卫学生的利益为前提,以道德的勇气来直面问题,做出理性、道德的选择。这样,理想和现实的矛盾就会在学生的健康发展视角下化解。

例如,苏霍姆林斯基在他的教育实践中也曾有过这样的失误。

那时,他刚参加工作。一个名叫斯捷帕的男孩,由于过分活泼、顽皮,在一次玩耍中无意把教室里放着的一盆全班十分珍爱的玫瑰花给碰断了。对此,苏霍姆林斯基大声斥责了这个学生,并竭力使这个闯祸的孩子触及灵魂,吸取教训。事后班上孩子们又拿来了三盆这样的花,苏霍姆林斯基让孩子们用心轮留看护,唯独斯捷帕没有获准参加这项集体活动。不久这个学生变得话少了,也不那么淘气了。年轻的苏霍姆林斯基当时想,这倒也好,说明自己的申斥对这个学生起了作用。

可是不愉快的事件在他斥责这位学生的几周之后的一天发生了。这天放学后,苏霍姆林斯基因事未了,还留在教室里,斯捷帕也在这里,他准备把作业做完回家。当发现教室里只有老师和他两人时,斯捷帕便觉得很窘,急忙准备回家。苏霍姆林斯基没有注意到这种情况,无意中叫斯捷帕跟自己一起到草地上去采花。这时斯捷帕表情迅速变化,先苦笑了一下,接着眼泪直滚了下来,随后在苏霍姆林斯基面前跑着回家了……

这件事对苏霍姆林斯基触动很大。此时,他才明白,这孩子对于责罚,心里是多么难受。他开始意识到自己以前的做法,是不自觉地对孩子的一种疏远,使孩子感到了委屈。因为孩子弄断花枝是无意的,而且对自己的行为感到后悔,愿意做些好事来补偿自己的过失,而自己却粗暴地拒绝了他这种意愿。对这种真诚的、儿童般的懊悔,报之于发泄怒气的教育影响,这无疑是对孩子的当头一棒。

此后,苏霍姆林斯基吸取了这一教训,在以后的工作中很少使用责罚。通常,他对由于

无知而做出不良行为后果的儿童,采取宽恕态度。他认为,宽恕能触及学生自尊心最敏感的角落。

所以,成为有道德的教师,就要不因循守旧,自觉地成为专业的探索者,以改革实现自己的教育理想,完善自己的道德人格。在中小学教学内容中,充斥着各种各样的看起来科学、正确的大道理,但往往经不起历史和现实的反思和评价,教给学生的反而是伪科学、假事实、恶道德,稍有学识和良知的教师时时处于这种是非的矛盾煎熬中,考验着教师的专业伦理。以我们的政治、语文等教学内容为例,在科学、正确的名义下,实质上是为了意识形态的目的而随意编造历史、捏造事实,传授了假、大、空的道理,愚弄儿童的天真、纯洁和善良。随着社会的进步,大多数教师已经意识到问题的严重性,但由于教育制度的滞后性,整个教育系统内依旧麻木地进行说教、灌输,甚至教师自身也麻木了,成为意识形态的传声筒。然而,对专业化的教师而言,教师首先自己应有理性、公正的道德判断,不唯上是从、唯书为本,本着实事求是的原则,追求真、善、美,引导学生用自己的知识、情感、意志去认识世界、建设社会,如此,才是专业化的教师,是真正有道德良知的教师。研究认为,"我们最常确认的专业伦理,特别是教师的道德品质是:公平、正义、一致性、公正、值得信任、诚实、正直、勇敢、奉献、勤奋、尊重、责任心、移情、友好、谨慎、怜悯、温柔、耐心、理解、友善、谦虚、文明、坦率和宽容。"①

成为有道德的教师,还要求他能真正关心学生的身心健康,而不是被动地应对学校、社会的教育验收、评比。由于传统文化和国情的影响,我国中小学普遍存在着应试教育的倾向,但追求教育理想的教师应该知道,应试教育是一种选拔教育、奴才教育,既不能满足每个学生的发展需要,也不利于社会的文明、进步,教师必须自觉地在应试教育面前秉承道德良心,呵护每个儿童的发展。以应试教育中的分数为例,看似中性、客观的考试分数,却关乎学生的情感、自尊等的方方面面,如果教师简单以分数来评价每个学生,就无意中掩盖了学生身心的其他方面,诸如儿童的内心世界、理想、创新等,单一的分数对每个学生就是不公正、不道德的,也背离了教师的专业伦理。进一步分析,机械地以分数评价学生,也在学生之间建立起以分数建构人际关系的标准,更扭曲了学生之间纯真的友谊,亵渎了学生的人生价值和意义。所以,教师必须用自己公正、道德的教育之爱来关心、尊重每个学生的成长,不然,热衷于追逐分数,牺牲学生的现在生活,就走向教师专业伦理的反面,是不道德的。

因此,在理想和现实面前,虽然有各种各样的困难和问题,但是,一个道德的老师不是被动、顺从的,而是有所作为的、不断迈向理想的探索者。教育实践中,值得学生尊重的教师不是唯唯诺诺的现实主义者,而是有自己理想、梦想的真正的人,是懂得保护学生的老师。所以,现实教育存在的各种阻力不是保守的借口,相反,正是因为有这些问题,才挑战教师的规训常规;也正是这些问题的存在,才检验教师是否真正的改革者。一个有道德感的教师是在问题、矛盾中不断生成的,从而提升自己的专业伦理,成为真正专业化的教师。

北京的孙维刚老师就是这方面的杰出代表:

1992年,孙维刚执教的北京22中高三(4)班,面对极端压抑学生发展的应试教育时弊,孙维刚追求的是品德素质、智力素质、身体素质的和谐发展。他的魔法更来自于对普通生、

---

① [加拿大]坎普贝尔.王凯,杜芳芳译,伦理型教师[M].上海:华东师范大学出版社,2011,24.

差生的爱和责任,他曾说:"作为一个中学教师,面对流俗,我是苍白无力的,我无法左右社会上的大气候,但可以构建自己的小气候。"这种普通的爱是赤诚的、无私的、永远的。

高考平均分534分,全班40人有15人被清华大学、北京大学录取;在1996—1997年全国数学联赛中,全班14人获奖;1997年高考,全班平均分为558分,40人中有22人考入北大、清华,而在当年入中学时,这个班2/3的学生,成绩低于区属重点中学的录取分数线。他教的学生不仅能考出好成绩,进入名牌大学,而且,无论在中学,还是考入大学,这些学生的身体、才艺、品德等都有突出的表现,得到全面、和谐地发展。

第二节　制度性束缚与自主性教育的冲突

刚刚走上教育工作岗位的新教师大多充满着年轻人的历史使命感和责任感,关心、爱护学生,热爱本职工作,积极投入到教育、教学改革的各项活动中。但是,随着时间的推移,理想与现实的矛盾逐渐显现,尤其是表现在学校、地方乃至国家层面的制度性问题成为教师工作的根本性困惑,使年轻的教师感到改革无望,自己的教育理想不能实现,进而产生消极的教育情绪,既影响了教育工作,也荒废了自己的青春。

我们尝试从教师面对制度性问题的实践反思入手,合理认识制度性问题的性质,在此基础上提出制度性问题下的教师专业伦理反思。

一、教师面对制度性问题的实践误区

所谓制度性问题,是指体现在学校、地方、国家层面上的价值导向、功能定位、机制运行等规章性矛盾,在一定意义上讲,这些问题不是教师个人所能解决的,有着深层的文化、政治、经济等基础,其合理性和合法性在具体历史时期是不容质疑的。具体到教师工作中,这些制度性的教育问题主要表现在:教育目的是国家统一的,这是我们的国情所决定的,教师没有改革的权利,只能被动地满足既定教育目的的需求;课程设置是地方规划好的,虽然个别教师(如一些特级教师等)也参与了课程的制定,但对大多数教师而言,课程一旦确定,就没有更改的可能,教师的主要工作是如何贯彻课程大纲,彰显其合理性;在教育、教学评价方面,教师面对强大的制度性权威,基本上没有自主的评价权,充其量只是制度性评价的代言人而已;当然,即使学生的身心发展现状和追求,有时也是整个制度性问题的反映,教师无论如何教育,都难以收到预期的效果,这是不以教师的工作投入为转移的。因此,面对种种制度性问题困惑,必然导致教师在自己的职业专业化提升过程中产生一些消极、甚至错误的实践取向,制约、扭曲了教师专业化水平的提高。

教师面对制度性教育问题的实践误区具体表现在,教师为制度性的问题所臣服,失去教育、教学改革的动力和信心,复制、强化甚至再生产了制度的不合理性,教师由制度的抗争者无形中成为问题性制度的建设者和捍卫者。以"应试教育"为例,每位新教师都深切感受到它的危害,都想凭着自己的教育理念和实践激情来改变这一现状,因此,在刚刚开始的教学中,新教师尊重每个学生的个性、倡导启发式教学、主张生成性评价。然而,好景不长,期中、期末开始无形的班级评比,尤其是年终的教师奖金与学生考试成绩挂钩,让主张素质教育的年轻教师顿时感到了生存的压力；当然，还有家长的不满、学校领导的谈话接踵而至，强大而顽固的"应试"氛围使充满改革激情的教师不得不认同、加入"应试教育"实践中。于是乎，昔日的热血青年开始加重学生负担、强化试题训练、加强学生管理，成为应试教育忠诚的实践者。这就是制度性问题如何让发展中的教师俯首称臣的真实写照，教师从制度性问题的质疑者、挑战者和革新者成为问题的复制者、制造者，堵塞了自己的专业化升华之路。

另外，一些教师始终保持对制度性问题的警觉和抗争，虽然未被制度性问题所束缚、压抑，但却以消极、扭曲的心态来应对，丧失了专业化教师的职业尊严和追求。这些现象主要表现为教师在教育、教学过程中的牢骚满腹、信口开河等远离本职工作中心的言行，以此来发泄对制度性问题的不满。然而，孰不知这些言行不但不能解决制度性问题，反而从侧面助长了制度性问题的正统性，自己这种不负责的教育、教学言行成为制度性规章规范、矫正自己的借口。而且，教师消极对抗所导致的错误言行还削弱了学生、家长和学校对自己教育、教学的认可，不能促进整个社会对教育制度性问题的反思，自己成为教育改革失败的孤家寡人。

而一些教师则作出了自己正确的选择，实现了教师的理想。例如：

斯霞热爱教育、热爱儿童，但在"文化大革命"期间，她关心、爱护学生的事迹被指责为"童心"、"母爱"，是资产阶级的人性论、人道主义，在全国范围内受到批判，自己被赶出课堂，受尽屈辱。"文化大革命"结束，面对年龄的挑战、领导职位的诱惑，她坚持回到学校、走上讲台。斯霞说："一个人总是要死的。我也知道学校工作很辛苦、很烦琐，但我愿意。我不愿离开学生，不愿离开课堂。"每天早晨，她来到学校，仔细观察每个学生的气色、精神状态和举止行为，学生哪个乳牙动了、哪个情绪异常、哪个穿戴不整洁，都能及时掌握，给予关心、帮助，以致晚年退休后，每天不到学校走一圈，看看孩子的笑脸、校园的一草一木，心里就难受。

由此不难看出，面对制度性教育问题，教师自我发展的关键是如何认识制度性问题的性质，进而通过专业化的教育、教学来降低制度性问题的消极影响，实现自我解放。

二、合理认识制度性问题的性质

作为专业化的职业工作者，教师必须从自身专业化发展的视角来认识制度性教育问题，即制度性教育问题和教师专业素养是如何共生的？

首先，制度性教育以问题的形式呈现和发展是现在社会进步和文明的象征，对教师专业化素养的提高而言，制度性教育问题是一种常态性职业环境。与传统终极、权威的"完美性"社会相比，现代社会强调自身的不确定性和未完成性，主张每个公民都是社会发展的参与者和建设者，社会在制度性层面上问题存在折射了平等、民主、宽容、协商等文明的价值理念和历史趋向，也彰显了个人之于社会的价值和意义。教育领域的问题也是这样，试想，如果教师的教育、教学活动不存在制度性的空间和自由问题，教师没有反思、批判和建构教育实践的权利，那将是一幅多么可怕的场景：教师按部就班地上课、下课，教师和学生完全沦为既定价值和理念的工具，课堂失去生命的活力，教育实践成为奴役人的活动。因此，制度性问题的存在恰好说明了教师专业化发展的环境改善，问题的存在不仅不是"问题"，相反，制度性教育问题的存在和发展是教师职业素养提高的土壤，也是教师自我发展和解放的动力。可以说，教师职业发展的专业化素养与制度性教育问题同在、共生。

其次,专业化教师应合理认识自己所面对的制度性教育问题,使制度性问题真正成为自我发展的动力而不是障碍。在教育实践中,制度性问题既有教育内部和教育外部之别,又有国家、地方和学校之分,教师应分清哪些是属于自己所面对的问题,进而通过问题反思教育实践,提高自己的专业素养。一般而言,教师所直接面对的制度性教育问题体现在自己的具体教育、教学实践中,如课程的设置与选择、评价的权威与自主、管理的规范与自由等,即当教师的实践理念与周围的教育氛围相冲突时,往往能真切体会到制度性教育问题的强大和无处不在。这些问题既有国家、地方层面的,也有学校层面的,但对教师产生影响的却都以学校内部的规章制度来实现。因此,当教师面对制度性教育问题的挑战时,必须从自己身处其中的学校制度认识入手,而不是简单地归咎于国家、社会,只有从微观的学校教育反思开始,制度性教育问题的认识和解决才具有现实性,不然,好高骛远地抱怨、批判,反而不能认识真正的问题所在。事实上,在很多时候,我们自身就是制度性问题的制造者或者说是纵容者。所以,专业化的教师只有突破自我、超越自我,制度性教育问题才有克服的可能。

再者,专业化的教师应科学地认识解决制度性问题的途径问题,从而更好地提升自己的专业化素养。我们知道,制度性问题的产生是政治、经济、文化等多种社会因素杂糅共生的结果,其解决的途径也是复杂多样、艰难漫长的,而非简单地一蹴而就的。对于封闭于学校环境中的教师而言,往往对制度性教育问题的认识和解决热情有余而理性不足,偏离自己的职业本位,反而不利于问题的认识和解决。从专业化教师的成长历程分析,其职业素养内含通过教育推动社会进步的要求,因此,教师必须基于自己的职业特点,从专业化素养的视角来逐步推进制度性教育问题的解决,只有立足于自己的专业化特点,教师的制度性教育问题解决之道才能凸显自己的独特性和专业性,才能不断解决自己所面对的制度性教育问题。

面对制度性教育问题的困惑或阻碍,专业化的教师必须立足自身职业特点,从教育、教学实践出发,通过自我解放,走出制度性束缚,实现人生和职业的升华。从本质上分析,作为教师,"他那自我调节或个人自由的理想将在这样一种制度中得到最好的发展:在这种制度中,外部调节处于最少限度,而且这种外部调节不是来自成人的权威。"①

在这些方面,李镇西老师的所作所为就是一个很好的例证:

李镇西老师每接手一个新生班,便确立一个教育科研课题,同时和学生一起用童心和青春书写教育的诗篇。20年来,他完成了一个又一个教育科研课题的同时,和学生一起编写了一本又一本班级史册:《未来》、《花季》、《恰同学少年》、《童心》、《花开的声音》……。在此基础上,陆续出版了《青春期悄悄话》、《爱心与教育》、《走进心灵——民主教育手记》、《从批判到走向建设——语文教育手记》、《花开的声音——我班的故事》等教育专著。

教学中,他曾经要求将学校全年级考试成绩名次最靠后的几十名学生编成一个班,自己任语文教师和班主任,进行"后进生"转化实验,当他人赞赏其"高尚"、"奉献"时,他自己却说:"我这样做,与所谓的'奉献精神'一点儿关系都没有!纯属我个人的爱好!而且我认为这种个人爱好还很自私呢!你们想,一个后进生就是一个很好的教育科研对象,我把全年级后进生全部占为己有,不给其他老师留一个,这不是很自私吗?"

从教师自我解放的发展目标反思,和制度性教育问题的存在一样,教师永远行进在专业

---

① ［英国］彼得斯.邬冬星译.道德发展与道德教育［M］.杭州:浙江教育出版社,2000,125.

化拓展的旅途中,而非有一个理想的、既定的终极目标。在教师的专业化水平提升过程中,教师应学会与制度性教育问题同在、融和共生。首先,作为专业化的职业工作者,教师不能简单期望单凭自己的热情和能力一劳永逸地解决制度性问题,这既是不现实的,也是非专业化的,因此,教师要学会适应制度性教育的存在,在不断地了解、解剖中发现问题的症结所在,从自己的职业定位和特点出发去解决问题,可以说,认识、解决问题的过程就是自己专业化水平不断提高的旅程。其次,专业化的教师要将制度性教育问题转化为促进职业素养提高的养料,问题不是障碍,而是提升自己专业化素养的契机和动力,从问题中教师可以发现自己的不足和局限,更有针对性地建构教育、教学的理念和方法,在此意义上,我们认为,问题不止,专业化的目标也就没有止境。在教师自我解放的道路上,正是制度性问题的存在和发展,才使专业化教师的职业目标充满着未知的挑战和不确定的魅力。

在制度性教育问题的困惑中,教师的自我解放是通过具体的教育、教学活动来实现的。专业化的教师要想解决制约工作的制度性问题,就必须认识到,制度性就存在于我们的课程、教学中,而非专门开创一个美好的制度环境,再去开展有效的教育、教学。因此,教师应从自己的职业特点出发,立足于所承担的课程教学和班级管理,在具体的知识传授、能力发展和道德熏陶的过程中,有意识地超越既定的应试目标和内容,挖掘教育、教学中所蕴涵的制度性因素,使教育、教学成为以学生为主体的实践活动,真正关心学生作为人的需要和追求,这样,单纯的知识、能力教育、教学就会被赋予唤醒人、解放人的功能和价值,教师在让学生质疑、反思、创新制度的同时,也实现了自己的超越和解放,制度性教育问题不仅不会成为束缚、压抑教师工作的障碍,相反,还会促进教师专业化水平的提高,警醒教师自觉地走出"教书匠"的窠臼,成为关心社会、充满人文关切的教育家。

教师超越制度性问题、实现自我解放的活力来源于对学生的尊重和对教育事业的敬畏。促进学生的发展是教师工作专业化的重心所在,而学生是对制度性教育问题最为敏感的生命体,所以,在教师的具体教育、教学中,教师只有尊重学生的身心特点和追求,才能真正认识制度性问题的症结所在,通过学生成人的自主发展超越制度性障碍,进而建构满足新人发展需要的制度性教育。为此,教师应秉承对教育事业的敬畏,积极投入到自己的教育、教学改革中去,将教育事业的发展与自己的职业理想、生命体验融为一体,实现制度性教育革新和自我解放的统一。

三、制度束缚下的教师道德修养

从专业伦理的角度分析,制度束缚下的教师专业伦理修养体现为两个层面的专业伦理认识。第一,如何认识制度自身所内含的道德与教师专业伦理的关系;第二,如何认识制度对学生的道德规范和教师专业伦理对学生的道德要求。

任何制度设计和运行都内含着自身的道德假设,教育制度也不例外。在我国,处于社会转型期的教育制度中的道德假设与专业化教师自身的专业伦理还是存在一定距离的。我国中小学教师的专业伦理依旧延续1984年教育部规定的《中小学教师职业道德要求》:

热爱祖国、热爱中国共产党、热爱社会主义、热爱人民教育事业。

执行教育方针,遵循教育规律,面向全体学生教书育人,培养学生德、智、体全面发展。

认真学习马列主义,毛泽东思想,学习科学文化知识和教育理论,钻研业务,精益求精,勇于创新。

热爱学生,了解学生,循序善煽诱,诲人不倦,不歧视讽刺体罚学生,建立民主、平等、亲密的师生关系。

奉公守法遵守纪律,热爱学校关心集体,谦虚谨慎,团结协作,与家长社会密切配合共同教育学生。

衣着整洁,举止端庄,语言文明,礼貌待人,以身作则,为人师表。

从中不难看出,制度规范的教师专业伦理更多地是关注教师的政治忠诚和个人奉献,是从社会秩序的角度来制约教师的,而不是专业化教师的职业伦理。而且,即使是一些所谓专业化的专业伦理,也是抽象的、普遍的"真理",缺乏专业的本真理解和针对性,使教师感受到的不是专业化的指导,而是一种监控,让教师时刻防范,而不是勇于创新、改革。相反,异域的一些教师职业专业化伦理反而值得我们借鉴、反思,例如,1975 年美国教育协会通过的《教育职业道德规范》道德规范行文如下:

导言

教育工作者坚信并维护每一个人的价值与尊严,认同追求真理、力争卓越、培养学生民主精神的极端重要性。要达到这些目标,根本在于保护学习与教学的自由,确保所有人的平等受教育机会。教育工作者承担着遵守最高道德准则的责任。

教育工作者认识到内在于教学过程中的责任之重大。渴望获得同事、学生、家长以及社会成员的尊重与信任,是教育工作者保持最高水准的道德行为的内在动力。《教育职业道德规范》既是所有教育工作者的理想,也为其行为提供了评判的标准。

原则一

对学生的责任

教育工作者努力帮助每一个学生实现其潜能,使之成为一名有价值、有能力的社会成员。因此,教育工作者致力于激发学生的探究精神、求知与理解欲望,以及成熟的价值目标的形成。

为了履行对学生的职责,教育工作者:

1. 在学生的求学过程中不应无理限制学生的独立行动。

2. 不应该无理阻止学生接触各种不同的观点。

3. 不应故意隐瞒或歪曲有关学生进步的主题内容。

4. 当学生的学习、健康及安全受到危害时,应为保护学生做出恰当努力。

5. 不应故意使学生处于尴尬或受贬低的处境中。

6. 不应基于种族、肤色、宗派、性别、原国籍、婚姻状况、政治或宗教信仰、家庭状况、社会或文化背景、性别倾向不公正地:

(1)不让学生参加某活动。

(2)剥夺学生获得某项好处。

(3)让学生获得优待。

(4)不应利用与学生的职业关系谋取私人利益。

(5)不应透露在职业服务过程中获得的有关学生的信息,除非完全用于职业目的,或法律要求。

原则二

对本职业的责任

公众赋予教育职业以信任与责任,对其职业服务提出了至高要求。

教育职业服务的质量对国家及其公民有着直接的影响,在此信念下,教育工作者应该不遗余力地提高职业水准,努力营造一个鼓励运用专业判断能力的氛围,创造条件吸引值得信赖的人从教,帮助避免不合格人员从事教育。

为了履行对职业的职责,教育工作者:

1. 不应在求职的申请资料中故意作出错误陈述,或未能透露有关其能力与资格的事实材料。

2. 不应瞒报或歪曲自己的职业资格。

3. 不应帮助在道德、教育背景以及其他有关特征方面不够格的人进入教育职业。

4. 不应有意对某职业岗位申请者的资格作出错误陈述。

5. 不应帮助一个非教育工作者实施未经授权的教学实践。

6. 不应透露在职业服务过程中获得的有关同事的信息,除非完全用于职业目的,或法律要求。

7. 不应故意对同事作出不实或恶意的陈述。

8. 不应接受任何可能损害或影响职业决定或行为的酬金、礼品或好处。[①]

导言

尊重每个人的价值和尊严,教育者认识到追求真理、献身事业和民主原则本质的至关重要,这些目标必然包括:保护学与教的自由和保证所有人在教育上的机会均等。教育者有无限接近尊高到道德标准的责任。

教育者应认识到教育过程中固有的重大责任,渴望得到同事、学生、家长和社区成员的尊敬和信任,这激励他们去获得和保持可能的最高程度的道德行为。教育这一职业的道德规范显示了所有教育者的志向,并为行为判断提供了标准。

原则一:对学生应承担的义务

1. 不能无故限制学生在学习中的独立活动。

2. 不能无故否定学生的独到见解。

3. 不能故意压制和歪曲体现学生进步的相关事实。

4. 尽力保护学生在学习、健康和安全方面免受伤害。

5. 不能故意使学生处于尴尬境地和受到蔑视。

6. 不能基于种族、肤色、信条、国籍、婚姻地位、政治或宗教信仰、家庭、社区或文化背景或性别倾向的不公平:

(1)不能将任何学生排除在任何活动之外。

(2)不能否定任何学生的补助金。

(3)不能准许任何学生有任何特权。

7. 不能利用与学生的职业关系谋求个人利益。

---

① 资料来源:美国全国教育协会官方网站.

8.不能透露在职业过程中所获得的学生的个人信息,除非是基于必须的职业意图或法律的需要。

原则二:对职业应承担的义务

教师是被公众以信任和责任而授予的职业,它需要职业人员在服务过程中具备最高的思想典范。

1.在申请教育职位时不能故意作出错误的陈述,不能制造与能力和资格有关的虚假资料。

2.不能误传个人的职业资格和职业条件。

3.不能协助任何人在人格、教育或其他相关属性方面不合格的人成为专业教育人员。

4.在候选人申请教育职位时,不能就他们的职业资格有意作出虚假陈述。

5.不能帮助非教育者从事无水准的教授活动。

6.不能透露在职业过程中所获得的同事的个人信息,除非是基于必须的职业意图或法律的需要。

7.不能用语言贬损或恶意中伤同事,

8.不能接受任何可能削弱或影响职业决议或行动的赠物、礼物或恩惠。

从比较中我们可以看出,中美教师的职业道德均强调教师职业的社会意义,教师工作肩负了社会、家庭的重托,是对知识、文明的传承和创造,因而在其道德规范上,赋予教师道德无止境的要求,即我们通常意义上的"为人师表",学高为师,身正为范。

当然,中美两国的文化、制度等不同也反映在教师专业伦理上,中国更偏重社会性、基本规范,美国更侧重人性、个性,这反映了教育发展上的必然性,即教育上的任何举措都负载着特定的历史遗产,并彰显现实的具体情景。对此,不能简单地说孰优孰劣,只有彼此沟通、交流,才能构建理想的教育大厦。以师生关系中的道德规范为例,中国的教师注重情感的投入,对学生的要求是严厉的、高期望的,因此,教师会关心学生个人的事,了解他的困难,学生也因高度的道德信仰而尊重教师,对教师有一种敬畏感;美国则强调师生关系是制度化的,因此不太强调私人感情的建立,以避免教师由于个人情感偏向而不能公平地对待每位学生,所以师生关系更强调世俗、法律、人格意义上的平等、民主,这样,学生有自己的自尊,勇于表达自己的意见,不会畏惧教师。

所以,教师专业伦理不是外在的简单条文的诵读,"相反,它们应该作为专业理想的精神追求而发挥作用,将道德原则直根直植于他们自身实践的最好例子之中"。[①] 它必须是和教育、教学融为一体的,社会不是单纯地看哪是你的专业伦理,哪是你的教学水准,而且整体地认识、评价教师的。因此,其养成和获得专业伦理也必然来源于教育、教学的无限追求。

从教育制度对学生规范的道德要求和专业化教师对学生的道德期望分析,教师也面临着专业伦理上的困惑和挑战。在基础教育中,学校不仅是教书育人的单位,我们的中小学教育还承担了更多的其他社会职能。例如,每当政治有重大需求时,教育就被赋予相应的职能,典型的就是"从娃娃抓起",认为教育能解决政治领域的严重问题或将问题的根源归咎于教育,既误解了教育存在于发展的功能,又使政治等其他社会改革走样变形。在学校具体教

---

① ［加拿大］坎普贝尔.王凯,杜芳芳译,伦理型教师[M].上海:华东师范大学出版社,2011,125.

学中,政治(或德育)教育就反映了教育从属特色的内涵。在我国,从小学到大学,政治或德育教学是所有教学任务中的重中之重,但收效又是所有教学中最失败的,学生的道德水平没有因此而提高,公民的政治素养也没有因为自始至终地进行教育而领悟政治的本质从而创建政治文明的社会,问题的症结在于按教育之外的要求、规范来操作教育,其结果就是两败俱伤,彼此不能达到各自的目标。

对此,专业化的教师应该从教育、从人的发展角度出发,提出自己的学生道德理念,追寻真正的道德教育,彰显专业化教师的专业伦理。所以,作为以尊重学生、启发学生不断成长的工作,专业化的教师应追求的专业伦理主要包括:

1. 高期望原则

对学生和自己有信心,相信学生的能力和预期的成就,就如皮格马利翁效应所揭示的那样,任何时候都对学生充满渴望和鼓励;对自己的学科和教学工作充满着探究、创新的乐趣,始终处于不断的探索、追求之中。

2. 对待学生要平等、民主、公正

学生既是成长中的个体,也是相对具有独立能力的社会人,他们对平等、民主、公正的体验、渴望和需求比成人更具体、强烈;而且只有在平等、民主、公正的环境下成长的青少年才能创造平等、民主、公正的社会。

3. 保护学生的隐私

学生的成绩、个人成长中的小秘密应该作为基本的人权得到尊重和保护,教师不得以自己的地位、教育上的借口而披露、公开学生的隐私。这样,学生无形中也将学会如何尊重、保护他人的隐私。因为尊重、保护隐私权利是一个文明社会的基本标志。

4. 避免嘲弄、歧视、胁迫学生

教育是一种精神对话、心灵慰籍的感化活动,它需要的是爱的启发、激励和要求,而不是武断的、单向的压抑。

5. 构建健康、和谐的师生关系

由于师生角色的差异,教师占据天然的优越性:知识、经验、权力甚至身体力量上的不平衡性,教育活动过程中,容易让天真的学生产生感恩、愧疚等心态,不利于平等、民主师生关系的形成,所以,教师对师生关系的距离和性质应保持专业的自觉和积极地引导。

6. 防止将个人的价值判断强加给学生

学生应有价值、思想的自主,他们不是教师的信徒;学生获得知识的同时,更要获得能力,这样才能长大成人,去认识、适应、创新未来的世界,教师因学生"年幼无知"而强行要求他们接受既定规则是不道德的。

第三节 专业工作者与普通人的困惑

教育实践中,作为一个人,教师还面临着职业角色和生活角色的矛盾。与其他社会职业不同,教师工作是一个道德性很强的工种,在一定程度上,教师就是道德的化身。但是,教师首先又是一名普通人,有人的基本需要和特征。当教师职业角色和普通人的角色冲突时,专业化的专业伦理就被提上首位,影响着教师的工作热情和职业操守。

教师作为专业工作者和普通人的道德挑战主要表现在:第一,职业角色专业化与人生角色普通人的矛盾;第二,应试教育实践中培养社会精英还是生成普通人的道德困惑;第三,专业化角色与普通人发展中的道德选择。

一、教师作为专业工作者与普通人的角色冲突

既然个体被称为"教师",那么,教师的职业角色自然就应是专业化的,表现特定的专业伦理规范。正如前面分析的那样,专业化的教师专业伦理表现在教育、教学的方方面面,要求教师以一名专业工作者的规范来定位自己的言行甚至心理,从而称得上是专业的工作者。这些伦理、道德是基于国家、社会和家庭对教育和儿童的认知而确定的,一般具有高标准、严要求的特点,古今中外概莫能外。之所以对教师有这些严格的职业规范,就是因为教师承载了国家、社会和家庭对儿童的希望和教育工作者的重托。所以,教师专业伦理在常人看来是苛刻的,也导致教师职业评定中的一个怪圈:人人赞赏教师职业,却因其高要求望而却步。

同时,教师又是以鲜活的人的存在为前提的,没有一个健康的人的存在,专业化教师是不存在的。作为生活、社会中的普通人,教师有着人的自然需求和社会表现。面对时代的进步和社会的发展,教师身上不可避免地受到学校以外各种风气、习俗、文化的影响,这些因素总会以各种方式浸润到教师的言行中,进而危机到教师专业化的专业伦理。例如,当今社会对金钱、美色的物欲,不同程度地在学校蔓延,考验着教师高尚的专业伦理,一些老师会禁不住外在的诱惑而犯错。撇开职务性的犯罪不谈,同样是一个人,如果是以普通人的角色来衡量,他就是合理的;但如果以教师专业化的伦理规范来评价,他就是违背专业伦理的。但教师又时刻生活在社会中,他不能始终生活在职业氛围中,以专业化的角色来对待生活和社会,而人又不是机械分离的,职业角色总会对我们的生活定位产生各种各样的影响,这就是问题的关键所在,即教师在承载专业伦理的同时,还内含着生活、社会伦理。

有时,教师的某些行为虽然合乎道德和法律,却不为专业人士认可。比如,年轻女教师的服饰问题,从爱美、追求时髦的视角看,无可厚非,但作为教育者,过分的装扮可能不是教师应该做的,因为它将影响到你的教学,对学生产生不利于学习的影响。比如,师生恋问题就是一个敏感的话题,这里指的是你的学生成人以后,你认为和他(她)交往、恋爱合适吗?虽然,这不是道德、法律管辖的范围,但是,师生由过去的权利不平等过渡到恋爱双方的平等是困难的,尤其值得深思的是,怎么能证明现阶段的恋爱不是由过去师生关系就开始的? 他人对教师的行为会产生专业信念的质疑,因为"教育者不能利用自己与学生的职业关系谋求个人利益"。因此,如此处境中的教师实际上是将自己推入一个危险的境地,教师的品性人格将受到挑战。所以,为了职业的专业声誉和信念,教师有责任追求行为和道德的高标准。

如果将道德和法律视为教师的紧箍咒,那就是对教育、教师职业的误解。教师专业伦理和法律内涵体现的是教育所维护和追求的社会规范,是和我们的教育融为一体的。道德和法律内化为教师的教育行为准则是教师成功的保证,而视为外在的诵读、约束则只能成为教师工作的负担。

当代社会,利益的追求,民众文明意识的觉醒,使教师面临着更多的专业伦理诱惑和法律挑战,坚定自己的职业信念、恪守法规,应成为教师职业的自觉行为。教师的言行均负载

着价值选择，蕴涵着教师的专业伦理水准。在一定程度上，教师要做"苦行僧"，追求高尚的道德是教师的天职。道德和法律是推进教师教育水平不断提高的保证和动力。教师人格、良知、正义的道德力量胜过一节课、一本书。

因此，既然选择了这份工作，教师首先就是一名道德者，其教育生活就是道德实践，必须自觉地对自己的道德负责。

二、教师培养精英与生成普通人的道德困惑

教师专业伦理挑战不仅表现为自身作为普通人与专业化工作者的矛盾，而且还表现为教育目的中的普通人困惑。我们知道，虽然教育理论和教育政策强调学生的全面发展，教师为每个学生的发展服务，但实际上，教育是以培养精英为目的的，压抑，甚至否认学生作为普通人的价值，一些学生通过教育收获的不是成功，而是失败。对此，无论是从教育思想还是从自己的教育良知反思，作为专业化的教师，对这些学生是心存愧疚的，有一种道德的负罪感，学生本来是想通过教育获得知识，追求一种幸福的生活，但教师无形中却拒绝了学生的真实要求，让他们无奈地选择成功或失败，这和专业化教师的伦理规范是背道而驰的。这是因为，"公正的最终目的是促进人性的发展与完善，而教育作为以人的发展为直接目标的实践活动，公正与教育在最终目的上是统一的，它们共同作用于人性的发展和完善"。①

从人性层面分析，普通人是基于有限性、生成性和共生性等人性内涵的个体称谓，是一种应然的人格特征。人性不仅是人的内在属性，而且是人之为人的行为规范，即人的存在和发展必须和人性发展相一致，并遵循人性对人的具体规定，如此，才能称得上是人，人性对人的发展才有价值和意义，不然，人性就会被利用、扭曲，使人成为"非人"。站在人性的角度，普通人的内涵主要包括：就人的有限性而言，每个人都是有限的，有限不是人的无能和局限，有限性表明人具有无穷的发展时空和自由、自主的天性，所以，有限性强调普通人之间的差异性，每个人都有自己鲜明的、独特的人格特征，普通人无论是从存在方式还是发展模式上分析，都是丰富多彩、复杂多样的，为每个人相互依赖、交互发展提供了可能；有限性还意味着普通人人与人之间是平等的关系，这种平等不只是基于人道和权利的平等，更是人与人之间不可分割、共生发展的一种实体性的平等；同时，在一种开放性的生存时空中，每个人的有限性都会得到不断的充实和拓展，因而，普通人永远是一个未完成者，始终焕发着生命的活力和生机。就人的生成性而言，普通人是具体的、历史的、具有鲜活生命的个体，他拥有自我发展的潜能和要求，每个人有权利、有能力维护自己的生命尊严、追求自己的人生目标；普通人的自治是通过适应和超越来体现的，其中，适应是相对的、暂时的，超越是绝对的、永恒的，普通人的自我实现就在适应与超越中的张力中不断向前的；普通人的生成具有不确定性，这并不是说普通人的发展是盲目的，相反，人的不确定性表明普通人有更广阔的发展空间，不为既定的目标所束缚，每个人是自己的主人。人的共生性揭示了人与人生活在同一个时空内的客观存在，每个人的存在是以他人的存在为前提的，彼此共同分享作为主体的价值和意义、拥有共同的资源、遵循基本的共生条件；普通人是以相互融合的方式存在和发展的，每个人都是生活于他人背景中的其他人品行的折射，你认识、对待他人的方式、价值就是你自己，

---

① 冯建军.教育公正：政治哲学的视角[M].福州：福建教育出版社，2008，243.

反之亦然；普通人追求共生人性并不是要走向同一，共生是以非同质性为前提的，即人与人之间要学会理解、包容、关心等，尊重他人的生活方式、价值理念，使每个人的个性得到张扬，这样，普通人才既是鲜活具体的，又是和谐共生的。

而在应试教育实践中，教育目的是通过逐层选拔、优胜劣汰来达到培养精英的目的的，这种所谓的精英是怎样选拔的，又具有怎样的品质呢？我们可以选取几个应试教育的画面来感性地、近距离地走进这些未来的"精英"：

这是一个三年级的墙报，主题是"我的梦想"，其中我的梦想是成为"三好学生"的占50%，成为"班干部"的占30%，其他的则有成为"科学家"、"教师"等，比例较低。在班级里，"三好学生"意味着必须主要课程都是优秀，上课注意听讲，不违反班规校纪；"班干部"则能帮着老师"管理"学生，还拥有一些其他学生没有的、老师赋予的权威。无论是"三好生"还是"班干部"都是老师、家长眼中的好孩子。

应试教育的精英是学生通过层层选拔教育出来的，从中小学的重点学校，到名牌大学，学校的层级决定了学生的成绩、身份和等级。以致现在的重点中小学和名牌大学，学生家庭背景、学习成绩和理想目标越来越单一化，例如，重点大学中的中下阶层子弟生源比例逐年降低，就是一个不争的事实。这些所谓重点、名牌往往决定了学生将来的职业选择、生活水平和事业成就等。

从精英的成长历程可以看出，他们是完全封闭在应试教育的单一、僵化轨道中一步步向前的。在这种轨道中，不仅学习的内容是封闭的、陈旧的，没有当代社会生活发展的最新需求；而且他们所形成的价值观也是以服从、执行为导向的，缺乏自己独立的、富有创造性的思想，难以适应现代多元性、不确定性的、创新性的时代要求。因此，期望培养这样的所谓精英来建设充满活力和生机的文明社会只能是异想天开而已。

应试教育下的精英培养的错误认识在于，教育者及其背后的社会系统片面地、自负地认为，人天生是分等级的，一些人天性中蕴涵成为精英的种子，只有通过层层选拔，才能发现他们，进而进行封闭式的训练、培养，使之成为社会秩序和理念的终极设计者和建设者。在这里，这种精英优秀论的根基是如何确立起来的呢？值得从历史和现实的视角来分析，从历史的进程可以发现，"精英"的出现是一种社会的进步，这是针对奴隶社会的血统制和封建社会的等级制而言的，它强调人的后天能力论，只有凭借知识、能力的获得，社会统治的合理性才能存在。但是，这种合理性的知识认定和能力评价又回到先天的人性优劣论中，即一部分人是适宜学习特定知识和掌握特种能力的，而另一些人则只能学习其他知识、获得其他能力，知识、能力有了高低、贵贱之分。所以，应试教育的层层选拔和封闭教育才获得合理性和合法性。然而，现实的发展和人类文明的趋势告诉我们，每个人都是平等的，那种想把自己所认可的知识、能力、思想强加于其他人的意识和实践只不过是奴隶社会和封建社会等终极性理念的借尸还魂，以实现自己唯我独尊的超人世界目标而已。因为，人性的升华是一切生命的源泉和发展方向，历史的发展历程已经昭示了这一文明取向，社会现实也呼唤社会的改革，满足公民自主、创造的精神需要，教育实践理应也必须对此做出自己的回答，不辜负育人的永恒使命。

因此，专业化教师在教育实践中，面对普通人培养的扭曲，其专业伦理挑战主要体现为人性发展与职业引导之间的矛盾。罗尔斯认为，"获得文化知识和技艺的机会不应当依赖于一个人的阶级地位,所以,学校体系(无论是公立还是私立学校)都应当设计得有助于填平阶级之间的沟壑。"①从人性及人的发展角度分析,无视学生的发展现实和理想追求,进行单一、机械的应试教育,是不道德的,这种不道德是以牺牲学生未来而换取所谓的升学目标来实现的,是人类发展史上最不道德的实践,尤其是当学生抱着虔诚的心向你求知时,就显得更不道德,稍有良知的教师都会受到良心的谴责。而且,当教师的这种应试教育是以正当、合理的名义展开时,所谓"读书改变命运"就更具欺骗性,是制度性的恶。所以,要想破解教师内心的专业伦理困惑,回归教育的真谛,专业化的教师必须以专业伦理为动力,坚守最高的专业伦理,有意识地推进教育改革,践行普通人教育理念,实现教师专业人格与普通人人格的统一,进而使自己的专业伦理升华。

三、专业工作者与普通人交织中的教师道德选择

面对教师自身的普通人身份和学生培养的普通人目标,作为专业化的教育工作者,教师必须摆脱专业角色和生活角色的矛盾,使自己的工作和生活融为一体,成为真正道德的教师。教师之所以成为专业工作者,并不是否认自己的普通人身份,因为每个个体从本质上都是普通的,即使专业化的职业,与其他职业相比,也是普通的。专业化的目的不是在职业之间人为地制造对立、封闭的鸿沟,而是使每个职业更好地为人的生活、社会的进步服务,从而在道德上确立职业之间平等的伦理观。不然,如果每个职业总是以专业化为借口,构建自己的天国,那职业发展的目的是什么?毕竟职业、专业化都是暂时的、相对的,只有人的存在和发展是永恒的。所以,专业化的出现和发展是为了更好地丰富、升华人的生活和社会,专业化的个体只有以普通人的胸襟和睿智,才能确立自己在职业、专业化中的价值和地位,否则,专业化就会窒息职业、人生和社会,成为真空中的"理想国",没有任何人的价值和意义。

同样,以普通人为培养目标应激活师生作为人的自主发展潜能,追求自我的发展方向,生成专业化的自主伦理,而不是被动接受的专业化规范。在应试教育中,之所以会强调终极性教育目的对师生的控制,是因为有一种至高无上的道德观念束缚着师生,担心教师或学生自己的发展目标存在偏离社会、唯我至上的极端目标。然而,人类社会的发展证明,再极端的自我也是社会中的个体,是属于人这一"类"的物种,人是一种道德生命体,只有充满个性的发展方向,才能唤醒具体人的生命活力;也只有尊重、呵护个人的生命张力,整个社会才能充满创造性,社会才具有发展的价值和意义,因为社会的进步和文明是以个人的创造性为前提和标志的。教育实践中,张扬每个人的自主发展潜能和目标,教师就要尊重学生的自我表现,宽容地理解、认识学生表现出来的不合时宜言行,在学生的自然、自由表现中发现儿童的发展方向,为他们提供教育、教学条件,促进其健康发展,而不是灌输既定的知识,"而在于能选择,人在选择而不是被选择时才最成为自己。"②即使那些非常出格、不合常理的学生表现,教师也不应以终极性性的判断来否认他们,此时,教师可以凭借自己对生活和世界的理解,营造一种与这种学生不同的生活氛围和世界场景,通过不同生活和世界的交流、碰撞,使学生自己在内心深处产生心灵的震撼、理性的觉醒,进而转向积极的人生选择,到达理想的

---

① [美国]罗尔斯. 何怀宏等译. 正义论[M]. 北京:中国社会科学出版社,1988,7.
② [英国]伯林. 胡传胜译. 自由论[M]. 北京:译林出版社,2003,252.

彼岸。同样的目标,由于这是他自己体验和选择的,就会产生持久的、深入的教育效应;不然,虽然是合理的人生目标,但由于教师的权威、强力介入,学生就会因为抗拒教师而反对这些合理性的人生选择和目标,走向另一条不归路,可见自主性目的的教育价值所在。

在普通人教育实践中,教师也必须把自己视为普通人,而非教育目的的制定者或承载者,这样,教师才能走出唯专业化是从的职业怪圈,在尊重职业规范的同时,以普通人的情怀去生成、创新专业伦理。应试教育中,教师扮演了终极设计者的角色,是最高的道德裁判者,在学生看来,教育目的首先是教师要求的,因而,教师就成为教育目的的制定者或承载者,凭借自己的权威要求学生接受,然后,通过应试教育来实现这些终极性目的。事实上,站在应试教育的视角,教师不是教育目的的制定者,他不过是传达、承载了终极性社会的目的要求,所以,应试教育实践中,教师和学生一样,也是被控制和压抑的对象,是教化者——终极性设计者的工具,这也是应试教育中教师困惑、无奈、痛苦的根源,他不能展现自己对生活、对世界的真实理解,更不能影响自己的学生,表达、实践自己对道德的认识和理解。以普通人为培养目标,教师自己必须以普通人的身份和状态出现在教育、教学过程中,解除学生对终极者的畏惧和顺从心理,和学生一起平等、自主地探讨、解决问题,在体验、生成过程中养成普通人的素养,成为普通人。否则,那些空洞地赋予学生普通人身份的教学只能造就假的普通人,一旦面对新的权威,学生就失去普通人的信心和能力,成为自觉的臣服者,因为这些假的普通人内涵没经过学生的成长体验,浸入他们的血液,所以才不堪一击,乖乖就范,丧失道德的感召力量。

而苏霍姆林斯基作为一名普通教师,却通过自己的不断努力,作出了惊人的成就:

苏霍姆林斯17岁从师范学校毕业就做乡村小学教师,后来参加语言文学系函授班,1939年毕业,担任乡村中学语文教师。卫国战争时期奔赴前线,妻子和10个月的儿子被法西斯分子残杀。受伤后被委派为一所中学校长,后又当过区教育局长,1947年申请调入学校工作,1948年开始担任帕夫雷什农村中学校长,直到逝世。

工作中,苏霍姆林斯基一面坚持研究教育理论,一面注重总结经验教训。每天早晨5时至8时从事写作,白天讲课、听课,参加各种会议,辅导班级学生,夜晚则总结一天的工作和研究问题,30多年从未松懈。他亲自教各年级的语文课及其他学科,并要求自己每个教师的课他每学期至少要听15节课左右,常年做班主任工作,他说:"没有也不可能有抽象的学生,每个孩子都是一个世界——完全特殊的、独一无二的世界。"他曾系统地对3700多儿童进行跟踪观察,"在笔记本的3700页上我记载了我的全部教师生涯。每一页都奉献给一个人——我的学生"。他重视一切环境对学生的教育影响,"我们在努力做到,使学校的墙壁也会说话",主张全面和谐的教育。他在《把整个心灵献给孩子》中写道:"在我生活中什么是最主要的呢? 我可以毫不犹豫地回答说:爱孩子"。

不断的追求、辛勤的汗水换来了丰硕的成果。他一生写了41部专著,600多篇论文,近1200篇文艺作品,其工作的帕夫雷什中学是一座教育实验室,其教育专著被称为"活的教育学",许多著作被译成德、英、法、日、中等文字,在世界许多国家流传,这对当时的社会主义国家教师而言,是鲜见的现象。

所以,基于普通人的教师自主专业伦理并不是抽象地存在的,而是时刻贯穿于学生的教学实践中,以自主的专业伦理来化解专业化角色的束缚,造就学生的普通人道德观。自主的教师专业伦理体现在教学的各个方面,我们仅以教学内容和师生关系为例来认识。我们的教学内容一般是以教材为圭臬的,也就是说,教学内容在道德上具有勿庸置疑的高度,并以专业化的教师规范来捍卫,如果师生均臣服于教材,那么,所谓的专业化道德就是束缚人的工具;相反,如果教师有意识地引导学生理解、质疑、创新教材,让学生在探究中不断生成自己对生活和社会的理解,专业化的伦理就是道德的,不以强权来压抑学生,反而在平等中焕发专业伦理的力量,激发学生追问真知、探究真理,成为自主的生命体,教师也因此从僵化的专业化规范中解放出来,使职业获得新的生命,专业化的伦理得以升华。同理,师生关系具体体现了专业化伦理的内涵,但如果停留于"师道尊严"的传统伦理观念中,学生总是在一种因为"道"而畏惧的氛围中感悟、体验、构建师生关系,结果必然是形成一种教师和学生对立的等级关系,没有体现出师生都作为人的生命伦理,这样的专业伦理不但不能促进学生的发展,反而会压抑学生的生命,恶化师生关系,进而亵渎专业化的教师伦理。所以,在师生交往中,教师只有以普通人的身份走进学生,营造一种师生平等、共生的专业化场景,学生才能在潜移默化中生成普通人意识和能力,师生彼此相关促进,共同成长,专业化的职业伦理才真正具有职业活力。

综上所述,与理论、观念形态的专业化伦理相比,现实中的教师专业伦理内涵更丰富、机制更复杂,也更能考验教师作为专业工作者的道德和智慧。理论理想的专业化伦理是静态的、他人的,教师是以接受的方式来认识这些伦理条文的;而且其内涵也是真空的,排除了各种消极的影响因素的干扰,充满着理想主义色彩,因而也只能是纸上谈兵的"大道理",对个体的职业教师而言,没有任何针对性。现实中的专业化伦理则不然,它首先是教师个人的专业伦理现状,在具体的教育场景中,教师专业伦理包含着除教育之外的生活、社会等各个领域的道德诉求,因为教师首先是以人的生命姿态介入教育实践的,所以,其专业伦理也更丰富、更有活力和针对性。而且,在教育现实中,教师的专业伦理会因其生成性而激发教师的教育智慧和道德觉醒,使专业伦理真正属于人、属于教育,教师也因此真正成为自主伦理的道德实践者。